EU
SUNT
SERENA

O CĂLĂTORIE DE INTEGRARE
A PERSONALITĂȚII MULTIPLE

Un memoriu de

Serena-Faith Masterson

Titlu inițial: I Am Serena
Editor inițial: Dream Magic Publications
© 2020, Serena-Faith Masterson: I Am Serena

Eu Sunt Serena
© 2022, Serena-Faith Masterson
www.iamserena.net

Scrisă de Serena-Faith Masterson
Traducere în limba română de Daniela Gavan
Corectare și Redactare: Bogdan Onecic, Elleyah Rose

Anul publicației în limba română: 2022
ISBN: 978-1-7330970-4-8

Dedicată Normei Delaney

RECUNOAŞTERE

*****

În primul rând, trebuie să-ţi mulţumesc ţie, Norma Delaney, pentru că ai mers împreună cu mine în această călătorie. Fără tine, această carte nu ar fi fost scrisă niciodată. Compasiunea ta nesfârşită, combinată cu voinţa ta de a fi întotdeauna sinceră cu mine mi-a permis să ies din întunericul care m-a ţinut în strânsoarea lui întreaga mea viaţă. Au fost multe momente de-a lungul drumului când mă aşteptam pe deplin să renunţi la mine. Dar angajamentul tău nu a cunoscut limite. S-a tradus într-o iubire atât de pură ce a topit rezistenţa mea, deschizându-mă pentru a descoperi adevărul a cine sunt eu. Nu ştiu dacă voi putea vreodată să-ţi mulţumesc suficient pentru dăruirea propriei vieţi care a ajutat să mă eliberez.

Trebuie să-i mulţumesc Sufletului meu că m-a învelit în strălucirea ei plină de compasiune de-a lungul acelor ani brutali de instruire. În fiecare moment al fiecărei zile, conştiinţa mea superioară a fost cu mine, ţinându-mă în viaţă şi sănătoasă la minte. Adesea mi-am imaginat multiplicitatea ca o minge uriaşă din benzi de cauciuc, ţesute atât de strâns între ele încât în orice moment, o bandă s-ar putea rupe, făcându-mă să explodez, deteriorându-se atât de complet încât nu m-aş mai putea vindeca vreodată. Dar Sufletul meu cunoştea un adevăr mai mare, împreună cu Spiritul orice e posibil. În timp ce Norma şi cu mine am mers în această călătorie, descoperind multiplicitatea mea, înţelepciunea Sufletului meu a condus întotdeauna calea.

Aaron, Stephen şi Timothy, la început, să am grijă de voi trei a fost singurul motiv pentru a trăi. Prezenţa voastră în viaţa mea a fost farul care m-a condus mai departe. Când am început să lucrez cu Norma, îmi doream doar să mă integrez pentru a vă putea readuce acasă. A durat ani înainte să pot începe să mă conectez la dorința autentică de a mă ajuta. Norma m-a inspirat, amintindu-mi că aș putea să vă văd devenind bărbați. Aș fi putut fi o parte a viitorului vostru și chiar să devin bunică, cândva – dacă doar aș fi rămas în viață.

Fiind o personalitate multiplă a însemnat că am fost fragmentată și incapabilă să fiu disponibilă emoțional pentru voi. Dar indiferent cât de grea a fost copilăria voastră, voi v-ați păstrat inimile deschise către mine, ceea ce m-a ajutat să mă concentrez pe integrarea mea. Fiecare dintre voi a contribuit în felul său la cartea mea.

Aaron, când ai mers la școală la sfârșitul anilor 1990, telefoanele tale au fost o legătură vie de bunătate pentru mine. În ciuda a cât de dificil a fost să-ți auzi mama vorbind cu vocea unor copii diferiți, interesul tău real față de Robbie și ceilalți copii interni a acoperit un gol în care trăia singurătatea, liniștind ușor durerea din interiorul meu. Încă pot simți cum atenția ta a hrănit acele părți ale mele. Eram disperată să fiu auzită și tu ai ascultat. Știi oare ce a însemnat acea bunătate pentru mine și pentru ei?

Tu ai înțeles importanța nevoii mele de singurătate în acei primi ani când m-am mutat in Colorado. Când ți-am spus că aveam nevoie să nu mă mai suni, ți-ai păstrat sentimentele pentru tine. Știu că ți-a fost greu când ți-am cerut asta. Chiar și când am lipsit la evenimentele importante din viața ta, cum a fost nunta, nu te-ai răzbunat pe mine. Ani mai târziu, când ai venit în Colorado să mi-o prezinți pe soția ta și fiul nou născut, nu ai adus niciodată în discuție cât ai fost de rănit. În loc să te înfurii, ai continuat să mă accepți așa cum eram. Acțiunile tale mi-au dovedit că în ciuda a tot, tu mă iubeai. Acea iubire m-a ajutat să mă vindec. Îți mulțumesc că ești persoana care ești. Sunt binecuvântată că ești în viața mea.

Îți mulțumesc, Stephen, că te-ai mutat în Colorado și am avut acele prețioase luni petrecute împreună. Bucuria și râsul pe care le-am împărtășit au vindecat vinovăția pe care am dus-o cu mine atât timp.

Când m-ai învățat cum să folosesc computerul așa încât să-mi pot edita manuscrisul, îndrumarea și răbdarea ta au fost neprețuite. Asta mi-a permis să mă concentrez pe revizuirile pe care trebuia să le fac fără stres. Din moment ce tu ai fost acolo pentru o lungă perioadă din călătoria mele, disponibilitatea ta de a-mi citi manuscrisul, minus amintirile, m-a ajutat să am o perspectivă diferită, care a adăugat claritate cărții mele.

În cele din urmă și cel mai important, scrisorile pe care mi le-ai trimis în timpul acelor ani în care nu am avut contact cu tine sau cu frații tăi au fost o linie de salvare pentru mine. Eram copleșită de frică, crezând că v-aș fi putut pierde pe toți trei dacă nu vă contactam. Când scrisorile tale soseau, mă făceau să simt că eram parte din viețile voastre cumva. Au ajutat la atenuarea fricii mele, permițându-mi să mă concentrez din nou pe integrarea mea cu noi forțe. În plus, fețele haioase pe care le-ai desenat pe margini m-au făcut întotdeauna să râd. Sprijinul tău m-a ajutat să fiu mai ușurată și pentru aceasta îți sunt etern recunoscătoare. Ești un adevărat cadou în viața mea.

Timothy, relația noastră a evoluat de-a lungul anilor datorită dorinței tale curajoase de a-ți împărtăși sentimentele cu mine. Sinceritatea ta m-a ajutat să mă adâncesc în părți ale călătoriei mele, cu care încă nu mă confruntasem. M-ai onorat cu sinceritatea ta, care ne-a permis să ne vindecăm și să avem relația dulce pe care o avem astăzi.

Când te-am vizitat în Pittsburg acum câțiva ani și te-am privit cum dansai și îi învățai pe copii balet, am realizat că, în ciuda copilăriei tale dificile, lumina din interiorul tău nu a fost zdrobită. Creativitatea ta curge din modul extraordinar în care apreciezi viața. Nu aș fi avut șansa să te văd dansând în acea zi, dacă nu mi-ai fi spus cum te-ai simțit când ai crescut.

Alegerea ta de a conduce mii de kilometri ca să-mi faci poza de portret a însemnat enorm pentru mine. Râsetele pe care le-am împărtășit în timp ce tu încercai să mă faci să țin capul nemișcat vor fi o amintire pe care o voi păstra mereu în suflet. Este cea mai bună fotografie pe care mi-a făcut-o vreodată cineva. Fotografia ta arată viața de pe fața mea, care nu era acolo înainte. Să am o fotografie pe care fiul meu mi-a făcut-o pentru coperta cărții mele mă umple de mândrie. Tu aduci ceva special vieții mele, pe care îl voi prețui întotdeauna.

Mulțumesc, Jessi Rita Hoffman. Ai trecut prin manuscrisul meu foarte atentă, corectându-mi punctuația. M-ai învățat structura propoziției, iar mintea ta analitică a văzut golurile din poveste unde era nevoie de claritate. M-am minunat adesea de întrebările pe care mi le-ai pus, dar m-au ajutat mereu să reevaluez ce am scris. Cititorii mei vor beneficia de expertiza ta ca și editor al meu.

Trebuie să-ți mulțumesc, Rachel Farabaugh, pentru că m-ai ajutat să-mi public cartea. Mi-am scris memoriul ca o muncă de iubire pentru a mă ajuta să mă eliberez. La început, Sufletul meu a transmis povestea prin degetele mele când am stat la computer. Eram atât de disociată; nu m-am conectat cu trecutul meu; am fost de multe ori surprinsă de ceea ce am scris. Pe măsură ce timpul trecea, straturile disocierii s-au topit, lăsându-mă să simt adevărul a ceea ce am trăit. Cartea mea este o reprezentare fizică a integrării mele.

Angajamentul de a ajunge în punctul în care manuscrisul era gata de publicare a fost uriaș. Universul m-a onorat aducându-mi-te în viața mea să împărtășesc acest pas final. Creativitatea ta intuitivă mi-a adus mare bucurie. Mi-ai preluat ideea despre cum speram că ar putea arăta coperta și ai făcut-o să fie ceva foarte frumos. Concentrarea ta pe detalii a însemnat că nimic nu a fost tratat superficial. Sunt mândră să spun că sunt autoarea acestei cărți. Faptul că mi-am adus cuvintele scrise într-o formă fizică înseamnă că un capitol important din viața mea este acum complet.

*****

CUPRINS

INTRODUCERE

*****

În 1953 Agenția Centrală de Informații (CIA) a fost autorizată să înceapă un proiect strict secret numit MKUltra. A folosit oameni din toate categoriile de vârstă, într-un program ce țintea în mare măsură spălarea creierului și controlul minții. Prin folosirea drogurilor de tip LSD și a altor medicamente, a hipnozei, electroșocurilor, privarea senzorială, izolarea, abuzul verbal și sexual, precum și a altor forme de tortură, ei au căutat să găsească o poartă de intrare în minte, prin care ar fi putut controla complet o altă ființă umană. După decenii de negare, în cele din urmă CIA a recunoscut existența proiectului MKUltra, declarând că proiectul nu mai este operațional. Programul a afectat peste două milioane de americani, iar eu am fost unul dintre ei.

Cultele satanice folosesc controlul minții pe membrii lor de cult. CIA a solicitat participarea membrilor cultelor satanice, care doreau de bună voie să-și supună copiii la acest nou proiect de experimentare. Îmbinând tehnicile celor două organizații, însemna că CIA ar avea șanse mai mari de succes cu ceea ce sperau să realizeze.

În 1955 când m-am născut, părinții m-au numit Jennifer. În 1995 mi-am schimbat legal numele în Serena. Înainte de nașterea mea, tatăl meu a făcut toate demersurile pentru a mă înscrie în proiectul MKUltra. El era liderul unui cult satanic, așa că acest tip de comportament era normal pentru el. Intenția tatălui meu, îmbinată cu planul CIA, a fost de a crea o personalitate multiplă pe care să o poată controla încă de la început. Instruirea a început de la vârsta de trei zile și mi-a afectat fiecare parte a vieții mele.

Când aveam treizeci și șapte de ani am fost diagnosticată cu tulburare de personalitate multiplă. Nu am acceptat diagnosticul, dar știam că ceva nu este în regulă cu mine, din moment ce sufeream zilnic. Îmi pierdusem cei trei fii către centrele de plasament din cauza instabilității mentale și credeam că, dacă aș fi integrată, îi voi putea recupera. Căutam o soluție rapidă si credeam că am totul planificat.

Apoi am întâlnit-o pe femeia care avea să-mi schimbe viața. Spre deosebire de medicii și terapeuții cu care lucrasem anterior, ea era dispusă să meargă dincolo de limitele și metodologia psihologiei acceptate, în favoarea a ceva care să asigure o integrare autentică, născută din Sufletul meu. M-am agățat de ideea integrării fără să înțeleg ce înseamnă. Nu puteam visa decât să supraviețuiesc, dar Sufletul meu știa un adevăr mai mare. Cu îndrumarea Sufletului și un angajament total al acestei femei, mi-am început integrarea.

*****

Această carte este povestea mea.

Capitolul 1: O CRĂPĂTURĂ ÎN PERETE

Am fost diagnosticată cu tulburare de personalitate multiplă când aveam treizeci şi şapte de ani. Nu am fost de acord cu diagnosticul, dar ştiam că ceva era în neregulă cu mine. Eram într-o permanentă suferinţă fizică şi emoţională şi îmi era foarte greu să iau decizii simple. Fiecare parte a vieţii mele era un haos.

Cu şase ani înainte de a fi diagnosticată, am început să lucrez cu primul meu terapeut. În timpul unei şedinţe de terapie m-a întrebat dacă am fost abuzată sexual. I-am spus că nu cred asta, dar când conduceam spre casă în acea seară, l-am rugat pe Dumnezeu să-mi arate adevărul.

Bucăţele de amintiri au început să treacă prin vălul uitării mele – sclipiri fulgerătoare atât de inimaginabile, încât abia reuşeam să le fac faţă. Cum ar putea să fie asta real? Mi-aş fi amintit, mă gândeam eu. Pe măsură ce sclipirile au devenit amintiri depline, am fost schilodită de o durere emoţională atât de copleşitoare încât am început să plâng în fiecare zi. Am descoperit că era foarte dificil să fiu o mamă singură cu trei băieţi, iar acum, având aceste amintiri tot mai des, de-abia puteam să funcţionez.

După câţiva ani de confruntare cu amintirile abuzurilor tatălui meu, am început să-mi amintesc de bărbaţi îmbrăcaţi în robe negre cu cagulă. Bucăţi de amintiri mi-au sclipit în faţa ochilor – imagini atât de îngrozitoare încât m-am întrebat dacă nu cumva am înnebunit. Odată cu aceste imagini a venit conştientizarea faptului că aceşti bărbaţi făceau parte dintr-un cult satanic. Cum mi s-ar fi putut întâmpla asemenea lucruri fără să-mi aduc aminte?

Julie, sora mea mai mică, a început și ea să aibă asemenea amintiri satanice. Mă suna la telefon și mă ruga să o ascult doar - era îngrijorată că aș putea să o influențez cu amintirile mele.

În octombrie 1992, m-a sunat să-mi împărtășească o altă amintire. În timp ce o ascultam pe Julie povestind ce i se întâmplase mamei noastre, părea că un perete invizibil s-a prăbușit, permițându-mi să văd totul în detalii șocante. Oprind-o pe Julie în mijlocul propoziției, i-am cerut detalii. În timp ce descria ceea ce vedea, nu mai puteam da adevărul deoparte. Amintirile noastre se potriveau cu exactitate! Imaginea mamei, violată sălbatic de tatăl meu și de adepții cultului său, mi-a provocat frisoane de-a lungul coloanei vertebrale. Am simțit că plonjez cu capul în jos într-o gaură întunecată și nu puteam face nimic în această privință. Fiecare amintire despre cultul satanic pe care o avusesem până în acest moment, mi s-a părut prea bizară pentru a fi adevărată. Erau atât de mult în afara tărâmului normalității, încât erau ușor de reprimat. Dar acum vedeam amintirile în timp real și asta m-a lovit foarte tare! Negarea mea s-a spulberat. Știam că aveam probleme.

Am programat întâlniri cu diferiți terapeuți, în speranța că voi găsi pe cineva cu care aș putea lucra. Dar când m-am întâlnit cu ei individual, toți mi-au pus aceeași întrebare: dacă știam ce era Tulburarea Personalității Multiple? Am fost jignită și furioasă de întrebarea lor. Plecam de la fiecare întâlnire total descurajată. Dar trebuia să găsesc pe cineva care să mă ajute. La a șaptea ședință de terapie am încercat să descriu amintirile pe care le aveam. Plângând, eram incoerentă. Încă o dată, am fost întrebată dacă știam ce este Tulburarea de Personalitate Multiplă. L-am mustrat pe terapeut, spunându-i că știam ce este și că nu aveam așa ceva! Spre deosebire de ceilalți terapeuți care treceau peste asta, el nu a fost de acord cu mine, spunându-mi că mă văzuse schimbând personalitățile de cel puțin șase ori în timpul ședinței. Am părăsit biroul lui complet devastată.

Așezându-mi capul pe volanul mașinii, l-am implorat pe Dumnezeu să mă ajute. I-am spus lui Dumnezeu că dacă acest lucru era adevărat, eram dispusă să mă confrunt cu asta. Instantaneu am văzut o fată tânără apărând pe scaunul din dreapta, lângă mine. Părea la fel de reală ca și mine, dar, din moment ce s-a materializat de nicăieri, știam că trebuie să fie o personalitate. Mi-a spus că se numea Candee. Nu putea să aibă mai mult de paisprezece ani. Era slăbuță, cu părul blond și creț. Ochii ei erau albaștri și avea cel mai dulce zâmbet. Am fost atât de șocată încât nu-mi amintesc cum am condus mașina până acasă.

Am început să lucrez cu terapeutul care insistase că sunt o personalitate multiplă. Mergeam la biroul lui pentru o ședință și mi se spunea doar după câteva minute că ședința s-a încheiat. El mă informa că am fost acolo o oră întreagă, dar eu nu îmi aminteam nimic! Am început să înregistrez ședințele, ca să pot auzi ce se întâmpla cu mine. Când am ascultat caseta am fost surprinsă. Am auzit diferite voci împărtășind lucruri despre care nu aveam nici o amintire. Chiar dacă terapeutul mi-a înmânat caseta după fiecare ședință, tot nu credeam ce era pe ea. Poveștile spuse de diferitele voci erau prea exagerate pentru a fi adevărate; era mai ușor pentru mine să cred că eram nebună.

Am început să iau notițe de pe casetele înregistrate, iar când fiecare personalitate nouă se prezenta, scriam numele lui sau al ei în jurnal. Am făcut asta ani de zile. Mi se părea că lucrez la un puzzle în care piesele care mă reprezentau erau împrăștiate peste tot. Credeam că dacă țin evidența tuturor numelor diferite și a tuturor poveștilor, voi putea în cele din urmă să mă regăsesc. Mi-am răsfoit jurnalele după câțiva ani și am numărat numele pe care le notasem și, spre uimirea mea, numărătoarea a depășit cu mult peste trei sute de personalități diferite.

Într-o zi, în timp ce făceam cumpărături în magazinul Target cu fiii mei, am auzit vocea ascuțită a unui copil strigându-i. Am văzut un băiețel de patru ani cu pistrui și păr șaten, care le striga în repetate rânduri băieților mei că trebuie să vină să vadă jucăriile. Gesticula sălbatic, alergând înainte și înapoi pe culoarul de jucării. Cum stăteam acolo, blocată în spatele unui fel de perete interior de sticlă, am văzut bulversarea fiilor mei și n-am avut nici o putere să fac ceva în acest sens. În mod intuitiv știam că acest copil era conectat cu mine și presupusa mea multiplicitate. În clipa următoare, m-am întors de cealaltă jumătate a zidului, încercând să fac față situației stânjenitoare în care-i pusesem pe fiii mei. La acea vreme, credeam că ceea ce văd eu era ceea ce vedeau toți. Au trecut mulți ani până să înțeleg că băiețelul care alerga pe culoarul cu jucării eram eu! Fiii mei erau jenați pentru că își vedeau propria mamă alergând în sus și în jos pe culoarele magazinului, comportându-se ca un copil de patru ani.

Starea mea se înrăutățea. Sinuciderea era o cale de a scăpa, dar nu puteam să le fac asta copiilor mei. Am găsit un spital care ar fi putut să mă ajute. Era descris ca una din instituțiile de top din țară, care se ocupă de tulburări disociative.

M-am internat pe 12 august 1993, iar ceea ce trebuia să fie un program de douăzeci și opt de zile s-a transformat în opt luni consecutive de spitalizare. M-am deteriorat atât de tare încât cei de la centrele de plasament au fost chemați să mă ajute. Mi-au spus că dacă nu voi semna de bunăvoie ca fiii mei să fie preluați de stat, mă vor duce în instanță și vor dovedi că nu sunt aptă să-i îngrijesc, iar apoi nu îi voi mai primi niciodată înapoi. Acest lucru m-a îngrozit atât de mult, încât am semnat de bunăvoie actele.

De asemenea, începeam să-mi amintesc experimentele guvernamentale făcute pe mine. Medicul mi-a spus că nu eram primul pacient care îi împărtășea acest tip de informații. Mi-a spus că guvernul a recunoscut că a experimentat pe americani cu ani înainte, dar în acel moment eram foarte copleșită și nu mai puteam accepta niciun alt detaliu despre trecutul meu. Așa că Sufletul meu le-a pus deoparte până mai târziu.

După ce am fost externată, am revenit periodic în spital în următorii doi ani și jumătate, datorită instabilității mele. În timp ce trăiam singură între perioade de spitalizare, am participat în fiecare zi la programul ambulatoriu al spitalului și m-am întâlnit de trei ori pe săptămână cu medicul meu, dar nimic nu părea să mă ajute. Încă aveam un comportament schimbător și amintirile nu se opreau niciodată. Mă simțeam fără speranță.

În ședințele de terapie, am început să aud cuvintele: există ceva mai mult. A început ca o șoaptă liniștită și cu cât mă simțeam mai blocată, cu atât a devenit mai puternică. În cele din urmă, în completă disperare, am cedat. După câteva săptămâni urma să mă întâlnesc cu femeia care avea să mă ajute să mă integrez. Norma Delaney a creat o punte peste abisul urii mele de sine, cu o iubire plină de compasiune, atât de autentică, încât am început să simt și să experimentez lucruri pe care nu le-am trăit niciodată înainte. Am învățat de la ea. M-a învățat să devin reală.

Spre deosebire de medicii și terapeuții cu care lucrasem înainte, ea era dispusă să pășească dincolo de limitele metodologiei psihologiei acceptate, în favoarea a ceva care să asigure o integrare autentică, născută din Sufletul meu.

*****

Folosirea cuvântului „Eu" în textul anterior a fost doar pentru a înțelege semantica, sensul cuvintelor. În realitate, nu exista un „Eu". Nu aveam nicio conștientizare despre mine ca individ. În schimb, exista un corp fizic, ce conținea fragmente de conștiință ținute împreună de Sufletul meu, pentru a merge mai departe în viață. Imaginați-vă o ușă rotativă prin care intră și ies oameni într-un ritm rapid. Fiecare personalitate care vine la înaintare preia conversația de unde a lăsat-o precedenta. Nu putea să existe niciun indiciu despre schimbarea personalității, pentru că asta ar fi atras atenția. Exista o coeziune a conștientei, care permitea tuturor personalităților să curgă unitar.

Când se naște un bebeluș, părinții (dacă sunt iubitori), îl țin în brațe și au grijă de noul născut. Această simplă acțiune invită Sufletul, prin respirație, să intre în corp. În timp ce eram în spital, ca nou născut, am primit o astfel de îngrijire de la personalul spitalului. Dar odată ce am fost adusă acasă, a început regimul de instruire.

Când aveam trei zile, tatăl meu m-a scos afară și m-a așezat în iarbă. Dându-se puțin în spate, a urmărit să vadă cum voi reacționa. Pe măsură ce mi se făcea frig și foame, plânsul meu se transforma în țipete de furie. Slăbită din cauza lipsei de hrană, am intrat într-o stare de inconștiență, dar el nu accepta aceasta. Mă lovea cu piciorul ca să mă trezească si tot procesul începea din nou. Acest lucru a continuat până la primele ore ale dimineții.

De câte ori a trebuit tatăl meu să mă lovească pentru a mă trezi din moarte? Cât timp aș fi plâns până să renunț? Oricare ar fi fost criteriul, l-am trecut cu brio. Eram luptătoarea pe care o căuta.

Cum de-mi amintesc asta? Sufletul meu mi-a arătat această amintire acum mulți ani. A început să-mi împărtășească scopul acestei vieți. Înainte de nașterea mea, Sufletul meu știa miile de ani pe care le trăise în formă umană, experimentând viața printr-un văl de ură de sine. Ea a ales ca această viață să fie diferită. Fiind născută din părinți care erau stăpâni ai fricii, am creat o experiență atât de exagerată a fricii, încât fie mă pierdeam în ea, fie descopeream adevărul a cine sunt eu cu adevărat. A fost un mare risc, dar Sufletul meu a fost dispus să și-l asume.

Norma a susținut un spațiu de compasiune iubitoare, care mi-a permis să mă simt suficient de în siguranță, pentru a înfrunta adevărul experiențelor vieții mele, câte o amintire pe rând. Abia după ce am lucrat împreună timp de peste douăzeci de ani și am știut fără îndoială că amintirile erau adevărate, am putut să cercetez pe internet ceea ce a recunoscut guvernul. Asta m-a șocat profund și a validat tot ceea ce îmi amintisem. Mi-am dat seama că intenția părinților mei, combinată cu programul guvernamental de control al minții, avea un singur scop: să creeze o personalitate multiplă pe care ei să o poată controla de la bun început, iar această instruire mi-a afectat fiecare parte a vieții mele.

Această carte este despre călătoria mea miraculoasă către integrare și lumină. Este despre transformarea mea, de la a trăi în întuneric la a fi o persoană cu o conștiință înaltă. Este vorba de a lucra în afara cutiei minții pentru a înțelege o alegere făcută înainte de nașterea mea. Multiplicitatea, care a funcționat atât de miraculos timp de treizeci și șapte de ani, a început să se dezvăluie, pentru că am permis ca prima bucată de adevăr să străpungă bariera negării mele. Acel prim adevăr a creat o mică crăpătură în pereții disocierii mele. Ceea ce lumea din afară percepea ca haos, era de fapt începutul noii mele vieți.

Cum a fost posibil ca această integrare să fie realizată în cele din urmă? Înțelepciunea Sufletului este mult mai mult decât realizăm noi, oamenii. Eu, omul, am avut nevoie de un alt om care să mă ghideze, să mă ajute să văd că există și o altă cale. Sufletul meu m-a adus la Norma Delaney, pentru a-mi începe călătoria de integrare. Prin faptul că am putut să o ating și să-i vorbesc, simțind cum dragostea și compasiunea ei mă îmbrățișează, am început să am încredere și în altceva decât în frică. Ea a fost stânca instabilității mele. Nu știam nimic despre Sufletul meu, dar prin ea, am cunoscut lumina din mine. Nu puteam visa decât să supraviețuiesc, dar Sufletul meu știa că viața putea fi mult mai mult decât doar supraviețuire. Cu îndrumarea Sufletului meu și un angajament total al acestei femei, mi-am început integrarea. Au fost mulți care i-au spus Normei că așa ceva nu e posibil și mai bine renunță. Spuneau că nu mă voi integra niciodată, dar ea știa că împreună cu Spiritul orice este posibil.

Această carte a fost scrisă pentru a le arăta altora că există o altă cale. Indiferent ce s-a întâmplat în trecutul tău, dacă vrei cu adevărat să te vindeci, poți, prin înțelepciunea propriei tale conștiințe superioare. Nu trebuie să ai un plan. Doar spune „da" Sufletului tău, și acesta va fi începutul.

Capitolul 2: ÎNTÂLNIREA CU NORMA

Mă întâlnesc cu Norma Delaney pentru prima dată. Deschizând uşa, ea zâmbeşte şi mă invită să intru. În timp ce îi scanez aspectul, examinez totul, de la culoarea pantalonilor şi a bluzei, până la bijuteriile care-i împodobesc gâtul, încheieturile mâinilor, urechile şi degetele. Sunt un computer uman, memorând totul pentru referinţe viitoare. Dar există ceva dincolo de fizic care mă intrigă. Ochii ei emană propria lor viaţă. Mă invită să am încredere doar privind în ei. Întreaga ei fiinţă radiază o energie pe care o găsesc reconfortantă.

Urmând-o în sufragerie, mă opresc şi mă uit în jur cu uimire. Ficuşi înalţi sunt în ambele părţi ale camerei, având lumini albe scânteietoare întreţesute printre ramurile lor. Plante aflate în diferite stadii de înflorire cresc peste tot. Sunetul clipocit al unei fântâni arteziene şi clinchetul unui clopoţel de vânt adăugau ultimele retuşuri unei camere ce era pur şi simplu magică.

Zâmbindu-mi călduros, Norma mângâie canapeaua, invitându-mă să iau loc lângă ea. Clătinându-mi capul în semn că nu, mă aşez pe podea, cu spatele la perete. Din păcate, asta nu mă ajută să-mi controlez anxietatea. În interiorul meu aud multe voci care vorbesc.

O să mă placă?

Pot să am încredere în ea?

E atât de frumoasă!

Nu spune nimic. Las-o pe ea să facă prima mişcare.

Mâinile mi se agită nervos; respirația mea este rapidă și superficială.

Norma vorbește încet; mă întreabă ce mi-ar plăcea să îndeplinesc.

Cu o schimbare de personalitate și o grămadă de cuvinte grăbite, cineva începe să strige:

– Trebuie să-mi recuperez fiii! Am tot intrat și am ieșit din spital din 1993 încoace. Ar fi trebuit să fie un program de douăzeci și opt de zile...

Brusc, corpul se transformă, în timp ce Roberta afirmă sfidător:

– Știu că ei cred că sunt o personalitate multiplă, dar greșesc! Trebuie să mă stabilizez, ca să-mi pot recupera băieții...

Fără nici măcar o întrerupere, capul se îndreaptă și o voce furioasă și ascuțită cere:

– Care sunt acreditările tale? Ai mai lucrat vreodată cu cineva cu personalitate multiplă? Numele meu e Charlotte. Nu vreau să lucrez cu nimeni, decât dacă știe ce face.

Înainte ca Norma să poată răspunde, Roberta se întoarce, și fără nicio pauză, imploră:

– Trebuie să-mi recuperez fiii, poți să mă ajuți?

Înainte ca Norma să scoată un cuvânt, Roberta a plecat din nou.

Vin multe personalități. Majoritatea nu sunt conștiente de cele care vin înaintea lor. Fiecare pleacă înainte de stabilirea oricărui tip de conversație coerentă. În cele din urmă, apare Daniel, care vorbește cu o voce profundă:

– Eu sunt un protector. Am treizeci și trei de ani, 1,87m înălțime, păr blond și ochi albaștri. Știu că fac parte dintr-un sistem care trăiește într-un corp feminin, dar este important să mă vezi așa cum sunt. Eu sunt aici să te ajut în privința copiilor. Ei nu au încredere în nimeni, nici măcar în doctorul Barnes. Voi face tot ce pot ca să te ajut. Tot ceea ce trebuie să faci este să mă strigi pe nume şi eu voi veni.

Fără altă zarvă, pleacă. Corpul stă nemişcat. Momentele trec în tăcere, până să vin în faţă să mă prezint:

— Eu sunt Sebrina, cea care a făcut programarea cu tine. Îmi pare rău dacă schimbările mele te-au speriat, dar ştiam că ele sunt nerăbdătoare să te întâlnească, aşa că le-am lăsat să fie primele.

— Nu mi-a fost frică, recunoaşte Norma. Doar ascultam.

— Crezi că ne poţi ajuta?

— Am văzut filme cu oameni care aveau personalitate multiplă, zice Norma, dar nu am studiat şi nu am citit nicio carte despre acest subiect.

— Înţeleg asta, intervin eu. Nu asta este ceea ce-mi doresc. Am lucrat ani de zile cu profesionişti şi nu suntem nici măcar pe aproape să fim integraţi. Am nevoie de cineva care lucrează cu tărâmul psihic şi spiritual. Avem atât de multe părţi ale memoriei noastre care se confruntă cu lucruri neobişnuite, încât nu mai ştiu ce să mai cred. Crezi că ne poţi ajuta?

Chipul Normei e îmbujorat de iubire în timp ce răspunde:

— Eu lucrez cu energia compasiunii care pare să ştie să facă lucruri dincolo de ceea ce ştie partea mea umană. Îi spun Spirit sau tărâmul psihic. Lucrez în acest domeniu de mulţi ani. Cred cu adevărat că nu există nici o boală în care Spiritul să nu poată ajuta o persoană să se vindece.

Înainte să răspund, un bărbat atrăgător intră pe uşa din faţă. Are vreo patruzeci de ani, păr lung şi alb, prins la spate într-o coadă. Mirosul de piele şi tutun de pipă plutesc pe lângă el în timp ce intră în cameră.

— Este în regulă, mă asigură Norma. Acesta este soţul meu, Garret.

Corpul meu s-a ridicat dintr-o dată, în timp ce un băieţel strigă:

– Hei, şi eu sunt băiat!

Alergând spre Garret, el exclamă:

– Am patru ani şi mă numesc Robbie!

Imaginaţi-vă, dacă vreţi, corpul unei femei de patruzeci de ani alergând către acest bărbat în stilul unui băieţel. Întinzându-şi braţele şi cu un zâmbet larg pe faţă, Robbie se opreşte la câţiva centimetri de Garret, aşteptând reacţia lui.

Luând totul cu grijă, Garret dă din cap cu blândeţe şi răspunde:

– Îmi face plăcere să te întâlnesc, Robbie.

Uitându-se la Norma, zâmbeşte şi se scuză politicos.

Fără a fi perturbat, Robbie se întoarce şi se aruncă pe canapea lângă Norma. Animat şi cu o faţă strălucitoare, îşi flutură mâinile deasupra capului şi umerilor.

– Cine este tu? Îl cunoşti pe Barnie! Îl iubesc pe Barnie! Oh... Sebrina îmi spune să mă întorc înăuntru, pentru că ea încă nu terminase. M-am bucurat să te cunosc, declară el fericit.

Cu această declaraţie, el o îmbrăţişează pe Norma înainte să dispară înăuntru.

Revenind în faţă, eu râd, în timp ce spun:

– Robbie este o parte importantă a sistemului. Este un protector, care ne aduce tuturor râsete şi bucurie. Îl adoră pe doctorul Barnes şi îi zice Barnie. Foarte mulţi dintre ceilalţi copii sunt îngroziţi de bărbaţi, aşa că refuză să vorbească cu doctorul Barnes, astfel că multe părţi din povestea noastră sunt lăsate pe dinafară. Să nu mă înţelegi greşit – Doctorul Barnes este cel mai bun doctor pe care l-am avut vreodată. El poate vedea şi auzi lucruri pe care ceilalţi doctori nu au putut. El nu judecă niciodată, indiferent de ceea ce împărtăşim, dar se pare că, oricât de mult am lucra cu el, există întotdeauna mai multe amintiri care așteaptă să fie adresate. De aceea simt că trebuie să fie ceva mai mult!

Respirând adânc, adaug:

– Simt că tărâmul spiritual este locul unde se află răspunsul nostru, dar nu-mi spune încă nimic! Trebuie să-ți spun puțin din povestea noastră. După aceea poți decide dacă vrei să lucrezi cu noi. Noi ne-am născut într-un cult satanic, pe lângă asta, tatăl meu ne-a implicat într-un program guvernamental, un fel de program de control al minții. Știu că sună de necrezut, nici eu nu știu ce să cred, dar crezi că ne poți ajuta?

Zâmbind cu căldură, Norma spune:

– Da, Sebrina, te voi ajuta. Va fi o aventură pentru fiecare dintre noi, pe măsură ce vom descoperi cum ne va conduce Spiritul.

*****

OBSERVAȚIA NORMEI:

Fiecare client nou, cu care sunt de acord să lucrez, este o oportunitate pentru mine de a mă deschide spre și mai multe descoperiri. Sunt un facilitator energetic în parteneriat cu Spiritul, pe care-l recunosc ca fiind sinele meu intuitiv. De-a lungul anilor am lucrat cu multe persoane, fiecare cu probleme diferite. Îi învăț pe fiecare să se conecteze cu propriul lor Spirit, pentru propria lor vindecare. Spiritul mă conduce în ceea ce am de făcut, mă asigură continuu că tot ceea ce trebuie să fac este să fiu prezentă și voi fi îndrumată.

Habar n-aveam cum va merge întâlnirea cu Sebrina. Ne întâlnisem anterior la un eveniment Kryon în Seattle, Washington. Aceste evenimente sunt oportunități de a ne întâlni cu alți oameni, care aleg să lucreze cu Spiritul. Mulți sunt vindecători, persoane care fac channeling sau profesori care predau subiecte metafizice.

*Sebrina a luat microfonul și a cerut ajutor. I-am fost recomandată
ca fiind cea mai potrivită persoană care poate să o ajute să se vindece. Mi-a
spus că era o personalitate multiplă. Singura mea experiență de înțelegere
a multiplicității era ceea ce văzusem în filme ca „Cele trei fețe ale Evei" și
„Sybil". Credeți-mă, filmele sunt nimic în comparație cu realitatea. Sebrina a
apărut și aventura care mi-a schimbat viața a început.*

*A fost una dintre cele mai neobișnuite experiențe pe care le-am trăit
vreodată. Știam de la Spirit că trebuia să fiu foarte liniștită în prezența ei. Am
urmărit-o pe această femeie când a intrat în sufrageria mea. Eforturile ei de
a părea normală erau contrazise de tensiunea evidentă din corpul ei. Ochii ei
priveau peste tot. Aveam impresia că memorează tot ce era în jurul ei, pentru a
căuta probabil o cale de scăpare. În ciuda faptului că și-a luat timp pentru a se
machia, puteam vedea tristețea profundă din ochii ei. Întregul ei corp emana o
profundă oboseală.*

*Am invitat-o să se așeze pe canapea, lângă mine, dar ea a preferat să
se așeze pe podea, cu spatele sprijinit de perete. Pe cât de repede vorbeam cu o
persoană, imediat apărea altcineva. Unii erau adulți, precum Daniel. El a arătat
o profundă înțelepciune și bunătate, în timp ce mi-a spus că este gata să mă
ajute în orice fel ar fi putut. M-a informat cu bunăvoință că a înțeles faptul că
trăiește într-un corp feminin, dar era important pentru el să-l văd așa cum era cu
adevărat. Lucrul uimitor este că, pe măsură ce am început să-l cunosc pe Daniel
de-a lungul timpului, l-am văzut ca persoana care era. În ciuda faptului că trăia
într-un corp feminin, prezența sa masculină era cu mult peste înălțimea femeii.*

*Au apărut copii, atât băieți cât și fete. Aveam impresia că ei erau cei
curajoși, care veneau să-mi evalueze reacția față de ei. În spatele ochilor copiilor,
puteam vedea mulți alți ochi, privind, prea speriați să iasă afară și să vorbească
în numele lor. Am stat acolo asistând la un miracol al vieții. În fiecare ființă
umană există potențialul de a se despica într-o mulțime de fragmente, la fel ca
orice lucru care se sparge. M-am simțit onorată și gata să asist această persoană,*

cu orice ne-ar îndruma Spiritul să facem. Nu mi-a trecut niciodată prin cap ce călătorie uriașă începeam. Niciodată nu mi-a venit în minte să întreb cât de mult ar dura acest lucru și toate celelalte întrebări pe care mi le-au pus oamenii de atunci.

Am fost aduse împreună de o forță misterioasă; mintea mea nu a fost niciodată suficient de prezentă pentru a se îndoi. Singurul lucru pe care l-am aflat mulți ani mai târziu este că încă simt la fel. Este ca și cum aș fi fost în pregătire într-un program universitar, diferit de orice mi-aș fi putut imagina vreodată. Simt și știu că am fost binecuvântată, prin faptul că mi s-a permis să fac parte din acest miracol.

Gândindu-mă în urmă la începuturile noastre, îmi dau seama cât de inconștiente eram amândouă. Inocența a fost cea mai puternică trăsătură a noastră. Ne-a permis amândurora să fim conduse de Spirit. Cred cu adevărat că aceasta este povestea unei ființe umane sfărâmate, cunoscută în mod obișnuit ca personalitate multiplă, ce a fost condusă spre integrare deplină.

Motivul pentru care această integrare este neobișnuită, este pentru că a fost condusă de Kuan Yin, care este Iubirea Compasională și Divină. Când am întâlnit-o pe Sebrina, știam că trebuie să transmit mai mult decât cuvintele lui Kuan Yin. M-am deschis pe deplin energiei lui Kuan Yin, care a trezit compasiunea ce trăia deja în mine. Această conexiune puternică mi-a permis să comunic ușor cu Sufletul Serenei, deschizând ușa unei noi ființe umane vindecate.

Capitolul 3: ÎNVĂȚ SĂ RESPIR

Bat la ușă și încerc să ascult sunetul pașilor. Nu aud nimic, bat și mai tare. Tot niciun răspuns. În timp ce stau acolo fără scop, mă întreb ce să fac. În cele din urmă, după un timp ce pare o eternitate, Norma deschide ușa.

Zâmbind, mă ia de mână, spunându-mi:

– Intră. Nu trebuie să bați la ușă, scumpo.

– Vorbești serios?

Cum poate avea încredere în noi!

E un truc!

– Desigur, Sebrina. Nu am de ce să mă tem. Dacă nu mă găsești înseamnă că sunt sus la etaj, unde lucrez cu un alt client. Fă-te comodă și eu voi coborî imediat.

Uimită de ce-mi spusese, rămân tăcută. O urmez în sufragerie și mă așez pe fotoliul vizavi de ea.

– Vino să stai lângă mine, sugerează Norma.

Iau loc lângă ea și mă întreb de unde ar trebui să încep. N-a fost nevoie să mă îngrijorez de asta, pentru că imediat a apărut Robbie.

– Bună! Sunt eu, Robbie! Mi-a fost dor de tine. Mă bucur că estem aici. Am spus doctorului Barnie despre tine.

Oprindu-se să tragă aer în piept, vorbește mai departe grăbit:

– Sunt mulți copii care așteaptă să te vadă. Cum de a trebuit să așteptăm atât de mult înainte să putem veni la tine acasă?

Zâmbind larg, așteaptă ca Norma să răspundă. Înainte ca ea să aibă șansa de a răspunde, fața se transformă și ochii se rotesc cu inocență, pe măsură ce are loc schimbarea.

– Trebuie să merg să fac pipi, șoptește o voce de copilaș.

Strângându-și picioarele, copilul se clatină datorită disconfortului. Zâmbind și fără să comenteze, Norma o ia ușor de mână, conducând-o la baie. Mersul copilului este rigid și dezechilibrat, la fel cu al unui copil mic care acum învață să meargă. Cu cât se apropia de baie, cu atât devenea mai rigidă. Își trage mâna din mâna Normei, se îndoaie pe podea și scâncește:

– Voi face pipi pentru ea! exclamă Robbie, venind la înaintare. Eu nu mi-e frică. Ieșind din baie câteva minute mai târziu, exclamă triumfător:

– Jennifer e speriată de multe lucruri. Nu vorbește prea mult, dar eu încerc mereu să o ajut.

Din două salturi, el aterizează din nou pe canapea.

– Lui Barnie nu-i pasă dacă ne vedem cu tine. Eu este bucuros. Vreau să-mi petrec timpul cu tine azi, bine?

Strecurându-se mai aproape, Robbie se apleacă pentru o îmbrățișare.

– După ce toți ceilalți vor vorbi cu tine, putem fi împreună?

– Bineînțeles că putem, scumpule. Și eu vreau să fiu cu tine.

Ținându-l aproape, Norma îl îmbrățișează strâns înainte de a-i da drumul. Ridicând privirea spre ea, el râde.

– Cred că e timpul să vorbești cu ei, pentru că le e foarte greu.

Fericit, el se duce în spate, făcând loc Sebrinei.

– Nu ştiu de unde să încep, spun eu, frecându-mi fruntea pentru a avea claritate.

– Să începem cu respiraţia, astfel încât corpul tău să se simtă mai liniştit, sugerează Norma.

Mă invită să mă aşez şi să-mi închid ochii, ea începe:

– Ascultă-mi vocea şi dă-ţi voie să te linişteşti. Inspiră adânc pe nas, apoi expiră încet pe nas. Lasă-ţi umerii să se relaxeze. Simte cum aluneci şi mai adânc în burtica ta. Această respiraţie îţi va ajuta corpul să ştie că e în siguranţă.

După câteva minute în care m-a îndrumat să respir, mă întreabă dacă mă simt în stare să încep.

– Mă simt mult mai bine. Mulţumesc, Norma.

Mă întreabă despre ce aş vrea să vorbesc astăzi.

– Am crezut întotdeauna că mi-am ales părinţii dintr-un motiv anume.
Nu ştiu care este acest motiv, dar îl simt. Am tânjit după o conexiune spirituală de când mă ştiu. Asta m-a determinat să încerc diferite lucruri în viaţă. Acum câţiva ani am început să meditez. Într-o dimineaţă, în meditaţie, am văzut o lumânare pâlpâind sub un coş împletit. Aveam ochii închişi, dar jur că am văzut asta, Norma! Apoi am auzit o voce spunând: „Nu-ţi ascunde lumina sub coşul împletit." Chiar dacă ştiam că aceste cuvinte provin din Biblie, asta nu a schimbat cât de real a fost acel moment pentru mine. Am avut multe astfel de experienţe, majoritatea înainte de a fi diagnosticată.

– Mai povesteşte-mi despre o altă astfel de experienţă, sugerează Norma.

– Ei bine, acum câteva luni, am început să simt că, pentru a mă integra cu adevărat, trebuie să îmi schimb numele în mod legal. În acel moment nu aveam nicio idee care ar putea fi. Când i-am împărtăşit ideea doctorului Barnes, el a zis că e o prostie. Dar, Norma, sentimentul nu a dispărut – a devenit mai puternic! Într-o dimineață, când încă eram pe jumătate adormită, am auzit acea voce care mi-a șoptit despre lumina de sub coș, spunându-mi: „Noul tău nume va fi Serena-Faith Masterson și va trebui să-l schimbi legal pentru ceea ce va urma." Și așa am făcut. L-am schimbat legal, dar nimeni nu mă strigă așa.

– Nu este ciudat? Să auzi voci? Uneori mă întreb dacă nu sunt pur și simplu nebună. În mod intenționat nu menționez anumite părți din povestea mea. Nu le împărtășesc niciodată terapeuților, pentru că este foarte incomod.

Apucând o pernă de pe canapea, o apăs pe stomac, sperând că va opri o parte din anxietatea pe care o simt.

– Hai să o luăm mai ușor, astfel încât să ne putem uita la îngrijorările tale câte una pe rând, spune Norma. Primul lucru pe care l-am auzit spunându-mi-l este că ești conștientă de o intuitivitate din tine, care te ghidează și te îndrumă. Înțeleg asta. De-a lungul anilor, am învățat că, deși mintea nu are nicio idee despre vreo situație dată, Spiritul știe pe deplin de ce are nevoie o persoană pentru propria sa vindecare. Discuțiile despre Spirit sau fenomenul psihic nu mă intimidează. Cred și știu că sunt adevărate. Așa lucrez eu. Pe măsură ce vom lucra împreună, vom descoperi adevărul în legătură cu ceea ce ți s-a întâmplat.

– Acum, acest lucru este important și vreau să mă asculți, afirmă ea clar, ridicând vocea. Nu ești nebună! De fapt, ești o ființă umană remarcabilă, care ți-ai folosit abilitatea psihică pentru a te menține în viață. Majoritatea oamenilor ar fi cedat vieții pe care ai trăit-o tu. Îți dai seama cât de uimitor este Sufletul tău?

Nu mă simt confortabilă când cineva îmi face complimente, așa că schimb subiectul, spunând:

– O mare parte din timp nu știu care este diferența dintre ce e real și ce este închipuit, iar asta mă deranjează cumplit. Știu că Robbie este real, pentru că pot să-l văd. Suntem doi oameni foarte diferiți. Îmi amintesc când dădea ture în sus și în jos pe culoarele magazinului Target, strigând la fiii mei să se grăbească și să meargă să vadă jucăriile. Oamenii se holbau, iar fiii mei împietriseră, dar nu l-am putut opri! El face ce vrea el. Îi văd pistruii și nasul cârn... și zâmbetul lui mă face să mă simt fericită. Dar alți oameni nu-l văd deloc!

În timp ce mă opresc să respir, îmi încolăcesc brațele în jurul mijlocului și continui:

– Când ceilalți vin în corp, de obicei nu-mi amintesc nimic. Știu că am pierdut timpul, pentru că mi se spune despre asta mai târziu. Mă pun la îndoială în mod constant. Mă întreb dacă, oare, vreau atenție atât de tare, încât aș face orice.

Ștergându-mi lacrimile de pe față, continui:

– Frustrarea și furia pe care le simt față de mine sunt constante. Doar spunându-ți atât de multe, corpul meu țipă de durere!

– Sunt mândră de tine pentru că mi-ai împărtășit asta, spune Norma încurajându-mă.

– Crezi că totul ar putea fi o minciună? întreb eu cu speranță. Ți-am spus, nu știu ce să cred și este greu să fac diferența dintre ce pretind eu că este și ce e real, așa că poate tot ce-mi amintesc este o minciună...

– De ce crezi că ar putea fi o minciună, Sebrina?

– Gândul acesta îmi vine mereu în minte. Cum să trec de la a crede că viața mea a fost într-un fel, apoi poc! – descopăr o poveste total diferită, care este atât de ciudată, încât oricine ar pune-o sub semnul îndoielii.

– Știu că vrei răspunsuri, Sebrina, dar asta va dura timp. Poți să îți dai voie să descoperi adevărul cu blândețe?

– Când sunt cu tine, cred că orice e posibil.

Strângându-i mâna Normei, adaug:

– Da, dacă o vei face cu mine.

– Bineînţeles că o voi face. Acum haide să mergem sus să respirăm.

Respiraţia pe care mă învaţă Norma să o fac este o respiraţie sacră, din Sufletul meu. Am simţit unele dintre recompensele acestei respiraţii mai lente, pentru că îmi linişteşte corpul şi îmi oferă o pauză, de la frica constantă în care mă aflu, dar încă nu conştientizez ce este cu adevărat această respiraţie. Asta va veni ani mai târziu.

*****

Norma îmi zâmbeşte, în timp ce mă invită să mă întind pe masa de masaj.

Nimeni nu mă va atinge.

Nu mă pot întinde pe spate – nu, nu, nu!

– Vreau să merg înapoi pe canapea, scânceşte o voce de copil.

– Ştiu că ţi-e frică, spune Norma cu blândeţe. Nu te voi răni. Dacă te întinzi pe spate, te pot ajuta să respiri mai uşor.

– Aşa voi face! strigă Robbie.

Căţărându-se pe masa de masaj, se trage până la capătul îndepărtat şi îşi atârnă capul în afară.

– Aşa? întreabă jucăuş, chicotind.

Râzând, Norma îl aşază în centrul mesei de masaj.

– Vezi, respir foarte bine. Arătând cu degetul spre stomac, îl împinge în sus şi în jos, exagerându-şi respiraţia pentru efect.

– Da, Robbie, faci respiraţia bine, murmură blând Norma. Dar ştiai că respiri invers?

Trăgându-se înapoi, se încruntă la ea întrebător.

Aşezându-şi mâna pe stomacul lui, zâmbeşte şi îl îndrumă să-şi încetinească respiraţia.

– Când inspiri, stomacul tău se dă în spate, iar când expiri, stomacul tău iese în afară. Ştiai asta?

– Da, acesta e modul corect. Ştiu asta! strigă Robbie.

– De fapt, este invers, dragule.

– Nu poate să fie aşa! exclamă Robbie.

– Dacă ai respirat într-un singur mod întreaga ta viaţă, e normal să ţi se pară greşit să respiri altfel, răspunde calm Norma. Dar te pot asigura că este invers. Ai vrea să înveţi să respiri într-un mod care să vă ajute pe toţi?

Vorbind cu o voce liniştită şi melodioasă, ea îl îndrumă pe Robbie să respire într-un mod nou.

– Joacă-te cu mine şi inspiră, în timp ce-ţi împingi stomacul în afară. Observă unde ţi se opreşte respiraţia. Este în pieptul tău sau o aduci mai jos, adânc în burtica ta? Dă-le voie muşchilor stomacului să se relaxeze. Asta e. Acum, în timp ce expiri, adu-ţi stomacul înspre interior.

Pe următorul inspir, mă schimb şi exclam cu teamă:

– Este prea greu!

– E în regulă. O vom face încetişor.

Vorbind cu blândeţe, Norma întreabă:

– Ai încercat vreodată să faci ceva nou şi la început se simţea atât de ciudat încât îţi spuneai că e greşit, dar cu cât făceai asta mai mult, cu atât devenea mai confortabil?

– Da, dar cum aş fi putut să greşesc în tot acest timp? am strigat eu.

– Scumpo, n-ai greşit. Oamenii care au fost traumatizaţi la o vârstă fragedă tind să respire la nivelul pieptului. Le e frică să intre adânc în corpul lor. Ei dau vina pe corp pentru durerile pe care le au şi nu vor să aibă nimic de-a face cu el. Hai să ne jucăm cu asta. Imaginează-ţi că eşti pe o placă de surf, pe creasta unui val şi simte-te cum te scufunzi mai adânc în corpul tău, cu fiecare respiraţie. Simte cât de uşor se poate mişca respiraţia.

Încerc să mă imaginez pe o placă de surf, pe un val mare, dar indiferent cât de viu îl văd, nu sunt în stare să intru mai adânc în corp. Respiraţia se opreşte în gât şi corpul meu se simte ca o piatră de granit. Nu există nicio posibilitate ca eu sau altcineva să intrăm aşa în corp.

– Nu pot face asta, Norma, îmi pare rău!

– Nu-ţi mai cere scuze, nu ai greşit cu nimic. Hai să exersăm cum se simte să inspiri şi să expiri, cu burtica mişcându-se aşa cum ţi-am arătat. Vreau să exersezi asta oricând ai ocazia. Doar aşază-ţi palma pe burtică şi inspiră, în timp ce simţi cum burtica se ridică. Poţi face un joc din asta?

– Bine, voi încerca, dar putem să ne întoarcem jos, să vorbim?

– Da, dar ar fi de folos să mâncăm ceva, înainte să mai facem ceva astăzi.

O altă eroare. Vor exista mai multe schimbări, deoarece mâncarea este o problemă pentru noi toţi. Conducându-mă pe drumul spre bucătărie, Norma spune:

– Ştiu că ai prefera să continui şi să ignori faptul că trebuie să mănânci, dar lucrăm deja de ceva vreme, iar corpul tău ar aprecia o gustare înainte să mergem mai adânc în orice alte subiecte. Poţi să-i dai voie cuiva, care vrea să mănânce, să vină la înaintare?

– Eu sunt acela! strigă Robbie, cu bucurie.

– Ce ţi-ar plăcea? întreabă Norma.

– Vreau desert, cum ar fi tort sau prăjiturele.

Scotocind în frigider, Norma răspunde:

– Știu că dulciurile sună bine, dar haide să începem cu ceva mai sățios. Ai vrea un sandviș cu pui sau unul cu unt de arahide și jeleu?

Alergând acolo unde stătea Norma, Robbie strigă:

– Vreau unt de arahide și jeleu!

Luându-l de mână pe Robbie, Norma îl conduce înapoi la masă.

– Vreau să te așezi și să vorbești cu mine, în timp ce eu pregătesc o gustare pentru noi. Poți să faci asta?

Imediat Robbie se retrage.

– Hei, nu ai făcut nimic rău. Ești în regulă. Am nevoie doar de puțin spațiu pentru a pregăti gustarea noastră. Spune-mi orice vrei, iar eu voi asculta.

– Mi place să mănânc orice dulce. La spital, furișam desertul tot timpul.

Acoperindu-și gura cu mâna, Robbie râde în mod jucăuș.

– De ce trebuia să-l furișezi?

– Pentru că oamenii mari spuneau că mă face să fiu hiper-activ.

– Mâncarea ta preferată este orice e dulce?

– Da! Îmi plac toate chestiile dulci! exclamă el cu exuberanță.

Norma așază farfuria pe masă, în fața lui. Robbie își apucă sandvișul și îl mușcă cu lăcomie, până la jumătate. Aplecându-se deasupra farfuriei, îl termină aproape fără să-l mestece.

– Vrei o prăjiturică?

– Pot primi mai multe?

– Hai să începem cu una şi să vedem cum te simţi.

Hotărând că va avea mai multe, Robbie dă din cap în semn de aprobare. Înainte de a termina, o voce timidă întreabă:

– Pot să mănânc şi eu ceva? Mi-e atât de ... foame.

Zâmbind, Norma răspunde:

– Bineînţeles că poţi mânca ceva. Ce ai dori?

– Vreau unt de arahide şi jeleu, la fel ca Robbie.

– Bine, îţi fac asta. Îl priveai când mânca?

Dând din cap liniştită, copilul răspunde:

– Am vrut ceva să mănânc, exact ca el.

Mergând înapoi în bucătărie, Norma continuă să vorbească, ştiind că sunetul vocii sale este reconfortant. Este conştientă că şi-a făcut curaj să iasă şi să ceară de mâncare. Mergând înapoi în cameră cu jumătate de sandviş, Norma aşază farfuria în faţa ei.

– Cum te numeşti? întreabă Norma, aşezându-se pe un scaun, lângă fetiţă.

Copilul se uită cu teamă în jurul camerei, înainte să răspundă.

– Eu sunt Priscilla. Îmi doream să vin, pentru că îmi place cum vorbeşti.

Lăsându-se uşor pe spate, Norma îi zâmbeşte.

– Mă bucur că ai venit.

Luând sandvişul, Priscilla ia o muşcătură şi o înghite repede. Abia respiră. Ţinând capul în jos, se uită pe furiş în jurul camerei, în timp ce bagă restul sandvişului în gură. Imediat ce Priscilla termină, un alt copil se prezintă pentru a-i lua locul.

Luând farfuria şi întorcându-se la bucătărie pentru a treia oară, Norma mai face o jumătate de sandviş. Întorcându-se la copil, Norma o îndrumă să simtă mâncarea, pe măsură ce intră în burtica ei. Norma este conştientă că este important să echilibreze nevoile corpului, în timp ce se ocupă de fiecare copil care se prezintă.

Chemând-o pe Sebrina în faţă, Norma sugerează să se mute înapoi în sufragerie pentru a vorbi.

Mă aşez lângă Norma şi încep:

– Cred că medicamentele pe care le luăm nu sunt bune pentru noi. Am simţit asta de ceva vreme. Când le iau simt că parcă aş pune un capac deasupra capului, care astupă totul în interiorul meu.

– Medicamentele pe care le iei ţi-au fost prescrise pentru a te sprijini în acest moment dificil din viaţa ta, răspunde Norma. Scopul lor este să-ţi păstreze emoţiile sub control, astfel încât să poţi face faţă. De aceea ai sentimentul că te astupă, Sebrina.

– Ştiu că ne ajută cu anxietatea, dar uneori se simte greşit să le luăm.

– Nu e greşit, Sebrina. Asta te-a ajutat într-o perioadă de criză, dar acum tu simţi că e timpul pentru o schimbare, aşa că ai încredere în asta.

Mângâindu-mă uşor pe mână, mă întreabă:

– Ce medicamente iei în prezent?

– Noi luăm Prozac pentru depresie, Klonopin pentru anxietate şi Ambien pentru dormit. Dar niciunul nu funcţionează cu adevărat. Încă ne trezim de mai multe ori pe noapte, iar anxietatea e scăpată de sub control. Mă întreb dacă vreunul dintre ele chiar ajută. Totuşi, îmi place Prozacul, pentru că ţine foamea la distanţă.

– Tu ai spus că ai încredere că eu te pot ajuta, răspunde Norma. Pentru ca această vindecare să aibă loc, poți avea încredere că ai putea fi bine fără medicamente? Medicamentația este o soluție temporară, care acoperă problema reală. Știu că te-a ajutat în trecut, dar dacă tu simți că a sosit momentul să nu mai iei, trebuie să ai încredere în asta. Eu voi fi aici să te ajut. Este important să-i spui doctorului Barnes ce vrei să faci și să-l întrebi ce sugerează el.

Dând aprobator din cap, hotărăsc că voi aduce în discuție asta, data viitoare când îl voi vedea.

– Trebuie să vorbesc cu tine despre băieți. Mai avem timp? întreb eu îngrijorată.

– Da, scumpo. Ți-am spus că avem timp cât ai nevoie.

Luându-mă de mână, se uită în ochii mei.

– O să ne ajute pe toți dacă ai încredere când îți spun că avem tot timpul de care ai nevoie. Graba creează frică, așa că stai liniștită, eu nu plec nicăieri.

– Bine, Norma. Am încredere în ceea ce-mi spui.

Zâmbind, inspir încet înainte de a începe.

– Ca orice altceva din viața noastră, situația cu băieții este scăpată de sub control. Se ceartă între ei aproape tot timpul, așa că atunci când îi am în weekend, este un haos absolut. Nu am pauză.

– Aaron este deprimat și stă singur aproape tot timpul. Stephen este furios și ajunge să țipe la toată lumea, iar Tim ... ei bine, el ajunge să-i instige pe ceilalți doi și apoi ei se iau de el. De cele mai multe ori, nu știu ce s-a întâmplat ca să ajungă la ceartă. Ajung să mă simt atât de vinovată. Tot ce vreau este să fac ce e bine pentru ei, dar nu știu ce să fac! mă plâng eu isteric.

– Oprește-te un moment și respiră cu mine, sugerează Norma.
Concentrează-te doar pe respirație și simte cum te relaxezi.

Pe măsură ce mă relaxez, pot vorbi cu mai multă ușurință.

– Îi iubesc, dar mă tem de sfârșiturile de săptămână, pentru că știu că le voi face rău prin schimbările mele. Când ne-am dus toți patru cu mașina, la magazin, într-o zi, era ceva pe marginea drumului care a atras atenția unuia dintre copiii din sistem. Ea a venit la suprafața corpului meu, în timp ce arăta cu degetul și le spunea tuturor să privească. Băieții s-au supărat că m-am schimbat, plus că era periculos pentru că nimeni nu conducea mașina!

Odată cu această declarație, apare Roberta și preia conversația din ultima sesiune.

– Crezi că mă poți ajuta? Doctorul Barnes e convins că sunt o personalitate multiplă, dar eu cred că se înșală. Băieții sunt în îngrijirea statului de mult timp! Sunt frustrată, pentru că ajung să fiu internată din nou și din nou. Am probleme, dar a fi o personalitate multiplă nu e una dintre ele!

Norma a văzut cât de repede se retrage Roberta, așa că rămâne nemișcată, în timp ce întreabă: – De ce ești atât de sigură că nu ești o personalitate multiplă, Roberta?

– Pentru că ... doar știu!

Sărind de pe canapea, ea strigă furioasă:

– Nu vreau să fiu o personalitate multiplă!

– Înțeleg că nu vrei să fii. De ce ți-e așa de frică, Roberta?

– Dacă sunt o personalitate multiplă, asta înseamnă că ceea ce au împărtășit ceilalți ar putea fi adevărat!

Pronunțând strident ultimele cuvinte, ea adaugă:

– Nu înțelegi că eu nu vreau asta?

Chinuindu-se să rămână, Roberta se gândește mai bine la întrebarea Normei și își dă seama că poveștile pe care le-a auzit în ultimii ani sunt atât de neînțelese, încât e mai ușor să le respingi.

Făcând semn cu mâna pe canapea, lângă ea, Norma o invită pe Roberta să se așeze.

– Știu că ce ai auzit de la ceilalți pare de necrezut, dar nu trebuie să faci nimic cu asta astăzi. Putem începe cu adevărul că tu nu ești singură? Pot să-ți spun sincer, tu ești o personalitate multiplă.

Ridicând vocea, Norma poruncește:

– Nu pleca, Roberta!

Frecându-și fruntea, Roberta se uită la Norma printr-o ceață deasă. E confuză și obosită.

– Mai rămâi aici încă o clipă. Mai întâi, poți fi sinceră cu tine însăți? Nu vrei să fii o personalitate multiplă, așa că poți continua să negi poveștile. Dar dacă lăsăm poveștile deoparte, poți să-mi spui sincer că nu crezi că ești o personalitate multiplă?

Plângând încet, Roberta scutură capul în semn de nu.

– La spital erau momente când treceau ore în șir fără să-mi dau seama sau, dintr-o dată, mă întâlnesc cu doctorul Barnes și nici măcar nu știu cum am ajuns acolo și asta mă sperie!

– Înțeleg de ce, Roberta. Dacă ai accepta că ești o personalitate multiplă, nu ar mai fi nevoie să fii speriată, pentru că ai ști că ai schimbat personalitatea.

– Oh, Norma, chiar crezi că sunt o personalitate multiplă?

Aplecându-se și luând mâna Robertei, Norma se uită direct în ochii ei.

– Ştiu că eşti o personalitate multiplă, scumpo. Am fost martoră la asta. Eşti o fiinţă umană remarcabilă, care a găsit o modalitate strălucită de a supravieţui. M-am întâlnit cu mulţi dintre ceilalţi. Nu eşti singură.

Întorcându-şi capul, Roberta suspină şi, fără niciun alt cuvânt, pleacă.

Chemând-o pe Sebrina din nou în faţă, Norma reia conversaţia de unde au lăsat-o.

– Ştiu că vrei să meargă bine treaba cu toţi trei băieţii, dar s-ar putea să nu se întâmple, avertizează ea cu blândeţe. Pentru weekend-ul care urmează, ai vrea să îţi dai voie să simţi cum e să-i ai pe toţi împreună? La sfârşitul weekend-ului, întreabă-te, a meritat? Au fost fericiţi? Tu ai fost fericită? Apoi, putem vorbi despre asta. Vreau să alegi ce este pentru binele tău cel mai înalt.

– Ştiu că ai dreptate, recunosc eu. Trebuie să mă clarific, fără ca vinovăţia să mă mai controleze. Îl aud pe Robbie rugându-mă să mă dau la o parte, ca să poată petrece nişte timp cu tine. Ai vrea să mă îmbrăţişezi înainte să plec?

– Bineînţeles.

În timp ce Norma mă îmbrăţişează, simt cum acceptarea ei se înfăşoară în jurul meu, ca o pătură caldă. Ieşind din îmbrăţişarea ei, zâmbesc, înainte să-i fac loc lui Robbie.

– Hei, ai spus că vom avea timp special împreună, îţi aminteşti? spune el cu un rânjet.

– Da, îmi amintesc. Ce ţi-ar plăcea să faci scumpule?

– Nu ştiu. Vreau doar să fiu cu tine.

Aplecându-se, Robbie îşi înfăşoară braţele în jurul Normei. Aşezându-şi capul pe pieptul ei, oftează fericit. Sunetele respiraţiilor lor se contopesc cu clinchetul clopoţelului de vânt ce dansează în vânt.

Câteva minute mai târziu, Norma îl ridică jucăuş pe Robbie în picioare.

– Ai vrea să culegi nişte flori pe care să i le dai Sebrinei? întreabă ea.

– Ar fi grozav!

Luându-şi foarfeca de grădină, Norma îl urmează pe Robbie afară, în strălucirea soarelui.

*****

OBSERVAŢIA NORMEI:

Valul de energie pe care l-am experimentat când a venit Sebrina azi m-a surprins. Sunt recunoscătoare pentru gradul de concentrare pe care îl am. Nivelul ei de confort a fost ameninţat când i-am sugerat că putea intra în casă fără să bată. Umerii i s-au aplecat înainte, în timp ce ochii ei căprui se măriseră de frică. Puteam să-i văd gândurile alergând. Am simţit că voia să fugă. Ceea ce părea aşa de normal pentru mine, a deschis cutia Pandorei plină de frică pentru ea.

A fost interesant când am vorbit cu Robbie; nu avea semne că ar fi fost abuzat. Pare să fie un băiat de patru ani încrezător. El este nerăbdător să atingă şi să mulţumească. Este ca şi cum el întinde covorul roşu, prezentându-mă celui care are nevoie să lucreze cu mine în continuare.

Sebrina a fost capabilă să poarte o conversație cu mine, în ciuda întreruperilor din partea celorlalți. Am făcut un angajament față de ea, care m-a surprins chiar și pe mine. Nu știu clar de ce sunt atât de atrasă să mă angajez și să fiu la același nivel cu deschiderea ei. Cu siguranță sunt încurajată de ceva mult mai mare decât mintea mea logică. Știu că primul pas este să-i creez starea de calm Sebrinei, ca apoi să putem începe să lucrăm. Ori de câte ori suntem împreună, nu îndrăznesc să mă mișc. Dacă orice parte a corpului meu se mișcă, ei o văd ca pe un semnal de a fugi să se ascundă.

Când am sugerat că trebuie să mâncăm ceva, am observat ezitarea Sebrinei. Pe măsură ce fiecare copil venea să mănânce, ei dădeau semne că probabil au fost înfometați și abuzați cu hrana. Asta, în sine, îmi dezvăluie multe. Știu că în acest moment nu trebuie să le atrag atenția cu nimic din toate astea. Este important să aduc cât mai multă normalitate timpului nostru petrecut împreună.

Am observat, când Sebrina era pe masa de masaj, cât de rigid era corpul ei. Striga la mine să nu fie atins. Mi-a povestit puțin despre istoria ei, dar nu pot decât să ghicesc gradul de abuz pe care l-a experimentat.

Spiritul mă încurajează să creez un spațiu sigur pentru Sebrina și ceilalți. Observ că ei nu știu ce este încrederea sau ce înseamnă să fii în siguranță. În ciuda incapacității evidente de a concepe ce înseamnă aceste cuvinte, există în interiorul acestei persoane un izvor profund de credință. Altfel, nu ar fi ales să trăiască prin coșmarul copilăriei sale. Va trebui să descoperim care sunt înțelegerile ei despre conceptele spirituale.

Sebrina pare să fie purtătorul de cuvânt al credințelor lor. Sunt conștientă că există o conștiință mai înaltă implicată în conservarea întregului. Știu să-mi țin gura, pentru că discreția ajută la păstrarea stării lor de siguranță.

Spiritul mă avertizează doar să observ când Sebrina este isterică, înspăimântată sau gata să fugă. Este ca și cum ea și cu mine avem un acord tacit, care le permite celorlalți să creadă că eu nu îi văd. Ei se strecoară înăuntru și în afara, pretinzând că sunt Sebrina, în timp ce-și spun adevărul lor. Pentru mulți, simt că e prima dată când au fost auziți.

Capitolul 4: **WEEKEND CU BĂIEȚII**

Balansându-mă de pe un picior pe altul, ascult când telefonul Normei sună pentru a treia oară. *Unde poate fi? Dacă nu pot să dau de ea?*

– Alo? răspunde Norma.

– Trebuie să mă ajuți! strig eu isteric. Familia Henderson vrea să vorbească cu mine, înainte să-i iau pe băieți pentru weekend. Ce să fac?

– Știi despre ce vor să vorbească?

– Ei bine, nu ... dar trebuie să fiu pregătită. Știu că va fi rău!

Chicotind, Norma răspunde cu blândețe:

– De ce crezi că va fi rău când vei vorbi cu familia Henderson?

– Știu doar că va fi.

– Nu, Sebrina, intervine Norma cu fermitate. Nu știi că va fi rău. Judecata ta îți spune că va fi rău. Ai vrea să o faci într-un mod nou?

– Da ...? răspund eu agitată.

– Tu și cu mine ne-am concentrat pe respirație în ultimele săptămâni, nu-i așa?

Fără să aștepte răspunsul meu, ea continuă:

– În timp ce conduci să mergi să-ți iei fiii, vreau să te concentrezi pe respirație cât mai mult posibil. Ține o mână pe volan și cealaltă pe stomac. De fiecare dată când observi că mintea îți fuge la ceea ce ar trebui să le spui celor din familia Henderson, vreau să revii la momentul prezent și să respiri. Weekendul acesta este weekendul tău, pentru a petrece timp cu fiii tăi, așa cum vrei. Rămâi prezentă și vă puteți distra.

– Oh ... bine, Norma. Voi încerca orice, de vreme ce m-am săturat să mă vadă supărată atât de mult.

– Ține minte, avertizează Norma, acesta este și weekendul tău. Fii blândă cu tine. Să nu ai idei preconcepute despre cum ar trebui să decurgă. Eu sunt aici și poți să mă suni oricând. Să conduci cu atenție, scumpo.

Închizând telefonul, alerg spre mașină. *O să întârzii!*

Există o singură autostradă către destinație și este întotdeauna aglomerată. Mașinile se strecoară, bară la bară, cu viteză de maxim 30 de km/oră.

Grăbește-te! Grăbește-te!

O să întârzii!

Cum să respir și să fiu atentă și la condus?

Asta e prea greu!

Nu va funcționa, știi asta!

Frustrată, întind mâna și pornesc radioul pentru a-mi alina anxietatea.

Ar fi trebuit să respiri!

Va fi vina ta dacă nu va fi un weekend reușit.

Strigând frustrată, opresc radioul. Punându-mi palma pe burtă, încerc să mă concentrez, dar dorința de a scăpa câștigă. Ținându-mi privirea la orizont, mă hipnotizez intenționat, creând un zid între mine și anxietate. În cele din urmă, reușesc să conduc restul drumului fără stres.

*****

Când intru pe aleea casei celor care aveau grijă de Aaron, el iese în goană pe ușa din față. Aruncându-se pe scaunul din față, spune sfidător:

– Ai întârziat două ore!

– Traficul a fost aglomerat. Știi cum este să conduci până aici.

– Doamne, mormăie el, întorcându-mi spatele.

– Aaron, am ajuns aici cât de repede am putut. Te rog, implor eu, nu strica weekendul fiind furios. Dacă aș fi fost o mamă mai bună, el nu ar fi atât de furios. Copleșită de vină, abia pot să funcționez. Trebuie să fac ceva pentru a îmbunătăți situația. Încerc o altă tactică, îmi ascund vocea într-o veselie artificială, în timp ce întreb:

– Cum a fost la școală săptămâna asta?

– Bine! răspunde el nervos.

Aruncând o privire spre dreapta mea, încerc să-i captez atenția, dar în mod clar nu este interesat să vorbească cu mine.

Ce pot face pentru a îmbunătăți situația?

E vina ta.

Dacă ar fi avut o altă mamă nu ar fi așa.

Asta este din cauză că este în plasament.

Tu l-ai abandonat.

47

Tăcerea dintre noi este asurzitoare. Remușcările pe care le am mă zdrobesc, încât de-abia pot respira. Știu că acesta va fi încă un weekend istovitor, dacă nu fac ceva diferit. Îmi pun mâna pe stomac, mă concentrez pe mișcările lui, în timp ce inspir și expir. Hotărâtă să-mi schimb lipsa de speranță, continui să respir. În cele din urmă, vina mea începe să scadă.

Încurajată de asta, încerc din nou să deschid o conversație:

– Hei, Aaron, am văzut-o pe acea doamnă ... îți amintești de cea despre care ți-am povestit?

Sperând la ceva puțin probabil, aștept. Încă niciun răspuns. Realizând că acest lucru e inutil, renunț și reîncep să respir.

Mă întorc pe șosea și mă îndrept spre casa familiei Henderson, unde locuiesc ceilalți doi fii ai mei. Ieșind de pe autostradă douăzeci de minute mai târziu, mă uit înainte și înapoi pe drum, in oglinda retrovizoare. Mă rujez și mă pieptăn. Genunchii mei fixează volanul, în timp ce apuc intermitent ambreiajul pentru a schimba vitezele. Mai multe conversații trec simultan prin mintea mea. Fiecare conversație are un singur obiectiv: să par stabilă și să fiu părintele cel bun, indiferent ce zice familia Henderson.

Trecând la o voce părintească, avertizez cu severitate:

– Aaron, să stai lângă mine și să nu o iei la fugă prin casa lor. Te rog, poartă-te corespunzător și așteaptă să fii invitat, bine?

Rostind ultimele cuvinte pe un ton pițigăiat, fac o grimasă. *De ce nu pot fi o mamă mai bună? M-am auzit ca un copil care cerșește ajutor.* Dezgustată de mine, parchez, ies din mașină și îmi îndrept umerii pentru ce avea să urmeze.

Familia Henderson locuiește la capătul unei străzi, într-o casă mare, cu două etaje. Casa este situată în partea din spate a terenului, având o peluză mare în față. Peisajul este întreținut impecabil, cu flori care conturează perimetrul, într-un aranjament de culori vibrante. Ori de câte ori sunt aici, îmi amintesc cât de multe lucruri nu am putut să le asigur fiilor mei. În ciuda sentimentelor mele de lipsă de valoare, zâmbesc curajos. Înainte să bat, ușa din față se deschide și Stephen cu Timothy mă trag înăuntru.

Țipând mai tare ca fratele lui, ca să fie auzit, Stephen strigă:

— Mă bucur că ești aici, mamă! Ce ți-a luat așa mult timp? în timp ce Timothy imploră:

— Vino în camera mea, trebuie să-ți arăt ceva!

Uimită de primirea lor entuziastă, fac un pas înapoi, încercând să-mi trag sufletul.

Intrând în holul de la intrare, Carol Henderson preia controlul:

— Vă rog băieți, știu că sunteți entuziasmați să vă vedeți mama, dar trebuie să vorbim cu ea înainte să plecați. Luați-l pe Aaron sus și vă strigăm noi când terminăm.

Bombănind și mormăind, cei trei băieți se îndreaptă cu greu spre etaj. Tim se uită înapoi, privindu-mă întrebător.

Ori de câte ori sunt cu Carol și Frank, nu mă pot abține să nu mă compar cu ei. Par atât de normali și viața lor curge în moduri la care eu nu pot decât să visez. În loc să mă încurajeze acest lucru, ajung să-mi doresc să fug.

O urmez pe Carol în sufragerie și îmi trag blugii, înainte să mă așez în fața lor. Uitându-mă în jurul camerei, sunt invidioasă. Mi-aș dori să le pot oferi copiilor mei o casă ca asta. Știind că interiorul a fost decorat recent, mă uit în jur cu apreciere.

— Despre ce ai vrut să vorbești cu mine? întreb eu politicos.

— Avem probleme cu Timothy, afirmă Carol.

Punându-și mâinile în poală, continuă:

– Este perturbator în clasă. Joi, i-a răspuns obraznic unuia dintre profesori. Când am vorbit cu el despre asta, a spus că nu e mare lucru, că toți copiii vorbesc așa. Ne-a spus de mai multe ori că și-a terminat temele, dar când ne-am întâlnit cu profesorul lui, săptămâna trecută, am descoperit că nu era adevărat. Nu-și îndeplinește obligațiile. Ultimele note consemnate în carnetul lui de note au fost trei de D. Sperăm să vorbești cu el. Evident, te iubește foarte mult și ar putea fi mai dispus să te asculte pe tine.

– Da, intervine Frank. Am stat de vorbă cu el de mai multe ori în ultimele săptămâni, încercând să abordez problema, dar el îmi spune doar ce vreau să aud. Din păcate, nu respectă ceea ce promite. Eu și Carol nu suntem în stare să-l facem să înțeleagă.

– Ei bine ... bineînțeles, voi vorbi cu el, răspund eu repede. Niciunui băiat de-al meu nu-i place școala. Mi-aș fi dorit să le placă. Știu că e supărat pentru că este în plasament. Mă imploră tot timpul să-l las să vină acasă cu mine, dar Doctorul Barnes spune că e prea devreme.

– Te rog, ascultă, Sebrina. Noi suntem aici doar ca să te ajutăm. Nu vrem să-ți luăm locul, dar are nevoie de limite și consecințe. Este mai important pentru amândoi să-i asigurăm un mediu stabil, decât ca el să ne placă pe noi. Dacă noi trei putem lucra împreună pentru a-i oferi acest lucru, nu există niciun motiv ca el să nu-și poată îmbunătăți rezultatele școlare. Dacă știe că aștepți doar ce-i mai bun de la el, atunci primește același mesaj de la toți trei.

Sunt pe bune?

Ce vor ei cu adevărat?

Oare așa se comportă și când nu se uită nimeni?

Trebuie să mai fie ceva!

Scuturându-mi capul, încerc să ignor vocile care strigă să fie auzite.

– Voi vorbi cu el în acest weekend. Îi aduc înapoi până la ora 19, duminică, bine?

Ținându-mi respirația, aștept semnalul lor să-mi spună că am terminat discuția. Cu o încuviințare din partea lui Frank, sar în sus și strig:

– Hei, băieți, grăbiți-vă, să plecăm!

– Eu stau pe scaunul din față! strigă Timothy, în timp ce coboară alergând pe scări.

– În niciun caz, eu am stat acolo primul! strigă Aaron, în timp ce-l întrece pe Timothy.

Oh, Doamne, au început deja.

Strângând volanul, încerc să-mi adun mintea. Pe măsură ce ușile mașinii se trântesc și certurile continuă, anxietatea mea scapă de sub control. Ieșind din parcare, conduc pe stradă, ieșind din raza lor vizuală. Trag pe dreapta și îmi închid ochii. Îmi așez fruntea pe volan, inspir adânc, în timp ce încerc să-mi țin isteria sub control. Cu strigătele lor și sirenele care urlă în interior, simt că aș putea exploda.

– Stop! strig eu nervoasă. Vă rog ... băieți, toată săptămâna am așteptat cu nerăbdare să vă văd! Lucrez cu Doctorul Barnes, terapeutul și cu Norma, toate pentru a vă putea lua înapoi într-o zi, dar când vă certați așa, nu știu ce să fac!

Strici atmosfera.

Fii drăguță. Au nevoie de iubirea ta.

Cedând în fața vinovăției, strig:

– Oh, lăsați asta. Hai să mergem să luăm înghețată!

– Da! strigă ei în unanimitate.

Uşurată că am găsit o soluție la certurile lor, intru din nou în trafic, căutând un loc care vinde înghețată.

*****

După două ore lungi de condus, ajungem în sfârşit acasă.

Merg înăuntru şi strig:

– Bill, am ajuns! Unde eşti?

Venind din camera din spate, Bill zâmbeşte, în timp ce-şi deschide larg brațele. Prinzându-i pe toți cei trei băieți într-o largă îmbrățişare, râde cu bunăvoință. Bill mă uimeşte, pentru că oricât de mult haos ar crea cei trei, el nu ridică niciodată vocea. Blândețea lui a creat o legătură specială între ei. Burtica lui rotundă, ochii albaştri sclipitori şi capul chel contrabalansează cât de intimidant ar putea fi, din cauza dimensiunii sale mari. El este simbolul liniştii. În cei doi ani de când l-am cunoscut, nu a strigat niciodată. Bărbații mă sperie, aşa că această relație este destul de neobişnuită pentru mine. L-am întâlnit în spital în 1994 şi de atunci este prietenul meu.

Locuiam împreună de scurt timp. Punem la comun pensia de boală, pentru a plăti creditul ipotecar pentru apartamentul lui Bill. Are trei etaje şi o pivniță la nivelul garajului. Arată ca locuința unui burlac. Pe Bill nu-l interesează cum arată şi eu mă simt prea schimbătoare ca să-l fac să arate a acasă.

Când băieții vin în weekend este un haos absolut. Sufrageria devine dormitorul lor, cu rucsacuri împrăştiate peste tot. Hainele stau în grămezi peste tot. Păturile şi pernele sunt depozitate oriunde, în timp ce sacii de dormit sunt stivuiți lângă perete, pentru a face loc de trecere.

*****

– Norma! exclam eu fără suflare. Nu mă descurc cu certurile lor!

Strângând telefonul, plâng:

— Tot ce voiam să fac era să-mi văd băieţii, dar când sunt cu ei mă copleşesc foarte tare! Şi, pe lângă asta, mai există şi acest strigăt oribil din interiorul meu.

— Ia-o uşor şi respiră. Sunt aici cu tine, răspunde Norma. Eşti aşezată, Sebrina?

— Nu, merg prin casă, răspund eu nervoasă.

— Nu găseşti că e greu să respiri în timp ce mergi înainte şi înapoi?

— Da, dar trebuie să mă mişc!

— Sebrina, aşază-te şi respiră.

Punându-mi telefonul pe umăr, fac loc pe pat să pot sta.

— Oh, Norma, sufăr atât de mult!

— Ştiu, scumpo. Spune-mi ce se întâmplă.

— Văd această fetiţă care plânge.

— Ştii de ce plânge? întreabă Norma.

— Nu.

— Ce simţi, Sebrina?

— Îmi vine să o izbesc şi să scap de ea!

— De ce vrei să o distrugi? mă întreabă Norma.

— Pentru că suferă prea mult!

— Ai fi dispusă să încerci ceva nou?

— Da, cred că da, răspund eu cu ezitare.

– Vreau să mergi şi să te aşezi lângă ea. Întreab-o de ce plânge şi spune-i că o vei asculta.

Inspirând profund, merg cu reticenţă şi mă aşez lângă ea. A trăi simultan în două realităţi nu este nimic nou pentru mine. În lumea mea exterioară, mâna mea dreaptă ţine telefonul la ureche, în timp ce ochii mei privesc liberi în jurul camerei, fixând o plantă aşezată pe pervazul ferestrei. Simultan, ochii mei interiori scanează camera în care stăm eu şi acest copil mic. Există o austeritate aici, pe care o cunosc foarte bine – nu există mobilă, nici covor, este slab iluminat, iar toată recuzita întăreşte sentimentele de deznădejde şi abandon.

Îmi ridic genunchii şi îmi sprijin braţele pe ei, în timp ce repet cuvintele pe care Norma m-a pus să le spun. Observ urmele lacrimilor de pe faţa copilului şi corpul ei tremurând, care este neobişnuit de slab. Nu pare să aibă mai mult de patru ani.

– Cum te numeşti? întreb cu real interes.

– Penelope, răspunde ea. De ce nu vrea să mă lase în pace?

– Ce vrei să spui?

– Îi place să mă sperie. El râde când îi arăt că mi-e frică. Nu ştiu ce să fac.

Lovindu-şi capul de perete, ea repetă cuvintele, iar şi iar.

– Norma, strig eu îngrijorată. Se loveşte cu capul de perete, ce să fac?

– Prinde-i capul cu mâinile şi ţine-l nemişcat, Sebrina. Spune-i cu blândeţe că nu mai are voie să se rănească.

– Dar, Norma, îmi opune rezistenţă!

– E în regulă. Tu eşti adultul, Sebrina. Uită-te în ochii ei şi spune-i că eşti aici pentru a o ajuta.

– Oh, Doamne, este prea greu! Nu-mi place asta.

– Spune-i, oricum! Acest copil are nevoie de tine, instruiește Norma cu fermitate.

Privind în ochii Penelopei, încerc să o imit pe Norma:

– Sunt aici să te ajut, îi spun.

– Sebrina, ține-o în poală și spune-i că nu mai locuiește cu tatăl ei. Spune-i că poate locui cu tine. Poți să faci asta?

Dând aprobator din cap, fac ce îmi spune Norma. Învăț un mod nou de a-i ajuta pe acești copii interiori, ceea ce mă face să mă simt mai bine. Nu mai sunt agitată, iar copilul este împăcat. Clipind rapid, mă întorc intenționat la lumea exterioară. În timp ce îmi frec fruntea, inspir profund. Acest lucru mă ajută să mă simt mai prezentă.

– Mă simt mult mai bine, Norma! Îți mulțumesc că ai vorbit cu mine!

– Sună-mă oricând vrei. Sunt aici.

*****

– Hei, băieți, ați mâncat deja prânzul?

– Nu, ne-am gândit să te așteptăm, strigă Stephen.

Sărind de pe canapea, mă îmbrățișează.

– Mă bucur că suntem aici, Mamă. Te iubesc foarte mult. Hei, crezi că am putea merge la un film?

– Cred că este o idee grozavă. Întrebați-l și pe Bill dacă vrea să meargă. Voi face o gustare să mâncăm în sala de cinema.

Mă îngrămădesc cu nerăbdare în dubița lui Bill, mă așez în spate și îmi privesc fiii. *I-am dezamăgit atât de mult.* Sprijinindu-mi fruntea de fereastra răcoroasă, lacrimile îmi alunecă pe obraji, neobservate. Durerea din interior este intensă. Se simte ca o gaură adâncă, fix în mijlocul pieptului. Dacă aș putea doar să o umplu cu ceva. Mistuită de gânduri, nici nu îmi dau seama că am ajuns la cinematograful din oraș.

Ieșind din dubă, Timothy strigă:

– Eu o să stau lângă Mama!

– Și eu la fel! spune zgomotos Stephen.

– Nu e corect, se plânge Aaron.

Simțind dorința de a fugi, îmi frec fruntea în încercarea de a împinge ceața care se rostogolea în interiorul meu. Uitându-mă la Bill, îi cer în tăcere ajutorul. Nu vreau să-i dezamăgesc și dacă Bill ia decizia, atunci nu va mai fi vina mea.

Zâmbindu-mi încurajator, el așteaptă în tăcere.

Îmi dau seama că n-am încotro și pronunț deprimată verdictul:

– Aaron, tu ai stat lângă mine când am venit după voi să vă iau. Lasă-i pe Stephen și Timothy să stea lângă mine acum, bine?

Auzindu-mi vocea rugând copilărește, îmi scutur capul dezgustată. De ce îmi este atât de greu să iau cele mai simple decizii?

Stând în întunecimea sălii de cinema, sunt transpusă din propria mea viață, în povestea de pe ecran. Trăind în mod indirect emoțiile personajelor, simt lucruri pe care nu mi le-aș putea permite niciodată să le simt în viața reală. Îmi place această relație unilaterală, pentru că, indiferent de ceea ce gândesc sau simt, nimeni nu suferă. Prea curând, luminile se aprind. Pe măsură ce ieșim din sală, conversația curge ușor între noi.

– De ce nu mergem să luăm ceva de mâncare, înainte să plecăm acasă? sugerează Bill.

– Da! strigă băieții în unanimitate.

– Bill, nu putem. Nu am bani pentru ca toți patru să ieșim undeva să mâncăm.

– Este în regulă, voi plăti eu pentru asta.

Nechibzuința lui Bill de a-și cheltui proprii bani nu are limite.

– Nu-ți poți permite asta mai mult decât mine, spun eu cu responsabilitate.

– Oh, haide, Mamă, a spus că e în regulă, spune zâmbind Timothy.

Cu reticență, cedez. Știu că Bill nu își poate permite asta mai mult decât mine, dar a spune nu băieților este prea greu.

Înainte să intrăm în restaurant, îi avertizez în privința comportamentului; un avertisment care le intră pe o ureche și le iese pe cealaltă. Am dat buzna în restaurant, de ziceai că am scăpat toți de la casa de nebuni. Așezându-se la coada pentru auto servire, băieții se împing nerăbdători unul în celălalt, ceea ce îl face pe Timothy să o lovească din greșeală pe femeia care stătea la rând în fața lui.

– Hei, băieți, șoptesc eu, liniștiți-vă și așteptați să vă vină rândul. Bill, spune ceva, spune-le să se poarte frumos, te rog!

Punându-se între Stephen și Aaron, Bill sugerează blând:

– Haideți, băieți, încercați să stați cuminți în timp ce vă luați mâncarea. O supărați pe mama voastră când vă comportați așa.

– Da, băieți! declară Robbie.

– Oh, Dumnezeule! Punându-mi mâna peste gură, încerc să-l fac pe Robbie să tacă.

Ridicându-se pe vârfuri, Robbie șoptește în urechea lui Bill:

– Salut, Billy! Eu este bucuros că suntem aici. Nu vreau broccoli și urăsc porumbul acela mic.

– Robbie! îl avertizează sever Bill. Doctorul Barnes spune că nu trebuie să fii în preajma băieților. Ei se supără când își văd mama că se poartă ca un copil. Nu vrei să-i faci să sufere, nu-i așa?

– Isuse, se plânge Robbie, nu este corect.

Bate din picior și dispare înăuntru.

– Nu l-am putut opri pe Robbie, recunosc eu cu neliniște. Mulțumesc că m-ai ajutat, Bill. Te-ai așezat între Stephen și Aaron. Nu m-aș fi gândit niciodată la asta.

Zâmbesc și îi strâng mâna. Îmi iau mâncarea și mă așez la masă. Mestecând rapid și fără să vorbim prea mult, farfuriile noastre sunt curățate în câteva minute.

*****

Trezindu-mă cu sunetul vocilor care veneau de la parter, îmi pun halatul pe mine. Mă uit pe furiș de după colț și le văd capetele ieșite din sacii de dormit. Așezată pe podea, între ei, este o cutie deschisă de cereale. La televizor sunt desene animate și totul este liniștit. Venind din bucătărie cu o ceașcă de cafea, cu ochii pe jumătate închiși și o expresie absentă, Bill îmi spune că nu e complet treaz.

Mă uit în jur la aceşti patru bărbaţi şi mă simt binecuvântată să fiu cu ei. Mă aşez între ei şi zâmbesc fericită.

– Mamă, când trebuie să ne întoarcem? întreabă Stephen.

– Taci din gură, nu vreau să mă gândesc la asta, bombăne Aaron supărat.

– Staţi un pic, băieţi, intervin eu repede. Avem în faţă o zi întreagă. Nu trebuie să plecăm înainte de ora 5. Singurul lucru pe care trebuie să-l fac este să vorbesc cu Tim, la un moment dat.

– Dacă e vorba de şcoală şi de tâmpiţii din familia Henderson, nu vreau să aud nimic! strigă Tim.

– Hai, să nu vorbim despre asta chiar acum. În schimb, hai să hotărâm ce vrem să facem astăzi.

Nici un răspuns. Toţi se uită la mine să vin cu planul perfect. Scormonindu-mi mintea pentru a găsi o soluţie care să nu coste prea mulţi bani, îi ademenesc râzând:

– Haideţi, gândiţi-vă la ceva ce aţi vrea să faceţi.

– Ştiu eu! strigă Tim. Am putea merge din nou la film!

– E o idee grozavă, zic eu, chicotind, dar nu ne putem permite asta.

Jucându-mă cu ideea de a merge la munte, îmi dau seama că nu este o opţiune viabilă, întrucât dubiţa lui Bill are nevoie de o curea de transmisie nouă, iar maşina mea are nevoie de reparaţii.

– Am putea închiria nişte casete video, sugerează Bill, şi să lenevim toată ziua, fără să facem nimic.

– E o idee grozavă, spun eu, şi hai să facem asta ca un video maraton, în care fiecare din voi patru poate să-şi aleagă filmul preferat, în timp ce eu vă voi face prăjiturele.

– Daaa!

Uşurată, alerg la etaj, apuc nişte pantaloni şi un tricou să mă îmbrac repede.

O să fie distractiv!

Absentă, mă pieptăn şi-mi pun o şapcă de baseball pe cap. Adidaşi, blugi, tricou şi o şapcă: în mod inconştient, scena a fost pregătită pentru ca eu să mă schimb. Coborând scările câteva clipe mai târziu, aud o altă voce care vorbeşte:

– Haideţi, băieţi, grăbiţi-vă, ce durează atât de mult?

Vai de mine, Robbie! Nu mă pot întoarce la suprafaţa corpului! Sunt neputincioasă când îl privesc sărind în sus, făcând semne băieţilor.

Întorcându-se repede, Bill întreabă:

– Ce ai zis, Sebrina?

Îl prinde pe Robbie de braţ şi îl trage în bucătărie:

– Robbie, Doctorul Barnes ţi-a spus că îi supără pe băieţi când eşti prin preajmă.

– Nu-mi pasă, zice Robbie, ieşind din strânsoarea lui Bill.

Aleargă înapoi în sufragerie cu braţele larg deschise, ţopăind şi strigând:

– Haideţi, băieţi!

Instantaneu, starea de spirit se schimbă. Robbie se retrage când vede trei feţe furioase privindu-l înapoi.

Oh, Doamne, ce să fac?

Ar fi trebuit să-l opreşti!

El a vrut doar să participe la distracţie.

Strici toată distracția!

Îmi iau poșeta și mă retrag în grabă pe terasă. Tremurând, fac câteva respirații profunde și lente.

Ce e cu mine? Am făcut asta intenționat? Mi-aș dori să o pot suna pe Norma, dar nu o sun niciodată duminica.

De asta nu poți avea încredere în tine cu proprii tăi fii!

Adu-le niște bomboane. Se vor simți mai bine.

Dându-mi seama că ar putea funcționa, dau din cap aprobator. Restul zilei este petrecut într-o stare de apatie, dată de dulciuri și filme.

*****

Pe drumul de întoarcere la casele băieților, în acea seară, mi-am amintit și am spus pripit:

– Oh, nu, trebuia să vorbim despre comportamentul tău la școală, Tim!

– Chiar trebuie? se plânge el.

– Da, este important, îl avertizez eu.

În timp ce conduc, încerc să repet conversația pe care familia Henderson a avut-o cu mine. Privindu-l prin oglinda retrovizoare, constat că e la fel de dezinteresat pe cât sunt eu de ineficientă. Cuvintele sună a gol, dar continui să le spun, subliniind importanța ca el să le urmeze. Joc un rol dintr-un scenariu specific din mintea mea. Vreau să fiu o mamă bună, dar habar nu am ce înseamnă asta. Simțindu-mă vinovată pentru că am uitat să-mi fac timp să vorbesc cu el, mă retrag în interior, într-un loc în care totul este amorțit. Interacționez, dar nu sunt prezentă acolo. Este singurul mod pe care-l cunosc pentru a face față adevărului că am dat greș din nou.

*****

OBSERVAȚIA NORMEI:

Sebrina se concentrează în principal pe integrare, astfel încât să-și poată recupera fiii. O văd deja de câteva săptămâni și, ori de câte ori îi sugerez să ia câte un fiu pe rând, refuzul ei este instantaneu. Vinovăția față de presupusul eșec cu ei o duce dincolo de orice tip de raționament.

Știu doar că trebuie să stau liniștită și să fac în continuare sugestii, ori de câte ori mi se cere. Isteria ei și schimbările de personalități sunt constante. Acest lucru nu este dificil doar pentru Sebrina, ci și pentru băieți. Ea crede că dacă se străduiește mai mult, nu se va mai schimba de față cu ei. Știu că asta nu are cum să se întâmple. Sunt disponibilă pentru ea în mod continuu. Apelurile telefonice o ajută să treacă peste sentimentul de deconectare când este cu ei. I-am spus să mă sune duminica, dar ea refuză. Nevoia ei disperată de a respecta regulile îi domină viața. Crede că dacă nu mă sună duminica, atunci nu mă va epuiza. Indiferent cât de des o asigur că pot să am singură grijă de mine, nu mă crede.

Îmi împărtășește conflictul și sentimentele pe care le are despre a fi mamă. Sunt conștientă că sunt multe mame. Ori de câte ori există stres, o altă mamă intervine. Le lipsește maturitatea în gestionarea noilor situații, care apar în mod constant. Nu văd cum și-ar putea recupera fiii în viitorul apropiat. Nu-i spun asta, pentru că ar fi prea copleșitor. O mare parte din viața ei este construită în jurul unui sistem de credință, care este deja foarte fragil.

După fiecare weekend, Sebrina este plină de atâta vinovăție și ură de sine, încât este dificil să o fac să se concentreze. Știu că vinovăția ei este un mod de a evita adevărul despre cum întreaga ei viață este în harababură. Dacă se concentrează pe „recuperarea băieților", în timp ce spune asta, poate fi bine. Caută o soluție rapidă, care nu are nicio bază concretă în realitate.

Mă bucur că ea continuă să mă viziteze și să mă sune la telefon. Nevoia de a se conecta cu mine este puternică. Asta ne ajută să trecem peste incapacitatea ei de a avea încredere în oricine. Simt că această nevoie de a fi conectată cu mine este cheia care o va ajuta să înceapă să-și stabilească încrederea în mine.

Capitolul 5: **MAMELE**

S-au schimbat multe în cele câteva luni, de când am întâlnit-o pe Norma. Cu îndrumarea ei şi a Doctorului Barnes am încetat să mai iau medicamentele prescrise. Doctorul Barnes a fost îngrijorat că aş putea să-mi agravez situaţia şi că va trebui să fiu internată din nou, dar a trebuit să-mi asum riscul. Ştiam că atât timp cât luam medicamentele, va exista o vindecare minimă. Din fericire, în mare măsură datorită disponibilităţii Normei de a vorbi cu mine de mai multe ori pe zi, am putut să nu mai intru deloc în spital.

Am stăpânit tehnica respiraţiei corecte după ore de practică conştientă. Am făcut aşa cum mi-a sugerat Norma, punându-mi mâna pe stomac şi inversând intenţionat respiraţia, astfel încât inspiraţia şi expiraţia să urmeze tiparul pe care mi l-a predat. Nu înseamnă că am reuşit să ating vreo profunzime în interiorul corpului meu, dar cel puţin mă simt mai confortabilă respirând astfel.

*****

Merg să o văd pe Norma astăzi. Ajungând la timp, deschid uşa şi strig fericită:

– Sunt aici, Norma!

– Bună, scumpo. Fă-te comodă. Merg să ne aduc nişte apă.

Aruncând o privire asupra ceasului, observ că am condus repede, în ciuda traficului de dimineață.

Cu intenția de a invita Spiritul să fie prezent în ședința noastră, Norma aprinde o lumânare, înainte de a se așeza lângă mine pe canapea.

– Mai ai și alți clienți astăzi? întreb eu.

– Nu, scumpo. Suntem tu și cu mine toată ziua. De unde vrei să începi?

– Ții minte când mi-ai sugerat să iau câte un băiat pe rând în weekend? Aș fi făcut-o în felul meu, dar nu funcționează. Când mă gândesc să iau doar unul dintre ei, așa cum mi-ai sugerat tu, simt că devin isterică. Doar spunând asta, simt că îi trădez.

– Nu înțelegi! strigă o altă voce. Nu putem să le facem asta!

– Ce nu poți face?

– Nu putem răni băieții așa!

Ghemuită, începe să se legene înainte și înapoi.

– Vorbim doar despre cum putem să-i ajutăm pe toți. Încă nu a fost luată nicio decizie. Cum te numești, scumpo?

Surprinsă că a fost văzută, tânăra încearcă să scape de pe canapea.

– E în regulă. Sunt aici să te ajut.

Așezându-și mâna pe mâna fetei supărate, Norma zâmbește cu căldură.

– Eu sunt Lorraine, sunt una dintre mame. Nu putem să-i rănim pe băieți. Și așa i-am dezamăgit deja!

– Te aud, Lorraine, dar dacă am putea găsi o modalitate de a-i ajuta pe băieți, în timp ce te ajutăm pe tine și pe ceilalți, ai fi dispusă să discutăm?

– Da? spune Lorraine înghițind.

Ezitarea ei evidentă plutește în aerul dintre ele.

– Bine, aici e vorba despre descoperire. Nu vom face nimic din ceea ce nu vrei să faci.

Mângâindu-i ușor mâna, Norma o invită pe Lorraine să se apropie mai mult.

– Câți ani ai?

– De ce? întreabă Lorraine defensiv.

– Mă întrebam doar dacă ești mai în vârstă sau mai tânără decât Sebrina. Asta mă ajută să înțeleg unele lucruri.

– Am șaptesprezece ani.

– Și câte dintre voi aveți grijă de băieți?

– Oh, suntem opt, inclusiv Sebrina.

Cu o față luminoasă, Lorraine continuă:

– Ele sunt Miriam, Mildred, Roberta, Felicia, Diana, Amelia și eu!

Chicotind ușurată de schimbarea conversației, continuă:

– Când Miriam devine copleșită, Diana intervine. Ea are multă energie, dar dacă băieții au nevoie de o mamă iubitoare și blândă, atunci vine Felicia. Mildred face lucrurile obișnuite, care nu necesită sentimente. Amelia este minunată la gătit și curățenie. Roberta este principala mamă pentru afară. Ea este mereu acolo. Celelalte intervin doar pentru a ajuta.

– Și tu unde te încadrezi, Lorraine?

– Oh?

O privire întrebătoare se vede pe fața lui Lorraine.

– Nu ştiu, eu doar ajut. Mă joc cu ei, îi iubesc.

Simţindu-se confuză şi fără alte comentarii, Lorraine dispare.

Frecându-mi fruntea, încep să vorbesc din nou, fără să fiu conştientă de scurgerea timpului.

– Nu mai suport vinovăţia. Trebuie să fac ceva diferit. Nu mai pot să funcţionez în acest fel. Vreau să pot comunica cu băieţii mei şi să fiu fericită cu ei, dar ei concurează întotdeauna pentru a-mi câştiga atenţia. Devin foarte confuză, nu mai ştiu să le dau de capăt. Până când îi duc înapoi duminica, toţi patru suntem dezamăgiţi. De aceea îţi cer ajutorul.

– Ai petrecut vreodată timp singură cu vreunul dintre băieţii tăi?

– Da, şi este foarte diferit! Se comportă foarte diferit. Aaron se deschide, furia lui Stephen dispare şi Timothy este mai prezent. Toţi trei par mai fericiţi unul fără celălalt, dar eu nu-i pot răni în acest fel!

Ghemuindu-mă din nou, încep să plâng:

– Nu înţelegi Norma, deja i-am dezamăgit!

– Sebrina, uită-te la mine. Dacă devii isterică, nu ajuţi pe nimeni. Respiră şi revino în corpul tău. Înainte să mai vorbim despre băieţi, vreau să conştientizezi ceva.

Înclinându-se către mine, Norma afirmă calm:

– Tu nu eşti frică, Sebrina.

Obiectez instinctiv, spunându-i:

– Despre ce vorbeşti? Ştiu că nu sunt frică.

– Sebrina, aminteşte-ţi că suntem într-un proces de descoperire. Nu spun că te înşeli. Stai liniştită o clipă. Ce simţi sau experimentezi în majoritatea timpului?

Îmi frec obrazul şi mă gândesc la întrebarea ei:

– Nu ştiu.

– Nu răspunde atât de repede. Du-te în interior şi vezi ce simţi.

Ignorând imboldul interior de a mă retrage, mă uit la Norma, sperând că mă va ajuta.

– Haide să privim acest lucru într-un mod diferit, mă convinge Norma. Când mă suni dimineaţa, ce simţi de obicei?

– De obicei mi-e teamă.

– Da, şi când noi două lucrăm împreună, ce te apasă cel mai tare?

– Mă tem că s-ar putea să nu-mi recuperez pe băieţii. Mi-e frică să nu fac lucrurile greşit sau că s-ar putea să te mint. Oh, toate astea sunt frici! În plus, sunt isterică de cele mai multe ori şi asta e tot frică, nu-i aşa?

– Da, Sebrina, ai priceput! Te invit să începi să observi că eşti mult mai mult decât frica. Crezi că ai vrea să simţi asta, dintr-un loc în care nu există judecată?

– Da ... răspund eu ezitant.

– Vezi palmierii de acolo?

Arătând cu degetul în direcţia terenului de golf care se putea vedea prin uşile glisante de sticlă ale sufrageriei sale, Norma continuă:

– Când vântul suflă tare, copacii se apleacă, răspunzând astfel furtunii. Ei nu devin furtuna. Ei rămân bine înrădăcinaţi în pământ. Pe măsură ce furtuna fricii tale se manifestă în interiorul tău, tu cedezi şi devii furtuna. Nu mai eşti ancorată în pământ. Pentru tine, pământul este corpul tău şi obiceiul tău este să-l părăseşti. Asta îţi creează anxietate. Ai putea începe să observi când îţi este frică şi apoi să alegi conştient să te ajuţi, în loc să te răneşti?

– Da, Norma, dar mă vei ajuta? De cele mai multe ori nu sunt conştientă de ceea ce simt.

– Bineînţeles că o voi face. Acum închide ochii şi respiră. Stai foarte liniştită şi simte: există ceva aici care este doar pentru tine?

După câteva clipe, răspund:

– Este ... simt ceva.

– Respiră, Sebrina. Respiraţia ta este o invitaţie de a permite energiei să vină mai aproape de tine.

Minutele trec în tăcere.

– Sentimentul devine mai puternic, Norma!

– Respiră, Sebrina. Nu-ţi poţi permite să devii agitată.

– Bine ... îl simt, dar e greu de descris ...

Inspir cu zgomot şi rămân tăcută.

– Întreabă-l de ce a venit, Sebrina.

Aud o voce melodioasă, feminină, care spune:

– Am venit să fiu cu tine.

Transmiţând ce am auzit, adaug:

– Vocea ei ... mă face să mă simt în siguranţă.

– Asta e minunat, Sebrina, dar ai auzit-o spunându-ţi că nu eşti singură?

– Da, am auzit-o.

– Simte asta: nu eşti niciodată singură. Respiră în tine acel adevăr, Sebrina.

Dând din cap aprobator, rămân tăcută. Mă simt alinată de această prezență feminină.

– Acum, intervine Norma, întreab-o cum se numește.

O întreb cu voce tare și o aud răspunzând:

– Mă numesc Kuan Yin.

– Ea zice că se numește Kuan Yin. Oh ... asta e doamna care te ajută!

Fără să aștept răspunsul Normei, adaug rapid:

– Nu mint, Norma. Chiar o aud! Vocea ei este atât de caldă și blândă, plus că simt energia ei cum mă atinge. E ca și cum mă îmbrățișează. Mă simt în siguranță ... Mă crezi? întreb eu, îngrijorată.

Zâmbind cu căldură, Norma răspunde:

– Bineînțeles că te cred, Sebrina. Știi de ce o poți auzi atât de clar?

– Nu...

– Tu transmiți prin channeling energia lui Kuan Yin. Este intuiția ta care îți permite să o auzi pe ea în acest mod. Ai fi dispusă să-i ceri ajutor ori de câte ori ai avea nevoie?

– Oh, da! afirm exuberantă.

– Respiră, Sebrina și experimentează această conexiune dulce cu ea. Rămâi în corpul tău, nu te agita. În schimb, permite-i acestei blânde experiențe să te umple și să te hrănească.

– Oh, Norma ... nu sunt singură. M-am simțit singură toată viața. Abia când te-am întâlnit, o parte din acel sentiment a dispărut. Acest lucru înseamnă atât de mult pentru mine, dar cine este Kuan Yin? Am văzut statui ale ei, dar nu m-am gândit niciodată la ea ca fiind o persoană reală.

Stând cu spatele sprijinit de perne, energia Normei se transformă într-o iubire radiantă ce emană din întreaga ei ființă. Vocea ei rezonează cu o calitate neobișnuită de liniște și forță.

– Am început să o transmit prin channeling pe Kuan Yin când locuiam pe insula Kauai, în 1992. Mi-a spus că a venit să mă învețe un mod de viață cu totul nou. Prin ea am experimentat ce este adevărata compasiune.

Kuan Yin a trăit în China, cu mult timp în urmă. Era o ființă iluminată, care îi permitea Spiritului să lucreze prin ea, în aroma compasiunii. Mulți învățători lucrează cu diferite fațete ale Spiritului. Isus reprezintă o aromă, Buddha alta; toate servesc pentru a învăța omenirea. Unii oameni pot înțelege un învățător mai bine decât pe altul, deci avem nevoie de mai multe arome diferite, care să transmită același mesaj. Tu și cu mine ne conectăm profund cu aroma iubirii pline de compasiune a lui Kuan Yin. Dacă îi permiți să te ghideze, poți descoperi un mod cu totul nou de a fi.

– Oh, Norma, o voi face. Promit ... că o voi face!

Luându-mă ușor de mână, Norma spune:

– Știu că ești entuziasmată, dar dă-i voie să te îndrume cu blândețe, bine? Acum, hai să ne întoarcem la ideea de a avea câte un băiat pe rând, dar de data asta vreau să pui deoparte orice judecată. Când ai petrecut timp cu fiecare băiat separat, mi-ai spus că ai experimentat un moment de gingășie cu ei. E corect?

Dând din cap, încerc să mă adaptez la schimbarea subiectului.

– Da?

– Crezi că și băieților le-ar plăcea să aibă un moment de tandrețe cu tine?

Temându-mă de gândul că trebuie să le spun, răspund repede:

– Dar ar fi foarte supărați dacă ar pierde un întreg weekend cu mine.

– Vreau să-i întrebi pe ei dacă le-ar plăcea să petreacă un weekend, fiecare singur cu tine. Lasă-i să-și imagineze cum ar putea fi acel moment special. Tu ai luat deja decizia că ei se vor supăra. Nu ți-ai dat timp să descoperi dacă s-ar putea să le placă să fie consultați. Dă-le o șansă pentru a avea acel moment de drăgălășenie cu tine. Dacă unul din copii spune da, oferă-i asta acelui copil. Dacă un copil spune nu, să știi că e în regulă ca acel copil să-și petreacă weekendul alături de frații lui. Dă-ți voie să descoperi ce poate fi, în loc să-ți asculți mintea înfricoșată.

– Dar, pe cine să aleg mai întâi, Norma?

– Fă un joc din asta și lasă-i pe ei să aleagă. Vei fi surprinsă – copiii sunt persoane minunate. Dă-le o șansă. Poți să-i ceri lui Kuan Yin să te îndrume. Ea te iubește și vrea tot ce e mai bun pentru tine și pentru băieți. Amintește-ți, nu sunt răspunsuri corecte sau greșite. Doar descoperă, scumpo.

Mă strânge de mână și îmi zâmbește încurajator.

– Vrei să faci un pas înapoi ca să pot lucra cu oricine altcineva are nevoie să vorbească cu mine? Dar, de data asta, vreau ca tu să asculți, dacă poți. Cum ți se pare asta?

Râd cu teamă și răspund:

– Incomod, dar totuși vreau să ascult. Doar că pun la îndoială tot ce aud. Poate fi reală această persoană? Mă prefac? Ce împărtășesc ele nu poate fi adevărat, nu-i așa? Este mai ușor să ignor totul. Atunci nu am aceste sentimente incomode cu care să mă confrunt. Dar, m-am săturat să fug!

– Aceasta este o afirmație profundă, Sebrina. Astfel, alegerea ta devine un instrument puternic în vindecarea ta. Dacă alegi să nu mai fugi și să fii în explorare, vei fi susținută în toate felurile. Acum respiră, rămâi centrată și ascultă.

Înainte de următoarea respirație, Robbie își face apariția:

– Doamne, Norma, vreau să fiu cu tine.

Ghemuindu-se în ea, cu ochii inocenți larg deschiși, el întreabă:

– De ce băieții Sebrinei nu mă plac?

– Nu este vorba că nu te plac, scumpule. Le este frică. Ei o văd pe mama lor vorbind și comportându-se ca un copil și nu înțeleg asta.

– Nuh-uh! strigă Robbie. Eu mă refer la mine, Norma!

Împungându-se cu degetul în piept, țipă:

– Nu e vorba de Sebrina. Eu sunt cel care încearcă să fie cu ei! Iar ei pur și simplu nu mă vor.

Se apleacă și plânge deznădăjduit.

– Tu știi că tu și Sebrina sunteți în același corp, corect? întreabă Norma cu blândețe.

– Nu! strigă Robbie. Eu este patru ani și este un băiat! Am pistrui și păr scurt. Haide, Norma! Acesta nu este corpul Sebrinei!

Te aud, Robbie, dar corpul pe care îl văd băieții este acela al unei femei de patruzeci de ani. Ei o văd pe mama lor. Nu te resping pe tine. Doar că nu înțeleg cât de diferiți sunteți, tu și Sebrina.

Înfășurându-și brațul drept în jurul capului, se balansează înainte și înapoi.

Norma îl ia în brațe și îl leagănă în tăcere. După puțin timp ea sugerează:

– Hai să luăm prânzul. Ți-ar plăcea niște Fritos?

Dând din cap cu tristețe, Robbie o urmează pe Norma în bucătărie.

Așezat la masă, câteva clipe mai târziu, corpul se rigidizează brusc, în timp ce vocea unui alt copil strigă:

– Cine ești tu?

– Eu sunt Norma.

– Unde sunt? Cum am ajuns aici?

Norma rămâne complet nemișcată și răspunde:

– Știu că ți-e frică. Nu-ți fac nimic rău. Ești în casa mea și ești în siguranță.

Respirând profund, Norma umple spațiul dintre ei cu compasiune.

Ochii străpung cu privirea întreaga cameră, apoi copilul se întoarce spre Norma și o întreabă din nou:

– Cine ești tu?

– Eu sunt Norma și tu ești în casa mea. O cunoști pe Sebrina?

Fetița își scutură capul în semn că nu și rămâne tăcută.

Vorbind cu o voce liniștitoare, Norma îi spune copilului despre grădina ei și despre ea. Arată cu degetul spre câinele ei întins pe podea și spune:

– Acesta este câinele meu, Chin Chin.

– De ce sunt în casa ta?

– Casa ta nu e sigură. Mămica și tăticul tău îți făceau rău, așa că îngerul te-a adus la mine.

– Oh...

– Cum te numești, scumpo?

– Mă numesc Jennifer.

– Câți ani ai?

– Am patru ani.

– E o vârstă frumoasă. Ce îți place?

– Poftim?

– Te-am întrebat ce îți place.

Jennifer se agită inconfortabilă.

– E în regulă, Jennifer. Despre ce ți-ar plăcea să vorbești?

Pentru o clipă ies în față și sugerez:

– Întreab-o care e ultima ei amintire. Cred că tocmai ce s-a trezit.

Am plecat apoi cât de repede am putut, iar copilul nu și-a dat seama de schimbarea petrecută.

– Care este ultimul lucru pe care ți-l amintești, Jennifer?

Suspinând profund, corpul se înfioră vizibil.

– I-am spus lui tati că mi-e foame. Eram în bucătărie. Nu știu unde era mami. Am făcut o greșeală.

– Cum ai greșit?

– Pentru că ...

... ridicând vocea câteva octave, spune:

– Nu ar fi trebuit să spun niciodată că mi-e foame.

Lacrimile încep să-i curgă pe obraji. Le șterge repede și începe să bată din picior, într-o agitație puternică.

– E în regulă, Jennifer. Nimeni nu te va răni acum. Spune-mi ce s-a întâmplat.

– El a venit la mine. Stăteam lângă perete, lângă masă. Voiam doar ceva să mănânc.

În timp ce își freacă ochii, multe emoții îi apar pe față.

– Eram așa de înfometată. Nu ar fi trebuit să spun nimic. A venit la mine și m-a strivit de perete. Nu puteam respira. Mi-a spus că nu mi-e foame, nu? Că am făcut o greșeală, nu? Am dat din cap că da, chiar dacă îmi era foame. M-a înghesuit și mai tare în perete, urlând la mine că nu eram înfometată. I-am spus că are dreptate, că nu mi-e foame.

Scuturându-și capul în semn de nu, ea se prăbușește înainte, complet învinsă.

Norma se apropie de Jennifer și îi spune că nu a făcut nimic rău.

– Îmi dai voie să te îmbrățișez, scumpo?

Jennifer încuviințează, plină de durere.

În timp ce Norma o strânge pe Jennifer în brațe, copilul cedează, plângând în hohote.

– Ar fi trebuit să știu. Nu-i place niciodată să-i spun ce vreau.

E în regulă. Eu sunt aici acum. Nu ai greșit deloc când ai cerut ceva de mâncare. Tatăl tău a greșit, dar el nu te mai poate răni.

Simțind o schimbare subtilă în corpul lui Jennifer, Norma se retrage puțin, ca să-i studieze fața.

– Vrei să mănânci ceva, acum?

– Da, te rog.

Norma vorbește cu o voce blândă în timp ce-i face lui Jennifer un sandviș cu unt de arahide și jeleu. Îi simte pe copiii care se află în spatele lui Jennifer, urmărindu-i fiecare mișcare.

Punând sandvișul în fața fetei, Norma vede din nou comportamentul comun. Cu capul aplecat și brațele trase în lateral, Jennifer înfulecă sandvișul din câteva mușcături. Ridicând privirea, Jennifer îi zâmbește Normei cu prudență.

Atingându-i mâna lui Jennifer, Norma o întreabă:

– Vrei o prăjiturică?

– Nu mă atinge!

O altă schimbare a avut loc, în timp ce un copil supărat plânge:

– Nu o voi face!

Prăbușindu-se în suspine, copilul strigă:

– Nu-mi pasă dacă mi-e foame. Nu mă poți obliga să fac asta!

– Ce nu vei face? întreabă Norma.

– Nu o voi înjunghia pe sora mea, chiar dacă mi-e foame.

– Uită-te la mine. Ești aici, în bucătăria mea și numele meu este Norma. Mămica și tăticul tău nu sunt aici.

Vorbind mai tare, Norma repetă că mami și tati nu sunt aici.

Încet, conștientizarea începe să se manifeste.

– E în regulă. Nu-ți voi face nimic rău, promite Norma. Sunt aici să te ajut. Știu ce face tăticul tău; ceilalți copii mi-au spus cum vă rănește pe toți.

Oftând, copilul se uită în jurul bucătăriei.

– El a spus că eu nu voi mânca. A spus că Julie va primi mâncarea mea, pentru că eu am fost rea. Tati a spus că dacă vreau să mănânc, ar trebui să o înjunghii pentru asta.

Așezându-și capul pe marginea mesei, ea mormăie:

– Sunt atât de obosită.

Îşi ridică privirea spre Norma şi inspiră plăpând înainte de a continua:

– Trebuie să o străpung pe Julie cu furculiţa mea, dacă vreau să mănânc. Ultima dată când am străpuns-o, am făcut-o să sângereze! De ce nu mă poate înjunghia ea mai degrabă? Atunci nu aş mai suferi atât de mult.

Respirând profund, Norma înţelege şi mai bine straturile de pregătire prin care a trecut această persoană. Nimic nu a fost lăsat la voia întâmplării. Ridicând capul copilului, Norma se oferă să-i facă ceva de mâncare. Înspăimântat, copilul dispare.

Clipele trec.

– Nu ştiam asta! exclam eu.

Mă aplec şi îmi frec stomacul, în încercarea de a mă alina.

– Sunt atât de supărată. Cum s-au putut întâmpla aceste lucruri îngrozitoare, Norma?

– Respiră cu mine şi ajută-ţi corpul, Sebrina. Aşa, continuă să respiri. Te ajută dacă ştii ce s-a întâmplat în viaţa ta. Hai să ne întoarcem pe canapea, să stăm mai confortabil.

Aşezându-se din nou pe canapea, Norma continuă:

– Ai auzit ce au spus. Crezi asta? Te rog, nu-mi răspunde rapid. Respiră şi simte: se simte asta ca fiind ceva adevărat?

Respirând profund, îmi dau voie să simt. Alunec uşor spre interior şi simt această conştientizare conectată. E greu de spus în cuvinte, dar se simte real.

– Da, Norma, se simte ca fiind adevărat.

– Continuă să simți cu mine. Poți începe să înțelegi, nu din minte, ci dintr-o conștientizare mai profundă, de ce ai avea problemele pe care le ai cu mâncarea? Poți să ai răbdare cu voi toți? Să fii furioasă și să te judeci, doar te ține blocată. Simți ce spun?

– Da, dar nu am știut că a fost atât de rău, Norma.

– Rău, este o judecată, Sebrina. Suntem în descoperire. Da, aceste amintiri sunt dureroase, dar pe măsură ce începi să le accepți, vei începe să simți adevărul. Răspunsul la întrebarea dacă ești sau nu o mincinoasă va veni dintr-o cunoaștere profundă, din interiorul tău. Poți simți ceea ce spun?

– Am negat aceste amintiri ca să nu le simt durerea, dar, Norma, nu a funcționat. Încă o mai simt! Voi face ce-mi propui. Mă simt mai bine știind că există un motiv pentru toate luptele mele cu mâncarea. Mă face să mă simt mai puțin nebună.

Luându-mi mâna în palmele ei, Norma zâmbește.

– Da, alegi să accepți adevărul și să nu fugi. Aici se află adevărata ta forță. Întotdeauna ai crezut că lupta este forța ta. Aceasta este minciuna. Puterea ta vine din adevăr. Sunt mândră de tine. Acesta este un pas critic în vindecarea ta.

*****

Chiar dacă Norma a scris doar câteva observații, am simțit că e important să le includ în carte. Observațiile ei oferă mai multă înțelegere despre cum a fost să lucreze cu mine. Datorită creșterii bazei sale de clienți și angajamentului profund față de mine, nu a mai putut să noteze alte observații.

Capitolul 6: **INTEGRAREA SEBRINEI**

Sunt adesea surprinsă de felul în care sunt îndrumată de Sufletul meu. Întâlnirea cu Norma a venit fără vreun plan. Citisem cartea *Sfârşitul timpurilor*, scrisă de Lee Carol prin channeling-ul entității numită Kryon. Cartea mi-a vorbit. Ştiam că ce spunea această entitate era adevărat. Am simţit compasiunea lui Kryon pentru omenire şi am ştiut că trebuie să merg la seminarul din Seattle, deşi n-aveam nicio idee cum voi ajunge acolo. Ceea ce acum ştiu este că dorinţa de a merge la eveniment a venit din partea Sufletului meu şi când nu m-am mai gândit cum să fac să ajung, totul s-a aranjat.

Când m-am urcat pe scenă să vorbesc, am anunţat sutele de oameni din audienţă că am fost diagnosticată cu tulburare de personalitate multiplă. Nu mi-a păsat ce credeau. Aveam nevoie de ajutor. Le-am spus că mă simt fără speranţă, pentru că oricât de mult am muncit la asta, nu făcusem nici un pas înainte în a-mi scoate fiii din programul de asistenţă maternală. Atunci Lee Carol şi Jan Tober mi-au sugerat să lucrez cu Norma Delaney.

Norma stătea în capătul scenei, iar când Lee a arătat spre ea, am simţit ceva ce nici acum nu pot să spun în cuvinte. Era o cunoaştere care merge dincolo de explicaţie. Când ne-am întâlnit mai târziu, în seara aceea, ea mi-a dat cartea ei de vizită, explicându-mi că nu locuieşte în acel oraş. Mi-a spus că locuieşte în zona oraşului San Diego şi m-a întrebat dacă asta fi ok pentru mine. Dându-mi seama că locuiesc la doar câteva ore distanţă de ea, m-a făcut să râd uşurată.

*****

În timp ce Norma se aşază pe canapea lângă mine, după câteva luni în care am lucrat împreună, zâmbim una la alta, fără să spunem nimic.

– Norma, treaba mea aici s-a terminat, spun eu.

– Şi de unde ştii asta? întreabă Norma.

– Este o simţire pe care o am.

– Acea simţire este intuiţia ta şi asta te-a îndrumat întreaga viaţă. Dar, hai să mergem înapoi şi să ne uităm mai în detaliu, astfel încât să poţi avea claritate pentru tine. Îţi aminteşti când te-ai născut în corp, ca Sebrina?

– Da, foarte clar. Mi-am amintit de asta când am lucrat cu doctorul Barnes la spital. Jennifer avea opt luni, plângea şi întrerupea întâlnirea celor din cult. Lois încerca să o facă să tacă zgâlţâind-o pe şold, dar asta nu făcea decât să înrăutăţească lucrurile. Într-un acces de furie, Jack a înşfăcat-o pe Jennifer şi a pus-o într-o cutie de scule, închizând bine capacul. Apoi a pus cutia într-o groapă care era deja săpată.

– Când spui că te-ai născut, Sebrina, ce înseamnă asta pentru tine? incită Norma.

– Că am intrat în corp, ca o conştiinţă independentă.

– Aş vrea să închizi ochii şi să te întorci la momentul acela în care te-ai născut şi să îmi spui ce vezi.

Lăsându-mă pe spate, pe perne, fac câteva respiraţii profunde şi îmi permit să curg în interior, în timp ce simt. Nu are nimic de a face cu mintea mea; *simt* unde merg şi prin intenţia mea, sunt condusă la acea amintire.

– Văd capacul închis al cutiei de scule şi apoi pe Jack punând-o într-o groapă.

– Unde eşti tu, în raport cu amintirea?

– Ce? Sunt în cutie, desigur.

– Sebrina, te rog să fii deschisă către ceva nou. Îmi spui că îl poţi vedea pe tatăl tău ridicând cutia de scule şi apoi plasând-o în groapă.

– Da...

Am ochii închişi şi fruntea încreţită. Mă concentrez pe ceea ce îmi cere Norma, dar chiar nu înţeleg.

– Cu intuiţia ta, vreau să-mi spui unde eşti în relaţia cu cutia de scule şi tatăl tău.

Trec câteva momente tăcute.

– Oh, sunt între ei. Sunt energie, Norma!

– Da, eşti conştiinţă conştientă. De ce eşti acolo, în afara cutiei?

– Pentru a menţine corpul în viaţă! Exclam. Aerul din cutie se epuiza! Mutarea în afara cutiei permitea corpului să se închidă şi să rămână nemişcat. Eram conexiunea exterioară cu viaţa noastră. Când, în cele din urmă, plânsul încetează, Jack se apleacă şi ia cutia. În timp ce scoate bebeluşul, corpul ei este lipsit de vlagă. Atunci mă mut înapoi în corp. În acel moment, sunt o bucată de conştiinţă separată, care vine să trăiască în corp, pentru a-l menţine în viaţă. Uau ... Norma. Chiar am făcut asta. Nu a trebuit să mă gândesc la asta!

– Da, Sebrina, pentru că tu eşti o parte din Conştiinţa Sufletului. Pe măsură ce tu, întreaga fiinţă, s-a scindat în faţa unei asemenea atrocităţi, tu te-ai folosit de tot ceea ce eşti pentru a rămâne în viaţă. Intenţia ta a fost pură. Tu, întreaga conştiinţă, ai ales să trăieşti orice ar fi, dar ... nu numai să trăieşti, ci să fii şi sănătoasă mental. Această alegere a fost onorată prin abilitatea ta profundă de a te scinda de câte ori ai făcut-o.

Era un ritm sau un puls în interiorul tău, care spunea: „Rămâi în viață".
Acesta trecea prin tine, așa cum valurile oceanului ating țărmul. Acest ritm te-a
condus și dus în afara cutiei de scule. Prin încetinirea respirației, corpul își putea
îndeplini destinul, care pentru tine însemna să rămâi în viață. Înțelegi ce spun?

– Da, și acum îmi spune că treaba mea este terminată!

– Da, ai fost condusă intuitiv întreaga ta viață. Și acum ți se cere să vii
acasă în inima ta. Știi de ce? Întreab-o pe Kuan Yin, pentru claritate.

Mă concentrez și ascult cu atenție:

– Kuan Yin spune că pot fi mai bine în serviciu din interior, ca o ancoră
care să ne conducă înapoi acasă la propria energie a inimii.

– Da, da... murmură Norma.

– Kuan Yin spune că e necesar să creăm o nouă personalitate, care să
devină în cele din urmă omul pe deplin – fizic, mental și spiritual. Oh! Acum
înțeleg de ce ne-am schimbat numele legal în Serena! Ea spune că atunci când
ne-am schimbat numele, pregăteam terenul pentru propria noastră integrare.

– Deci, oprește-te un moment și simte, îmi cere Norma în liniște. Cum se
simte ceea ce a spus Kuan Yin?

– Simt căldură ... care mă umple din interior. *Știu* că trebuie să fac asta.
Cuvintele nu pot descrie cât de profund simt asta, Norma. Gândul de a veni
acasă la propria energie a inimii mă umple de o bucurie de nedescris. Dar mă
îngrijorează Robbie. Vrei să vorbești mai întâi cu el?

– Da, dar stai pe-aproape și ascultă. Are nevoie să se conecteze cu tine
înainte să pleci.

Chemându-l pe Robbie în față, Norma râde în timp ce iese și îi dă o
îmbrățișare călduroasă.

– Oh, bucurie, estem din nou aici!

Întinzându-şi braţele lateral, el râde.

— Mi-a fost atât de dor de tine!

Dându-se mai aproape de Norma, el îşi vâră faţa în gâtul ei.

Îmbrăţişându-l înapoi, ea îl ţine strâns pentru un moment.

— Şi mie mi-a fost dor de tine, scumpule. Ştii de ce tu şi ceilalţi aţi venit să lucraţi cu mine?

— Da, pentru că vrem să fim integraţi, astfel încât băieţii să poată veni acasă.

— Aşa este şi ştii ce înseamnă să fii integrat?

— Cred că da...

Vocea lui se opreşte, în timp ce se gândeşte la întrebare.

— Înseamnă că estem o singură persoană, nu?

— Da, aşa e, iar Sebrina are un pas important de făcut pentru a vă începe integrarea. Ea trebuie să meargă acasă, în inimă, astfel încât să poată începe adevărata vindecare. Simte cu mine o clipă. Când spun să te duci acasă în inimă, ce spun de fapt, cu adevărat?

Urmează câteva minute liniştite, în timp ce Norma aşteaptă răspunsul lui Robbie.

Frecându-şi faţa şi strângându-şi buzele, el se gândeşte serios la întrebarea ei. Se uită la Norma şi ridică sprâncenele întrebător.

— Tu zice că trebuie să meargă înăuntru, într-un loc special, nu?

Zâmbind, el face legătura.

— Oh, Robbie, sunt atât de mândră de tine! Ea este calea spre casă, astfel încât toţi puteţi fi o singură persoană. Ţi-ar plăcea asta?

El dă din cap că da, dar întrebările i se citesc pe față.

– O mai pot vedea oricând vreau? întreabă el ezitant.

Respirând cu compasiune, Norma răspunde cu sinceritate:

– Nu în același mod. Ea va fi chiar aici.

Așezându-și palma pe inima lui, adaugă:

– Păstrând un loc special pentru tine.

Trist, el dă din cap în semn de acceptare.

– Scumpule, voi sta aici, în timp ce tu și Sebrina vorbiți. Ea vrea să petreacă niște timp cu tine, înainte să plece. Sunt aici, dacă ai nevoie de mine.

Întinzându-se către el, ea îi strânge mâna.

Fără alte comentarii, el trece în interior. Se întoarce și îi spune Sebrinei:

– Oh, Sebrina, îmi va fi dor de tine!

Ținându-l strâns, îl trag în poala mea.

– Îmi va fi foarte dor de tine, Robbie.

– Oh, Sebrina...

Îi țin palma pe inima mea și îi spun:

– Voi fi întotdeauna chiar aici.

Legănându-l înainte și înapoi, fredonez ușor. Minutele trec, în timp ce corpul rămâne prăbușit pe perne.

În cele din urmă, ochii se deschid și Sebrina zâmbește.

– Sunt gata, Norma.

– Atunci hai să mergem la etaj, ca să te poți întinde pe masa de masaj.

Urcând scările, simt o pace neobișnuită. Știu că mă întorc acasă la Sufletul meu. Am fost vocea intuitivă a Sufletului nostru, făcând alegerile care să ne conducă, în cele din urmă, la scopul nostru, care este acela de a ne integra și de a deveni o ființă umană autentică. Eu merg prima pentru a pune bazele acestui nou început.

Ideea de integrare se simte ca promisiunea unei noi vieți pentru noi; nu o văd ca pe o moarte a personalității. Să trăiesc ca părți separate ale unui sistem multiplu înseamnă să exist inconștient. Nici una dintre personalități nu a fost conectată vreodată cu corpul, ceea ce ne-a făcut să experimentăm viața ca fiind rece și plată. Integrarea nu este o idee din minte. Este o invitație din partea Sufletului nostru și este plină de căldură și de asigurare a păcii.

Culcată pe masa de masaj, mă uit la fața Normei. Iubirea pe care o simt este profundă. Vorbește despre multe vieți împărtășite. Multe sunt spuse, fără cuvinte. Ating fața Normei, apoi închid ochii.

Pe măsură ce respir mai adânc, mă relaxez și mai profund în corpul meu. Nu trebuie să știu cum să mă integrez; în loc de asta, „da"- ul meu intuitiv mă ghidează. Pe măsură ce totul din mine încetinește, conștiența mea ca individ se dizolvă. Personalitatea cunoscută sub numele de Sebrina fuzionează cu Sufletul și devin una. Prima fază este terminată. Acum, faza a doua poate începe, cu intenția ca, în această viață, toate personalitățile să se integreze în acest nou om care s-a format, numit Serena.

Deschizând ochii, nu conștientizez că tocmai am fost creată ca o personalitate nouă. Eu sunt începutul unei noi conștiințe care se naște în corp.

Treaba mea va fi să mențin un spațiu energetic, în care să se integreze toate celelalte personalități. Dar, deocamdată, sunt o bucățică de conștiință nouă, care trăiește în mijlocul haosului. Trebuie să mă încadrez perfect. Voi merge în minte pentru a ști cum să acționez și cum să vorbesc. Chiar dacă sunt nouă, voi crede că am fost mereu aici. Voi împărtăși credințele pe care le are restul sistemului. Voi fi personalitatea principală care începe munca pentru integrarea noastră și voi reprezenta corpul.

Zâmbesc, privesc fața Normei și știu că îmi place această doamnă. Știu că am lucrat în camera ei de vindecare. Este persoana pe care „Eu" am găsit-o pentru a mă ajuta să mă integrez. Știu toate astea și mai multe, din momentul în care mi-am deschis ochii.

Norma mă încurajează să respir. Vocea ei este blândă; tonul este melodios. Este conștientă de schimbarea energiei din corp. Mă vede, noua persoană născută din Suflet. Treaba ei e să rămână nemișcată și să nu mă sperie. Vorbește doar despre respirație și păstrează adevărul acestui moment doar pentru ea. Respirația ei, întreaga ei ființă, umplu camera. Cu gingășie, mă ajută să mă ridic.

— Respiră, înainte să te dai jos de pe masă, mă instruiește ea, spunându-mi în mod intenționat pe noul meu nume, Serena.

Mă ia de braț și coborâm împreună scările. Intrăm în bucătărie și mă ghidează spre un scaun cu spătarul drept. Sunt detașată de tot. Mișcarea de coborâre a scărilor m-a făcut să-mi părăsesc corpul. Văd lucrurile de la distanță. Observ fructele viu colorate de pe masă. Sunt conștientă de răceala podelei prin ciorapii din picioarele mele. Aud întrebarea Normei despre ce mi-ar plăcea să mănânc la prânz și, undeva în fundal, aud zumzetul vocilor interne care fac conversație. Momentul este ireal, prins ca într-o poză color instantanee, pe un fundal negru, pentru eternitate. Așa trăim - un moment, separat de următorul.

Am fost născută pentru a crea o nouă viață pentru noi toți. Așa cum o casă este construită de la fundație în sus, fiecare nouă experiență se va construi pe sine, una peste alta, adăugându-se acestui nou om numit Serena. Transformarea mea va veni încet, câte o respirație pe rând.

Capitolul 7: **COMPASIUNE**

Mi-aş dori ca drumul până la Norma să nu dureze atât de mult. A apărut o amintire şi cu cât stau mai mult, cu atât anxietatea mea creşte. Să conduc cu viteza legală este aproape imposibil. Trecând de terenurile cu căpşuni din dreapta mea, privesc bărbaţii, femeile şi copiii care stau aplecaţi în soarele fierbinte al dimineţii. Îmi pare rău pentru ei.

Cum pot lucra aşa? Mie mi s-ar rupe spatele!

Sub mirarea mea, apare un alt strat de gânduri. Este o cadenţă ritmică de cuvinte, repetate în mod intenţionat, pentru a înăbuşi teroarea care clocoteşte în mine.

Trebuie să ajung acolo! Trebuie să ajung acolo!

Condu mai repede!

Grăbeşte-te! Grăbeşte-te!

Gândurile, puse unul peste celălalt, se joacă constant în mintea mea, creând un perete de anxietate, care îmi blochează intenţionat amintirea ce vrea să vină în conştiinţa mea. Reacţionez agresiv şi mă apropii de bara din spate a maşinii din faţa mea. Strâng volanul şi mă apropii la câţiva centimetri. Ştiu că şofez imprudent, dar nu-mi pasă.

Ai putea avea un accident!

Cel puţin nu ai mai avea durerea asta.

Nu poți să faci asta. Ai trei băieți care au nevoie de tine.

Oh, da. Fiii mei!

Luându-mi piciorul de pe accelerație, expir ușor. Țin volanul cu mâna stângă și îmi așez palma dreaptă pe burtă, astfel încât să o simt că se mișcă în timp ce respir. Inspirând pe nas, mă concentrez să simt cum palma mea se mișcă în sus. În timp ce expir din nou, îmi las umerii să se relaxeze, eliberând o parte din tensiune. După minute lungi de concentrare numai pe respirație, simt că furia mea începe să scadă, în cele din urmă. „Te rog, Doamne, ajută-mă să conduc în siguranță. Mă simt atât de incomod, că nu știu ce să fac! Știu că Norma trăiește ceea ce predă. Simt asta. E liberă! Nu are nevoie ca eu să o plac. Ea este propria ei persoană. Pot fi și eu așa, cândva?"

Imediat, simt o pace neobișnuită care mă umple și odată cu aceasta, asigurarea că și eu voi avea, în timp, ceea ce are Norma. Simțindu-mă recunoscătoare, pornesc radioul ca să cânt. În câteva minute, mă schimb din nou. Strâng volanul și încerc să fac față panicii care se instalează. Simțindu-mă nervoasă pe schimbarea bruscă a emoțiilor mele, îmi scutur capul, frustrată. *Ce e cu mine? De ce nu pot fi fericită, fără să plec?*

Conduc prea rapid și când ies de pe autostradă, aproape că ies de pe drum. Opresc mașina la lumina roșie a semaforului și inspir tremurând. Ultimii kilometri de condus până la casa lui Norma mi-au luat o veșnicie. Cu cât mă apropiam mai mult, cu atât deveneam mai anxioasă. Opresc mașina în fața casei, cobor repede și alerg spre ușa din față. Intru și strig:

– Norma, sunt Serena! Unde ești?

Urcând scările, îi aud răspunsul prin ușa închisă:

– Du-te în sufragerie și voi fi acolo în câteva minute.

Făcând ture, așteptarea pare să dureze ore. Gândurile mele încep să o ia razna; pielea mea începe să strige. Sunt disperată să vorbesc cu Norma, ca să mă ușurez. O strig, insistând:

– Te rog, grăbește-te! Simt că înnebunesc. A apărut o amintire și trebuie rezolvată acum! Vii?

Ieșind din camera de la etaj, Norma strigă:

– Voi fi jos într-o clipă.

În timp ce închide ușa de la baie, îmi țin respirația, până când aud că trage apa la toaletă. Mă minunez de cât e de liniștită; pare că plutește când coboară scările.

– Eram la telefon cu un alt client, când ai ajuns. Trebuia să termin cu el, înainte să începem.

Așezându-se pe canapea, Norma bate ușor cu palma locul de lângă ea.

– Vino să stai lângă mine. Vreau să vorbesc cu tine, înainte să începem să lucrăm cu amintirea care te deranjează.

Cererea Normei mă afectează profund.

– Trebuie să-ți spun această amintire acum! Simt că sunt înghițită de vie!

– Înțeleg asta. Vino să te așezi.

Gesticulează și bate cu palma salteaua, din nou. Cu o față nefericită, mă mișc și mă așez lângă ea.

– Respiră cu mine, o clipă. Promit, vom începe curând.

Cu cât trebuie să aștept mai mult, cu atât devin mai agitată. Mintea mea o ia razna. Sunt recalcitrantă la îndrumarea ei și nu vreau decât să mă scap de această amintire. Dacă pot să o spun, știu că pot să o uit. Asta pare să fie singura cale de eliberare pe care o cunosc, dar pe măsură ce ascult vocea ei, încep să mă liniştesc înăuntru şi pielea mea încetează să mai strige.

– Acum, înainte să începem, vreau să-ţi pun o întrebare.

Imediat, sunt în stare de alertă. Ştiu că o să mă întrebe ceva rău; doar mă pregăteşte. În mintea mea aleargă gânduri nebuneşti; agitaţia gândurilor este mecanismul care îmi permite să mă schimb fără efort.

– Ştii ce înseamnă real?

Răspunzând defensiv, replic:

– Bineînţeles că ştiu ce este real.

Netezind canapeaua, Norma continuă. E conştientă de starea mea de apărare şi o ignoră.

– Asta e ceva real, Serena. Simte salteaua; e solidă şi are consistenţă.

– Ştiu, Norma! scâncesc eu supărată.

Ignorându-mă, întreabă:

– Când te uiţi la televizor, este real?

– Ce vrei să spui, dacă televizorul este real?

– Povestea este reală?

– Nu? spun eu ezitând.

Adevărul este că nu am nicio idee despre ce mă întreabă.

– Deci, povestea la care te uiţi este doar o poveste, corect?

– Da?

Acum chiar că sunt foarte confuză.

– Te întreb acest lucru în speranța că l-ai putea folosi să te ajuți. Când te uiți la televizor, tu stai aici pe canapea și vezi povestea de pe ecran și ea rămâne acolo ... pe ecran. Acum joacă-te cu mine, Serena. Când începi să-mi povestești această amintire, încearcă să rămâi aici cu mine. Canapeaua este reală. Eu sunt reală. Amintirea nu este reală – s-a întâmplat deja. E doar o poveste. Înțelegi ce îți sugerez?

Ce vrea să spună, că amintirea nu e reală? O simt chiar acum și nici măcar nu am abordat-o. Oftând puternic, spun:

– Voi încerca. Simt atât de multă anxietate, încât simt că ies afară din pielea mea.

– Serena, uită-te la mine.

Vocea îi rezonează cu putere și spune:

– Toți cei care mă pot auzi, uitați-vă în ochii mei. Vă spun adevărul. Eu sunt chiar aici și tu ești în siguranță. Aceasta este o amintire care s-a petrecut cu mulți ani în urmă. Nimeni nu vă poate răni acum.

Redirecționându-și atenția către mine, ea mă întreabă dacă am nevoie de ceva, înainte să începem.

M-am schimbat înainte să răspund.

Frecându-și brațele în disperare, o fetiță strigă:

– Sunt pe mine!

– Ce ai pe tine, scumpo?

Plângând isteric, copilul își freacă cu furie brațele și fața. Cu blândețe, Norma apucă fața copilului în mâinile ei, astfel încât să poată simți atingerea ei.

– Unde mă aflu? întreabă copilul, surprins.

– Am venit să te iau. Ai fost rănită. Îngerul şi cu mine te-am luat de lângă oamenii răi. Vrei să-mi spui ce s-a întâmplat?

– Tati a spus că sunt rea, spune ea pe un ton plângăreţ. M-a pedepsit.

– Ce îţi făcea?

– M-a legat de copac şi m-a dat cu miere peste tot. Nu aveam haine pe mine şi furnicile mişunau pe tot corpul meu.

Vocea ei se intensifică pe măsură ce continuă:

– Erau în „pi pi-ul" meu! Nu puteam să mă mişc!

O altă schimbare se produce şi o voce monotonă continuă:

– Tocmai am fost una dintre furnici; mă căţăram pe braţul fetei. Am fost împreună cu toate celelalte furnici ... nu m-a deranjat nimic.

Chipul care se întoarce spre Norma este lipsit de orice emoţie; este ca şi cum un robot l-ar fi înlocuit pe copil.

– Ce minunat eşti. Ai venit să o ajuţi pe fetiţă, nu-i aşa? Nu ţi-e teama. Treaba ta e terminată acum. Ai vrea să mergi cu îngerul?

Cu blândeţe, Norma îl cheamă înapoi pe copilul care plângea.

– Ştiu că mă poţi auzi. Plângeai şi îmi povesteai despre furnici. Nu ai apucat să termini. Când te întorci, vei fi aici, pe canapea cu mine. Eşti curată şi ai hainele pe tine. Eşti în siguranţă acum. Nu există furnici.

Plângând încet, copilul revine:

– A fost rău.

– Ştiu, scumpo. Sunt aici, acum. Care e numele tău?

– Numele meu este Jennifer. Am atâţia ani.

Ridicându-şi mâna, ea îi arată Normei trei degete. Se uită de jur împrejurul camerei şi întreabă:

– Cum am ajuns aici?

– A venit îngerul şi te-a luat. Ce a făcut tăticul tău a fost greşit, afirmă Norma.

– Am fost rea. Aşa a spus el.

Dând din cap în sus şi în jos, Jennifer spune cuvintele ca o păpuşă ascultătoare.

Norma o ia de mână şi spune:

– Nu există nimic ce poţi face, care să determine un tătic iubitor să-ţi facă asta, înţelegi?

Trăgându-şi mâna din palmele Normei, Jennifer dă din cap cu fermitate, spunând:

– Ştiu că mă iubeşte.

Norma schimbă subiectul şi întreabă:

– Poţi vedea îngerul? A venit să te ia.

Privind în jurul camerei, Jennifer exclamă:

– Este chiar acolo!

Arătând cu degetul în spatele Normei, Jennifer vede clar îngerul.

– Este atât de frumoasă! Părul ei este lung şi are o lumină de jur împrejur!

– A venit special pentru tine. Ştiai asta, Jennifer?

Întorcându-se spre Norma, chipul lui Jennifer este luminat de bucurie.

– A venit după mine? Cum aşa?

– Te-a tot căutat. Vrea să te ducă să locuieşti cu ea. Ţi-ar plăcea?

– Poate veni şi Julie? Nu-mi pot lăsa sora.

– Bineînţeles că poate veni şi Julie. Acum închide ochii. Mai poţi vedea îngerul?

Dând din cap aprobator, Jennifer se relaxează vizibil.

Norma începe să vorbească pe un ton liniştit:

– Fiecare copil, care mă poate auzi şi vrea să meargă cu îngerul, poate veni acum. Ea vă iubeşte şi vrea ca voi să locuiţi cu ea. Nu este nevoie să mai fiţi răniţi. Haide. Ea este aici doar pentru voi.

După o clipă, mă întorc în corp. Frecându-mi faţa, observ:

– Sunt obosită, Norma.

– Bineînţeles că eşti, dar înainte să urci la etaj ca să tragi un pui de somn, vreau să-ţi pun o întrebare:

– Când te simţi supărată, cum ai fost azi dimineaţă, şi nu poţi să dai de mine, ce faci?

– Stau în aşteptare, până când pot vorbi cu tine. Fac ce ştiu mai bine ...

– Serena, nu am întrebat ca să te judec, aşa că, ai putea sta liniştită un moment şi să mergi în interior pentru a afla un adevăr mai mare?

– Da.

Vorbind încet, Norma continuă:

– Dacă nu ar trebui să aştepţi, ci să te simţi confortabilă imediat, ai vrea asta?

– Da, dar dacă este o amintire...

– Serena, te lupți cu mine. Știu că dacă este o amintire, vei avea nevoie să vorbești cu mine. Nu te resping. Respiră și rămâi cu mine, te rog. Am un motiv pentru care am întrebat acest lucru.

Norma vorbește pe un ton fără reproș.

– Bine, Norma.

– Așa că simte cu mine și încearcă să auzi ce te întreb. Ai avut multe amintiri despre trecutul tău. E adevărat?

Își ridică sprâncenele și mă așteaptă să răspund.

– Da?!

Nu am încredere unde mă conduce.

– Te rog, nu merge în minte pentru a-mi da răspunsul, ci simte: cine simți că te-a ținut în viață în timpul tuturor acelor experiențe?

Fruntea mi s-a încrețit și eram complet pierdută pentru că nu știam unde vrea să ajungă cu asta. Știam că ea cunoaște răspunsul și voiam să mi-l spună.

– Nu știu, Norma. Chiar nu știu.

– Nu cred asta. Vreau să respiri, în timp ce stai liniștită un moment, și să-ți dai voie să simți adevărul.

– Simt că este altceva decât mine, Norma.

– Bine. Acum închide ochii și simte acea stare. Vezi ceva?

– Da, dar este departe.

– Continuă să respiri și invit-o să vină mai aproape.

– Este o lumină, Norma!

Pe măsură ce lumina se apropie, văd o femeie care stă în interiorul ei.

– Norma, văd o doamnă frumoasă și îmi zâmbește!

Chicotind ușor, Norma sugerează:

– Vrei să o întrebi de ce este aici?

Întreb înăuntru și aud:

– Am venit să te iubesc.

Îmi deschid ochii și mă uit la Norma:

– Ce vrea să spună cu asta?

Cu ochii sclipind, Norma sugerează:

– De ce nu o întrebi pe doamnă ce vrea să spună?

Întorcându-mă în interiorul meu, mă uit din nou la doamna cea frumoasă.

– Te aștept de multă vreme, spune ea.

Îmi deschid ochii și repet cuvintele Normei.

– Cum se simte asta, Serena?

Am emoții amestecate. Mă bucur că este aici și îi spun asta Normei, dar nu recunosc că încep să mă simt și furioasă.

– Ea este zâna ta cea bună și a fost cu tine mereu.

Norma știe că maturizarea mea este blocată la o vârstă foarte fragedă și, din moment ce copiilor le plac zânele bune, știe că mă poate prezenta Sufletului meu în acest mod jucăuș și neamenințător. Înțelepciunea care m-a ținut mereu în viață se prezintă prin imaginea unei ființe luminoase. Văzând-o și auzind-o pe doamnă, pot începe să mă conectez cu propria mea energie Sufletească autentică. Acesta este un pas crucial în procesul meu de integrare.

– Nu erai pregătită să o vezi până acum, zice Norma. Ea este aici să te susțină și să-ți ofere alinare. E mama pe care ți-ai dorit-o dintotdeauna. Lois a fost mama ta biologică. Zâna ta cea bună este mama ta autentică. Ea îți poate aduce mângâiere și îți poate oferi răspunsul la orice întrebare ai putea avea.

În timp ce Norma vorbește, în mintea mea se învârt multe întrebări.

– Vreau să exersezi să mergi în interiorul tău ca să o simți, spune Norma. Acesta e un început. Când nu mă poți contacta și vrei ajutor, poți să mergi la ea pentru ajutor și alinare.

Emoțiile pe care le simt sunt incomode. Ar trebui să mă simt bucuroasă, dar în schimb sunt iritată de așa numita zână cea bună și presupusa ei dragoste pentru mine. Fără să spun nimic, încerc să dau deoparte sentimentele rele.

Norma observă emoțiile care se joacă pe fața mea.

– Ce te deranjează, Serena?

– Dacă a fost întotdeauna cu mine, atunci de ce a permis ca această viață oribilă să aibă loc?

În timp ce pun întrebarea, îmi aud vocea care își schimbă tonalitatea. E plină de mânie și asta mă sperie. Totul e încețoșat. Îmi frec fruntea viguros, încercând să rămân.

– Serena, nu pleca! Întreab-o de ce a lăsat această viață să aibă loc și alege să auzi răspunsul, instrucționează Norma.

Respir cât pot de încet. Vocea mea tremură de emoție, în timp ce pun întrebarea cu voce tare:

– De ce ne-ai lăsat pe mine și pe toți ceilalți să suferim, să trecem prin această viață oribilă, dacă ai fost acolo tot timpul?

– Ce-ar fi să respirăm un pic, mă invită Norma, ca tu să-i poți auzi răspunsul mai clar?

Încercarea de a respira este imposibilă. Stomacul meu se simte ca o piatră de granit. Am dureri care iradiază în umeri și în sus spre gât, plus că pielea îmi țipă. Mă concentrez intenționat pe sunetul vocii Normei și încerc să mă adâncesc în corp.

După ce mă îndrumă să inspir ușor, Norma spune:

– Acum expiră pe nas. Așa. Lasă toată energia veche să plece. Inspiră și adu-ți respirația adânc, în centrul tău. Alege să trăiești, Serena.

În cele din urmă, stomacul, umerii și gâtul se relaxează. Aș putea adormi în orice moment. Odată cu respirația următoare, plec, iar Sufletul meu vine la suprafață și îi vorbește Normei prin corpul meu:

– Este important ca Serena să înțeleagă de ce a ales această viață. Dorința de a nu mai trăi în frică este esența acestei discuții. Există părți din acest adevăr care trebuie lăsate în pace. Știu că simți despre ce vorbesc. Încă este prea devreme în vindecarea lor, pentru orice altceva.

Sufletul a încheiat și se retrage.

Eu, Serena, vin din nou la suprafața corpului meu. Nu sunt conștientă cât a durat și ce i-a spus Sufletul meu Normei. Repetând exact ceea ce aud de la zâna mea cea bună, eu spun:

– Înainte să te naști în această viață, ai hotărât că vei crea o experiență a fricii atât de mare încât să nu o mai poți ignora. Ai fost avertizată că ceea ce doreai să faci ar putea fi extrem de dificil, dar ai spus că nu-ți pasă, că trăind viață după viață în frică era o risipă. Ai vrut să cunoști adevărul și, în cele din urmă, să fii tot ceea ce ai putea fi în formă umană.

Oprind fluxul conștientizării, mă întorc spre Norma și exclam:

– Am simțit întotdeauna că a fi născută din Jack și Lois nu a fost o greșeală și iată!

– Serena, nu te lăsa distrasă. Rămâi cu ceea ce auzi, te rog.

Întorcându-mă încă o dată în interior, revin la punctul în care zâna mea s-a oprit.

– Am hotărât că, pentru ca tu să rămâi în viață și sănătoasă la minte, Sufletul tău va trebui să se fragmenteze în multe bucăți, care să conțină întregul. În acest fel, tot ce s-a întâmplat era ținut împreună, până când aveai să fii pregătită să te vindeci. Ai fost înzestrată cu tot ce aveai nevoie pentru a trăi această viață cu succes și a-ți împlini destinul.

– Oprește-te un moment, spune Norma și întreab-o pe zâna ta dacă tu înțelegi pe deplin ce îți spune ea.

– Ea spune că trebuie să-mi explici tu asta, mai complet.

Făcând o mică pauză, Norma întreabă:

– Când pleci într-o călătorie, ce iei cu tine?

– Ce? Iau o valiză și haine și ...

– Bine, iei o valiză și e plină cu tot ce ai nevoie pentru a-ți finaliza călătoria în siguranță și confort. Ești de acord?

– Da?!

Uneori exemplele ei sunt atât de ciudate.

– Când ai decis că trebuie să trăiești această viață într-un mod extrem, Spiritul ți-a asigurat o valiză plină cu elementele esențiale de care ai avea nevoie, pentru a rămâne în viață și a fi sănătoasă la minte. M-ai înțeles până aici?

– Oh, de aceea sunt o personalitate multiplă. Acea abilitate era în valiza mea, corect?

Când Norma folosește un exemplu cu noi, de cele mai multe ori îl luăm ad litteram. Știe că face parte din imaturitatea noastră și o gestionează în consecință.

– Serena, nu vorbesc despre o valiză, la propriu. Vorbesc despre faptul că, pentru ca tu să rămâi în viață, Spiritul a creat ceea ce aveai nevoie pentru această viață. Ți-am mai spus că tu ești cea mai senzitivă persoană cu care am lucrat vreodată. Aceasta este una dintre piesele care ți-au fost furnizate în valiză.

Vizualizând o valiză maro, zdrențuită, plină până la refuz cu obiecte de care aș avea nevoie în această viață, răspund:

– Înțeleg ce spui.

– Să fii senzitivă este unul dintre obiectele esențiale din valiza ta, afirmă Norma. Când creezi o poveste, tu creezi un pachet psihic de energie care să meargă împreună cu ea. Acest lucru te ajută să crezi că povestea este adevărată. Acum ieși din minte și simte: când ai creat o poveste care părea atât de reală încât ai putut să o vezi și să o simți?

– A fost cu puțin timp în urmă, când Jennifer s-a prefăcut că e o furnică care se târa pe braț. Aceasta a fost energia noastră psihică, dar trebuie să fiu sinceră, când am auzit vocea aia robotică spunând că este una dintre furnici, am fost surprinsă, pentru că ea chiar a crezut asta, Norma!

– Ai dreptate, Serena. Ea a crezut-o complet. Acum, simte: când Jennifer a devenit isterică pentru că furnicile mișunau pe toată pielea ei, ce a făcut?

După un moment de gândire, răspund:

– S-a schimbat, nu-i așa?

– Da, ceea ce i-a permis zânei tale să creeze o nouă personalitate.

– Stai, știu!

Râzând, exclam:

– Când ești furnică, nu poți simți senzațiile corpului! Uau ... asta a fost ceva inteligent, nu-i așa, Norma?

– Este încă un exemplu al minunăției Sufletului tău. Teroarea de a simți furnicile târându-se pe toată pielea lui Jennifer a fost compensată de un sentiment de calm, deoarece s-a creat o nouă personalitate, care credea în povestea închipuită, că nu era torturată, pentru că era doar una dintre furnici. Această fantezie ți-a salvat viața.

– Ce?

– Când creezi un pachet psihic de energie, combinat cu emoții și o poveste, sistemul tău îl crede cu ușurință, chiar și atunci când nu este adevărat. A fi furnică a fost o fantezie, ești de acord?

Spune-i să tacă.

Minte.

Deconectează-te! Deconectează-te!

Du-te de aici!

Mă concentrez pe fața Normei și încerc să ignor vocile care țipă în interiorul meu. Îmi frec fruntea și, zgâlțâindu-mi piciorul în sus și în jos, simt cum anxietatea preia controlul. Norma știe că sunt provocată din interior. Personalitățile cred că lumea noastră internă este reală. Chiar dacă este bazată pe fantezie, oferă un refugiu sigur pentru noi toți, în care să ne retragem. Acest adevăr provoacă însuși centrul funcționării sistemului nostru. Norma nu are voie să ne împingă mai departe. Ea știe că dezasamblarea creației noastre se poate face doar treptat, cu câte o respirație pe rând.

În timp ce Norma mă privește, un zâmbet blând apare pe buzele ei, ceea ce mă calmează instantaneu.

– Serena, te rog să-ți dai voie să simți ce-ți voi spune. Zâna te cea bună a fost întotdeauna acolo pentru voi, creând o lume interioară, în care toți să vă puteți retrage pentru confort și siguranță.

Simțind un val de emoții, exclam:

– Înțeleg! Ea a făcut un loc sigur în care am putut evada cu toții. Un loc în care Jack și Lois nu ne-ar fi putut găsi. Uau! Chiar ne iubește!

Râzând, chiar mă simt ușurată.

– Bine, Serena. Mă bucur că ți-ai dat voie să simți asta. Acum poți începe să te duci la zâna ta cea bună, ori de câte ori nu poți ajunge la mine. Vei găsi alinare și un răspuns la orice te deranjează. Dacă plânge un copil, poți să-i ceri să te ajute. Dacă ești înspăimântată de o amintire care te copleșește, zâna ta cea bună o poate ține sub control până când putem vorbi. Ești dispusă să încerci acest lucru pentru a vă ajuta?

– Oh, da, Norma. Nu am cuvinte să-ți spun cum mă face asta să mă simt.

Zâmbind larg, mă întind și o iau de mână pe Norma.

– Sunt atât de încântată, scumpo. Acum, vreau să urci la etaj și să tragi un pui de somn pe masa de masaj.

– Dar nu îmi amintesc prea multe din ceea ce am făcut în ultimele ore. E în regulă? întreb îngrijorată.

– Desigur că este. Îți vei aminti doar ceea ce ai nevoie să-ți amintești. Poți avea încredere în zâna ta cea bună că știe totul și să te lași în grija ei?

E ușor să dau drumul, din moment ce sunt atât de epuizată. Mă urc pe masa de masaj, trag pătura pe mine și cad într-un somn profund și odihnitor.

*****

Ce este nebunia? Este pierderea contactului cu realitatea. Dar Sufletul
meu, care este chintesența mea, nu s-a pierdut *niciodată* în închipuire. A creat un
ținut viu pentru a mă proteja. De la pârâul învolburat care străbătea pajiștea vastă,
până la casa cu șase etaje vopsită în galben, până la copacii, florile și gândacii
care trăiau acolo, aceste imagini pline de culoare au ajutat să înlăture nebunia
lumii fizice. M-au menținut sănătoasă la minte, protejând foarte multe dintre
personalități, până în ziua în care am putut ,în cele din urmă, să înfrunt adevărul și
să-mi trăiesc viața cu adevărat.

Capitolul 8: **INTEGRAREA LUI ROBBIE**

Ajungând mai devreme decât de obicei, strig:

– Norma, unde eşti?

Venind din bucătărie, îşi şterge mâinile pe un prosop de vase, înainte să mă îmbrăţişeze.

– Bună, scumpo. Nu-ţi pune poşeta jos. M-am gândit că am putea ieşi să mâncăm ceva. Ai vrea?

Distrasă de ţinuta Normei, cizme negre de cowboy, pantaloni largi negri şi o bluză cu un imprimeu de animal, exclam:

– Eşti fantastică!

– Mersi, răspunde ea râzând. Îmi place să mă aranjez. Mă face să mă simt bine.

Mi-aş dori să mă pot îmbrăca aşa, dar nu aş îndrăzni.

– Serena, unde ai plecat?

– Oh ... mă gândeam la ţinuta ta, răspund absentă.

– Este important să rămâi prezentă, dacă vrei să mănânci ceva. Poţi să faci asta?

– Bineînţeles că pot!

– Ştiu un loc care face cele mai bune chai latte. Ţi-ar plăcea?

– Da, va fi distractiv.

– Avem posibilitatea asta, dar stai aici cu mine, răspunde Norma râzând.

*****

Cafeneaua se află pe ponton, la doar câţiva metri de ocean. Inhalând parfumul aerului de mare, combinat cu aroma cafelei, chicotesc fericită. Ador să-mi petrec timpul cu Norma, departe de mediul terapeutic. Stăm una lângă alta şi citim meniul desenat.

Am făcut un pas în spatele Normei pentru a-i permite să comande pentru amândouă. Atunci am observat că părul de pe ceafa ei este ciufulit. Privesc în altă parte, în speranţa că nu am văzut ceea ce am văzut, mă uit înapoi cu ezitare, dar este tot nearanjat!

Ţinând în mână cafelele şi croasant-urile de ciocolată, Norma mă îndrumă să mă aşez la o masă din apropiere.

Ea este perfectă. Cum ar putea avea părul dezordonat!

Ce înseamnă asta?

E ceva în neregulă cu ea?

Să nu ai încredere în ea! Ai fost păcălită!

– Scumpo, ce se întâmplă?

Simţind schimbarea bruscă a dispoziţiei mele, ştie că m-aş putea schimba în orice moment.

Mă uit la ea şi cercetez cu atenţie totul. Vocea ei sună la fel, dar sunt prudentă.

– Nu pot să-ți spun aici! șoptesc vehement.

Uitându-mă înainte și înapoi la oamenii care sunt în fața noastră pe ponton, mă simt alarmată.

– Trebuie să plec acum!

Grăbindu-mă înapoi la mașină, Norma pornește motorul.

– Vrei ca Daniel să vină în față, până ajungem acasă? întreabă ea.

Clătinând din cap că nu, rămân tăcută. Îmi țin respirația, legănându-mi piciorul în sus și în jos. Lacrimile îmi alunecă pe obraji, în timp ce îmi înclestez brațele, panicată. Aștept până ce mașina se oprește complet, înainte să țâșnesc în casă. Mergând pe canapea, apuc o pernă și mi-o îndes cu putere pe stomac, înainte să mă las pradă suspinelor.

Punându-și lucrurile jos, Norma se așază lângă mine.

– Ce s-a întâmplat acolo?

Ezit, de frică să-i spun ce gândesc.

– Nu vreau să te supăr, Norma!

– Ți-am spus mai demult, că eu sunt singura căreia i se permite să aibă grijă de mine. Poți avea suficientă încredere în mine să-mi spui ce te-a supărat atât de tare?

În timp ce forța ei tăcută mă învăluie, îmi dă curaj să spun adevărul cu voce tare:

– Când am stat în spatele tău la standul de cafea, am observat că părul tău era nepieptănat!

Spunând asta, vocea mea țipă de isterie.

– Și de ce te-a speriat asta atât de mult? întreabă ea liniștită.

– Norma, eşti perfectă. Cu toate acestea, când am văzut că părul tău era dezordonat, am simţit că întreaga mea lume se destramă. Cum se poate ca părul tău să fie dezordonat?

Faţa care se uită înapoi la Norma are multe perechi de ochi care privesc.

Răspunzând într-un mod general, care să fie simplu de înţeles pentru cei mulţi, ea replică cu o întrebare de-a ei:

– Când Isus a umblat kilometri întregi pe drumurile prăfuite din Galilea, i s-au murdărit picioarele?

– Ştiu că picioarele lui Isus s-au murdărit, spune o voce tânără. Pentru că profesorul şcolii de Duminică a spus asta.

Dând din cap în sus şi în jos, copilul citează:

– El era perfect, dar picioarele lui erau murdare.

(Jack a crezut că ducându-şi familia la biserică ar fi ajutat la camuflarea activităţilor sale din cult. Ceea ce nu a realizat a fost că, fără să-şi dea seama, a ajutat-o pe Jennifer şi sistemul să supravieţuiască. Ascultarea poveştilor despre Isus a deschis o întreagă şi nouă lume de conştientizare pentru Jennifer. Prin hrănirea energiei ei psihice cu imaginile pe care şi le imagina, ea a creat o lume interioară, în care exista bunătatea, dragostea şi frumuseţea. Când ororile vieţii de cult deveneau prea mari, ea a putut să treacă în această realitate alternativă, păstrându-şi speranţa vie pentru o altă zi.)

– Da, răspunde cu blândeţe Norma. Când suntem oameni, corpurile noastre se murdăresc, părul nostru devine dezordonat. Face parte din minunea a cine suntem, ca oameni. Eu sunt om, Serena.

Norma foloseşte intenţionat numele meu, astfel încât să mă pot întoarce în faţă, fără să-i împing la o parte pe niciunul dintre ceilalţi.

– Este în regulă că sunt om, Serena?

Știu că ar trebui să spun da, dar cu adevărat, nu vreau ca ea să fie doar
om.

– Văd că ai vrea să fiu mai mult decât om, dar acesta nu este adevărul.
Sunt la fel de om ca și tine. Dacă am părul dezordonat, nu schimbă cine sunt.
Simte cu mine o clipă. Sunt cu ceva diferită față de ultima dată când ne-am
întâlnit? Simte răspunsul tău, Serena. Apoi vei știi dacă ești sinceră sau nu.

Ea pare la fel, dar ...

... energetic, ies și intru în corpul ei. O fac fără să mă gândesc conștient și
la fel de repede, aflu adevărul: este la fel cu cea care a fost înainte! Eliberarea îmi
inundă întreg corpul, dar încă sunt confuză.

– Nu înțeleg cum poți să fii atât de minunată și, în același timp, să ai
părul dezordonat.

Râzând cu veselie autentică, Norma răspunde serios la întrebarea mea:

– Părul dezordonat este păr dezordonat, nimic mai mult. Povestea pe care
ai conectat-o la asta îți provoacă anxietate. Au fost mulți copii, inclusiv tu, care
mi-au spus că Lois era obsedată de a fi drăguță, ești de acord?

– Oh, da ... se asigura întotdeauna că este perfect prezentabilă, ori de
câte ori ieșea în public. Își lua ore întregi să-și aranjeze aspectul. O priveam
trăgându-se de față, imaginându-și cum ar arăta dacă și-ar face un lifting facial.

– Ai văzut-o pe Lois simțindu-se fericită de aspectul ei? întreabă Norma.

– Nu! strig nervoasă.

– Ai fost crescută să crezi că a fi frumușică te face să deții controlul.
Nu este așa. E o experiență externă care nu are consistență, pentru că aspectul
nostru se schimbă zi de zi. Experiența din interior ne aduce pacea. Acea pace e
consistentă și de neclintit.

Lois a vrut să rămână drăguță, pentru că ea credea că, dacă rămânea drăguță, ar fi putut să-şi facă lumea interioară să funcționeze. Asta a fost o minciună. Nu ştia că adevărata pace vine din cunoaşterea de sine. Asta e ceea ce facem tu şi cu mine. Suntem într-un proces de descoperire pentru a afla cine este adevărata Serena.

Înțeleg ce spune ea, fără să trebuiască să descifrez. Din păcate, îl aud pe Robbie strigând în fundal.

— O acaparezi pe Norma. E rândul meu!

Îi transmit asta Normei şi râd.

— Înainte să plec, ai vrea să-mi dai o îmbrățişare?

În timp ce brațele ei mă cuprind, un val de căldură mă umple. Fără să vorbesc, mă retrag, permițându-i lui Robbie să vină înainte.

— Apuc să stau foarte aproape de tine, spune el, cufundându-se în pieptul Normei.

Se joacă cu colierul Normei şi rămâne tăcut. Ținându-l într-o îmbrățişare dulce, Norma îl aşteaptă să înceapă.

— Ştii că te iubesc mai mult decât pe oricine altcineva, nu?

Trăgându-se înapoi, Robbie îi priveşte cercetător fața.

— Cu adevărat voiam să locuiesc cu tine şi cu Garret, dar nu pot.

Dând din cap, îşi aşază mâna pe inimă.

— Trebuie să mă duc acasă, aici. Am nevoie să fac asta, astfel încât şi ceilalți copii vor vrea să meargă. Te iubesc cu adevărat, dar asta trebuie să fac.

Norma ştie că acesta e un indiciu al vindecării care a avut loc deja în cadrul sistemului. În ciuda anilor petrecuți într-o oroare de neimaginat, puterea şi bucuria incontestabilă a acestei ființe erau atât de pure, încât nimic nu putea să le distrugă. Robbie este expresia acelei bucurii şi acum el este pregătit să se integreze.

Răspunzând uşor, Norma spune:

– Dacă simţi că este timpul să te duci acasă, în inima ta, atunci trebuie să ai încredere în asta, Robbie.

Simţind că mai e ceva, ea întreabă:

– Ce te frământă?

– Mi-e teamă că nu mă vei mai vedea niciodată. Trebuie să mă vezi! spune Robbie cu determinare.

– Ştiu, scumpule, şi te voi putea vedea întotdeauna.

Ţinându-l, în timp ce se lasă pe spate, astfel încât să îl poată privi direct în ochi, ea sugerează:

– Hai să facem un acord. Dacă îţi aşezi mâna pe inima mea aşa ... (luându-i mâna, îi aşază palma pe pieptul ei, ca exemplu) ... voi şti că acesta este semnul nostru că vrei să te văd şi o să iau acele câteva momente preţioase pentru a te privi în ochi, aşa cum facem acum. Acela va fi timpul nostru şi al nimănui altcuiva. Va fi ok asta pentru tine?

– Bine, Norma.

– Îmi eşti foarte drag, fredonează Norma.

– Tot ce ştiu este că trebuie să fac asta. Îi va ajuta pe toţi ceilalţi copii să vină acasă aici. Ştiai că acasă este aici?

Aşezându-şi mâna pe inimă, Robbie ridică sprâncenele întrebător.

– Da, știam, scumpule. Ești un băiat curajos, pentru că, în ciuda a ceea ce simți pentru Garret și pentru mine, ești dispus să faci asta pentru a-i ajuta pe ceilalți copii. Dar, hai să descoperim încă un lucru despre ceea ce urmează să faci, astfel încât să ai o înțelegere și mai bună. Ai vrea asta?

Dând din cap, Robbie așteaptă ca Norma să continue.

– Imaginează-ți că în timp ce faci această călătorie, vei merge pe drumul de cărămidă galbenă, direct acasă în inima ta și, în inima ta există Orașul de Smarald. Atunci când vin ceilalți copii, tu și Zâna puteți face o petrecere de aniversare, în așteptarea lor.

Râzând, Robbie își imaginează baloane și tort de înghețată.

– Putem avea și coifuri?

– Da, puteți avea orice doriți, dar mai stai o clipă cu mine și simte dulceața care te așteaptă chiar aici.

În timp ce-i pune mâna pe inima lui, ea îl invită să simtă adevărata esență care trăiește în el.

Oftând mulțumit, Robbie spune:

– Se simte atât de potrivit, Norma, chiar dacă vă iubesc pe tine și pe Garret atâââââât de mult! Vrei să-i spui lui Garret la revedere, din partea mea?

– Oh, scumpule.

Ținându-l aproape, Norma promite să-i spună lui Garret cât de mult îi va lipsi lui Robbie.

– Sunt gata acum, dar mă vei vedea întotdeauna când voi face asta, nu?

Își pune palma pe inima ei și așteaptă confirmarea.

– Da, te voi putea vedea întotdeauna, Robbie. Aşa că, respiră cu mine şi las-o pe Zână să te conducă pe drum.

Pe măsură ce liniştea îi învăluie, Robbie merge înăuntru şi se uită la Zână cum se apropie. În timp ce îşi deschide braţele în întâmpinare, Robbie cade în îmbrăţişarea ei. Întorcându-se, ei păşesc împreună în Oraşul de Smarald.

*****

Capitolul 9: **TRĂIND PENTRU MINE**

La începutul spitalizării mele, sora mea, Julie, mi-a luat băieții să locuiască cu ea. Sperase că voi putea să-i iau înapoi, acasă cu mine, dar odată cu trecerea timpului, am devenit atât de instabilă, încât a știut că nu este o opțiune. Julie mi-a ținut fiii doar nouă luni, pentru că efortul financiar de a-și crește singură fiul de cinci ani împreună cu ai mei, plus efortul de a termina masteratul în psihologie, era prea mare. Prin perseverența ei, Julie a găsit un centru de plasament care să-i ia pe toți băieții mei. Într-o istorie de o sută de ani, acest lucru nu s-a întâmplat niciodată. Băieții au locuit acolo timp de doi ani, după care Timothy și Stephen au fost trimiși să locuiască cu familia Henderson, iar Aaron a plecat să locuiască în casa unui grup mai mic. După ce au plecat din casa lui Julie, experiențele fiilor mei în sistemul de asistență maternală au fost încărcate cu atât de multă durere și zbateri, încât știam că trebuie să fac orice e necesar pentru a-i aduce înapoi acasă la mine.

Instanțele au stipulat că trebuie să am un loc de muncă și cel puțin un apartament cu două dormitoare, în care să putem locui. Pentru a realiza acest lucru, a trebuit să mă întorc la locul de muncă, ceea ce a însemnat că a trebuit să renunț la beneficiile financiare primite de la stat, datorită dizabilității mele. Știam că este un risc, din moment ce încă schimbam personalitățile, dar îmi doream ca fiii mei să se întoarcă, mai mult decât orice altceva. Am primit un loc de muncă, lucrând ca muncitor necalificat într-un restaurant italian și am găsit un apartament în apropiere.

Concomitent, am început să iau doar unul dintre fiii mei în weekend, aşa cum sugerase Norma. Am fost surprinsă să descopăr că toţi cei trei băieţi păreau să fie mulţumiţi cu acest aranjament şi s-au deschis faţă de mine în moduri pe care nu mi le-aş fi putut imagina vreodată. Simţeam ca şi cum mă întâlnesc cu ei pentru prima dată. Am descoperit că erau nişte tineri drăgălaşi, amuzanţi şi de multe ori fericiţi.

În mai 1997, am urmat un curs de meditaţie, de trei zile, în speranţa că mă va ajuta să devin mai stabilă. Am fost impresionată de ceea ce am învăţat şi am decis să ofer cursul şi fiilor mei. Spre surprinderea mea, le-a plăcut foarte mult. Au ales meditaţia, în locul televizorului şi jocurilor video. Experienţa lor a fost atât de autentică încât, pentru perioade scurte de timp, s-au simţit mulţumiţi. Acest lucru m-a motivat să fac tot ce am putut pentru a le oferi cursuri avansate, indiferent de cost.

Am încetat să mai particip la programul ambulatoriu al spitalului, dar am continuat să mă întâlnesc cu Doctorul Barnes, pentru că el era legătura mea cu instanţa. Lucram cu el de aproape cinci ani, când în cele din urmă a făcut recomandarea că sunt pregătită să-mi iau fiii acasă. Instanţa a decis că doar un fiu ar putea veni înapoi acasă, pentru început. Norma mi-a sugerat să-i las pe ei să aleagă. A spus că, permiţându-le lor să ia decizia, îi va ajuta să se simtă mai puţin supăraţi. Mă aşteptam să facă manevre pentru prima poziţie, dar Timothy şi Stephen au fost de acord că Aaron ar trebui să fie primul, deoarece locuia în casa unui grup. Am fost surprinsă de decizia lor şi m-am simţit mândră de Stephen şi Timothy, pentru că şi-au pus fratele pe primul loc.

Timp de trei luni, Aaron şi cu mine am trăit fericiţi în apartamentul nostru cu două dormitoare. El a început să urmeze cursurile liceului local. În afară de obstacolele obişnuite întâlnite la şcoală, situaţia noastră era bună. Chiar şi în weekend, când Timothy sau Stephen erau în vizită, ne înţelegeam destul de bine în trei. Am vrut să cred că lucrurile s-au schimbat cu adevărat. Norma a încercat să mă avertizeze că lucrurile s-ar putea să nu fie întotdeauna atât de uşoare, dar i-am ignorat avertismentele.

În iunie 1998, instanţa a aprobat în cele din urmă ca Stephen şi Timothy să poată fi eliberaţi din sistemul de asistenţă maternală. Eram încântată, dar sentimentele mele de bucurie au fost rapid spulberate. Am constatat că băieţii pe care îi întâlnisem individual în weekend-urile unu la unu au dispărut şi în locul lor au venit tinerii mereu competitivi şi supărăcioşi, pe care îi cunoscusem înainte. Am fost dezamăgită şi la capătul puterilor. O sunam pe Norma de câteva ori pe zi. În timp ce băieţii ţipau în fundal, eu o imploram să mă ajute. Simţeam că trăiam unul din acele weekend-uri haotice, care păreau fără sfârşit.

Fiii mei meditau de mai bine de un an, până în acest moment. Era o prioritate pentru ei, care nu avea nimic de-a face cu mine. La unul dintre cursurile lor avansate, au aflat că ar putea deveni profesori ai acestei meditaţii, dacă ar fi dispuşi să se mute în Carolina de Nord şi să locuiască în campus. Personalul din conducere a subliniat tipul de instruire pe care l-ar presupune acest lucru şi costul acestuia. Toţi cei trei băieţi au fost încântaţi de această posibilitate şi mi-au spus că este ceva ce doresc cu adevărat să facă.

Nu am îmbrăţişat ideea. Am simţit că ar trebui să obţină mai întâi diplomele de Bacalaureat; apoi ar putea deveni profesori, dacă îi mai interesa asta. Am vrut să compensez toţi anii în care fuseseră în plasament şi, dacă ar pleca, cum aş putea face asta?

Numai cu ajutorul Normei şi al Zânei am putut vedea acest lucru dintr-o perspectivă diferită. Norma m-a întrebat dacă aş fi dispusă să-mi privesc fiii fără să-i judec. Erau fericiţi? Le plăcea şcoala? Care erau interesele şi pasiunile lor? Ce le-a umplut cu adevărat inimile şi minţile? M-a încurajat să las să plece ideile din mintea mea, suficient de mult timp, pentru a permite un răspuns, care să fie pentru binele cel mai înalt al băieţilor.

Le-am văzut bucuria şi experienţa autentică pe care au avut-o cu această meditaţie şi asta mi-a dat curajul să fac ceea ce era mai bine pentru ei. După câteva luni de discuţii cu şcoala, cei trei au primit şcolarizarea plătită, în schimbul angajamentului lor de a lucra în campus.

Contractul a fost făcut individual, astfel încât, dacă vreunul dintre ei nu reuşea să-şi îndeplinească complet obligaţiile, plata pentru şcolarizarea respectivului băiat înceta.

Ei erau entuziasmaţi, dar eu aveam emoţii amestecate. Am crezut că îi dezamăgeam. Muncisem atât de mult ca să-i aduc acasă şi acum, doar câteva luni mai târziu, plecau din nou. Am continuat să-mi împărtăşesc sentimentele Normei, în timp ce învăţam să am încredere în altceva decât în judecăţile minţii.

S-a decis că voi merge cu ei în Carolina de Nord cu autocarul Greyhound. Ne-a luat trei zile de călătorie continuă, pentru a ajunge la campusul şcolii. Ceea ce speram să fie o călătorie distractivă s-a dovedit a fi una foarte stresantă. M-am întors acasă dezumflată şi fără nicio direcţie.

*****

Este sfârşitul lunii noiembrie 1998 şi, în timp ce stau aşezată pe patul din camera mea semi-întunecată, liniştea mă doboară. Să-mi scriu sentimentele în jurnal nu ajută. Durerea îmi radiază pe gât şi pe umeri. Mă ridic în picioare şi mă uit încet în jurul camerei, încercând să mă împământenez. Mă simt disperată.

– Te rog, ajută-mă, Zână!

– Respiră cu mine, Serena. Nu eşti singură.

În timp ce respir, mă loveşte un val de emoţii. Surprinsă de propriul meu strigăt, mă întreb ce se întâmplă cu mine. Sunt răvăşită şi nu ştiu de unde să încep. Oftez cu dor şi îmi doresc să fi putut rămâne cu fiii mei în Carolina de Nord, dar

Zâna mea a fost fermă: trebuia să-mi continui munca cu Norma. Privind ceasul de la capătul mesei, îmi dau seama că e prea târziu să o sun. Din fericire, urmează să mă văd cu ea dimineață.

Auzind-o pe Zână că mă cheamă în interiorul meu, scriu cuvintele pe care mi le spune: „Acum că fiii tăi locuiesc în Carolina de Nord, pentru cine vei trăi?"

Mă simt furioasă, mă uit în altă parte și intenționat plec cu mintea. Ignor întrebarea Zânei , îmi pun jurnalul deoparte și încerc să dorm puțin.

*****

Ajung la Norma fix la ora 9 dimineața și o găsesc udând tufele de trandafiri. Îi fac cu mâna bucuroasă și parchez mașina. Înfășurându-mi brațele în jurul ei, simt dragostea ei care mă cuprinde. O țin în îmbrățișare mai mult decât ar trebui și în cele din urmă mă retrag, sperând că va înceta să ude florile.

Se întoarce spre mine, în timp ce continuă să ude tufele de trandafiri și mă întreabă:

– Ce mai faci, scumpo?

Privesc în jur nesigură și răspund repede:

– Sunt bine...

Simțindu-mi disconfortul, Norma oprește apa. Mă ia de braț și mă conduce în casă. Pornind un fierbător pentru ceai, mă întreabă:

– Cum a fost drumul?

Simțind cum anxietatea bine cunoscută începe să crească, răspund:

– A fost bine. O să te aștept în sufragerie.

– E în regulă. Voi fi acolo într-un minut.

Dându-mi ceaiul, câteva minute mai târziu, Norma spune:

– Mă bucur că eşti aici. De unde vrei să începi?

Cuvintele mele ies în grabă:

– Mă simt pierdută, Norma. Tot ce am lucrat s-a spulberat. Nu mai ştiu pentru ce să mai trăiesc.

Cu vocea plină de durere, adaug:

– Am muncit atât de mult ca să-mi aduc băieţii acasă şi acum au plecat!

Izbucnind în plâns, îmi frec nerăbdătoare faţa. Nu sunt conştientă că m-am schimbat. Noua voce care vorbeşte este mai blândă şi mai liniştită:

– Am vrut să-mi iau revanşa. Înţelegi?

Neaşteptând un răspuns, corpul se prăbuşeşte înainte, în timp ce o nouă schimbare are loc.

– Acum că au plecat, cum le pot arăta că îi iubesc?

Terminându-şi propoziţia cu un strigăt isteric, ea se retrage.

Norma urmăreşte schimbările fără să comenteze. Ştie că, de vreme ce fiecare mamă are şansa să-şi împărtăşească partea ei de frământări, va fi mai uşor să lucreze cu amestecul de emoţii. Simţind că totul a fost spus, Norma mă cheamă înapoi în faţă.

Am auzit-o pe Norma chemându-mă, de la depărtare. Mergând spre sunetul vocii ei, mă uit în jurul camerei, frecându-mi fruntea pentru a-mi limpezi gândurile. Mă simt confuză şi copleşită.

– Serena, ştiu că eşti supărată, dar nu te poţi ajuta când eşti atât de anxioasă. Aşază-te cu spatele sprijinit de perne şi respiră cu mine.

E nevoie de toată atenția mea pentru a mă deconecta de anxietatea în care mă aflu, dar pe măsură ce minutele trec, încep să mă simt mai bine. Mă ridic și remarc:

— Acum pot vorbi. Mulțumesc, Norma.

Ochii căprui ai Normei sclipesc cu drag spre mine, în timp ce spune:

— Cu cât îți vei da voie să primești acest dar al respirației, cu atât vei experimenta mai mult pacea, chiar dacă nu suntem împreună.

— Acum, haide să revenim la cum te simți acum că băieții s-au mutat. Ceea ce am auzit că ai spus a fost că te simți pierdută fără ei și că nu mai dorești să trăiești. La asta te refereai?

— Nu! replic furioasă.

— Atunci, ce ai vrut să spui? întreabă Norma încet.

Îmi vine să fug. Un nor de ceață se mișcă in interiorul meu, umplându-mi capul de confuzie.

— Serena, nu pleca! Alege să rămâi aici și zi-mi ce ai vrut să spui!

Străduindu-mă să rămân, îmi aleg cuvintele cu atenție:

— Când băieții erau în responsabilitatea mea, am simțit că am pentru ce să trăiesc, dar acum...

Lacrimile îmi curg pe obraji, nestăpânite. Să spun chiar și atât deschide o peșteră a neantului în mine.

Norma îmi ia mâna în palmele ei și spune:

— Te-am auzit că fără băieți nu te mai simți vie.

— Nu asta am spus!

Alarmele interioare încep să sune, semnalizând pericolul pentru întregul sistem. Îmi trag mâna din ale ei și mă retrag complet.

Atunci, Zâna vine în fața corpului pentru a vorbi cu Norma.

– Ceea ce simt mămicile implică mult mai mult decât ne putem ocupa astăzi. Am nevoie să păstrezi lucrurile simple. Vreau să le ajuți să înțeleagă că sentimentele lor sunt normale. Ajută-le să vadă că fiecare mamă trece prin această experiență. Cu cât își poți da seama mai mult că este o reacție normală, cu atât ne va fi mai ușor să trecem prin ea. Ceea ce se află în spatele depresiei este mult prea traumatizant pentru a putea fi privit acum. Știu că simți unde vreau să ajung cu asta. Ceea ce este cel mai important este ca ele să rămână în siguranță.

Pe măsură ce Zâna continuă, cuvintele ei sunt directe:

– Suntem într-un punct al acestei lucrări în care trebuie luată o decizie, dar înainte ca Serena să poată lua această decizie, trebuie să știu dacă ai fi dispusă să lucrezi în continuare cu noi. Nu răspunde încă; mai întâi trebuie să fiu sinceră cu tine. Munca pe care am făcut-o până în acest punct de-abia a zgâriat suprafața. Ceea ce ne așteaptă în continuare va fi atât de greu, încât nu pot să-ți descriu. Simt că este corect să fiu foarte clară cu tine. Această călătorie va necesita un angajament și mai mare din partea ta. Ești dispusă să lucrezi în continuare cu noi?

Fără să ezite, Norma răspunde:

– Bineînțeles că sunt, dacă asta își dorește și Serena cu adevărat. Sunt devotată integrării ei.

– Atunci, acesta este primul lucru pe care am dori să-l abordăm. După ce acesta va fi discutat, putem vorbi despre acest sentiment de a fi pierdut.

Fără să mai spună un cuvânt, Zâna se lasă pe perne și închide ochii.

Camera e liniștită, în timp ce Norma așteaptă să vină cineva în față.

Mă ridic în picioare, mă uit la Norma cu o privire încruntată şi întrebătoare.

– Despre ce vorbeam?

Frecându-mi fruntea pentru a avea claritate, încerc să-mi înlătur sentimentul că trebuie să dorm.

– Înainte să vorbim mai departe, vreau să închizi ochii şi să o rogi pe Zână să fie aici. Trebuie să-ţi vorbească.

Mă aşez din nou, închid ochii, uitându-mă în interior la lumea mea internă. O văd pe Zână în stânga mea, venind spre mine. Mă ia de mână şi mă trage pe iarba moale din pajiştea noastră.

– Vreau să-ţi pun o întrebare, spune Zâna. Este foarte important, aşa că trebuie să stai nemişcată şi să asculţi înainte de a răspunde. Poţi să faci asta?

Auzind cât de serioasă este, mă face să-mi fie frică. Totuşi, sunt tăcută, pentru că vreau să aud ce are de spus.

– Vreau să deschizi ochii pentru ca Norma să fie părtaşă la asta, te rog.

Vocea melodioasă a Zânei este muzică pentru urechile mele. Deschid ochii şi relatez ce se întâmplă:

– Zâna vrea să-mi pună o întrebare. Îmi cere să rămân nemişcată şi să ascult. Ce vrea să spună?

– Serena, intervine Norma, dacă nu răspunzi imediat şi îţi dai voie să simţi ceea ce ţi se spune, vei avea şanse mai mari să fii sinceră cu tine însuţi.

– Oh, bine. Sunt gata.

Stând dreaptă, ascult foarte atentă, redând cuvânt cu cuvânt ce îmi spune Zâna:

– Eşti într-un punct în munca cu tine unde poţi opri terapia cu Norma şi să-ţi trăieşti viaţa oarecum confortabil.

– Nu pot face asta! mă opun eu cu tărie.

– Serena, te rog, ascultă tot ce are de spus Zâna, intervine Norma.

Dând din cap, stau liniştită.

– Îţi cer să auzi ceea ce îţi ofer, spune Zâna. Aceasta este o opţiune reală. Poţi opri terapia şi să trăieşti restul vieţii oarecum confortabil, dar ascultă asta, Serena. Dacă alegi să continui această muncă, călătoria va fi mult mai dificilă. Te rog, imploră Zâna, stai liniştită şi simte ceea ce-ţi spun. Acesta va fi un angajament, dincolo de orice ai făcut până acum. Asta înseamnă că ceea ce ai simţit şi ţi-ai amintit până acum a fost doar un început. Ştiu că nu vrei să auzi asta, dar este adevărul.

– Opreşte-te un moment, sugerează Norma. Dă-ţi voie să auzi cu adevărat ce spune Zâna. Dacă alegi să continui cu această muncă, va fi mai greu decât orice ai făcut până acum. Îţi dai voie să simţi ceea ce spune ea?

Dând din cap, da, rămân tăcută. Cum poate să fie mai greu? Trebuie să se înşele. Privesc în stânga mea şi o văd pe Zâna. Îmi zâmbeşte, spunându-mi că orice aş alege, va fi mereu cu mine. Simţindu-mă liniştită, mă uit în dreapta mea unde stă Norma. O iubesc pe această doamnă, dincolo de orice am simţit vreodată înainte. Simţindu-le iubirea şi adevărul irezistibil din interiorul lor, răspund:

– Nu mă pot opri. Trebuie să mă integrez.

Auzindu-mi propria voce rezonând cu o forţă neobişnuită, afirm ceea ce simt:

– Este ceva ce ştiu sigur, fără să mai discutăm. Înţelegi?

– Bineînţeles că înţeleg, răspunde Norma.

Zâmbetul ei este singurul răspuns de care am nevoie.

– Atunci, hai să sărbătorim cu prăjiturele! exclam eu.

Râzând cu bucurie, mergem spre bucătărie.

*****

Așezată pe canapea, câteva minute mai târziu, mușc din prăjitură, savurând explozia de ciocolată din gura mea. Mai iau o mușcătură și o devorez repede.

– Când am început să vorbim în această dimineață, spune Norma, ai zis că te-ai simțit pierdută de când băieții s-au mutat. Îți amintești asta, Serena?

Frecându-mi fața, mă uit în interior la conversația specifică pe care am avut-o mai devreme. Este pusă într-un sertar din mintea mea, poza completă cu tot cu imagini, care așteaptă să fie recuperate.

– Oh, da. Îmi amintesc acum. Ți-am spus că nu știu ce să fac cu mine, acum că băieții au plecat.

– Da, zice Norma, și în timp ce vorbeam am devenit conștientă de o descoperire amuzantă. Tu ai vrut întotdeauna să fii normală, la fel ca alți oameni. Îți amintești că mi-ai spus asta?

Dând din cap aprobator, rămân tăcută. Nu sunt sigură unde vrea să ajungă cu asta.

– Să-ți fie dor de fiii tăi și să te simți pierdută este foarte normal. Majoritatea mamelor ai căror copii pleacă de acasă trec prin aceste emoții. Societatea noastră are un nume pentru asta; îl numim sindromul cuibului gol. Ai mai auzit vreodată de asta?

Zâmbește spre mine și așteaptă să-i răspund. Sunt sceptică cu privire la explicația ei. Cu cât îmi amintesc mai mult de conversația noastră anterioară, cu atât îmi amintesc de angoasa pe care o simțeam. Știu că nu e normal. Pierdută în gânduri, nu-i răspund.

Simțind retragerea mea, Norma continuă:

– Joacă-te cu mine o clipă. Îți poți aminti când aveai douăzeci și cinci de ani și singura de care trebuia să ai grijă erai tu însuți? Dă-ți voie să-ți amintești cum era înainte să-i ai pe fiii tăi.

Faptul că mă duce spre o înțelegere mai bună, mă ajută să am încredere în ce direcție mergem cu asta.

– Îmi amintesc cât de mult doream să fiu căsătorită și să am copii. Credeam că asta mă va face fericită.

– Da, dar nu schimba subiectul, recomandă Norma. Îți poți aminti cum era să te trezești în fiecare zi doar cu gândul de a avea grijă de tine?

– Îmi amintesc că am fost logodită cu Frank; a fost cu mult timp în urmă, răspund tăios. Nu vreau să mai vorbesc despre asta.

– Ai dreptate, a fost cu mult timp în urmă, spune cu încredere Norma.

Nedorind să renunțe la conversație, continuă:

– Rămâi cu mine, Serena, și simte ceea ce îți cer să observi. Te aveai doar pe tine de care să ai grijă. Apoi, într-o zi, după nouă luni de sarcină, ai venit acasă cu doi bebeluși. Ei au depins de tine pentru orice aveau nevoie. În fiecare moment, indiferent dacă dormeau sau erau treji, atenția ta era pe bebelușii tăi. Ce aveau nevoie? De ce plângeau? Schimbarea a fost treptată, dar, în timp, atenția ta era concentrată pe ce ai putea face ca să-i îngrijești pe fiii tăi. Toate mamele trec prin asta. Este o parte normală a părinților. M-ai înțeles până aici?

Sunt ușurată de modul în care conversația și-a schimbat direcția, așa că răspund cu ușurință:

– Da, Norma. În fiecare zi mă gândeam întâi la ei. Chiar și atunci când eram în spital, gândurile mele erau la ei. A fost prioritatea mea numărul unu să fiu acolo pentru ei, în fiecare weekend, indiferent de situație!

– Da, scumpo, respiră cu mine un minut și simte cât de normală ești. Cum te simți când ți se spune că ai o experiență normală?

– Îmi place.

– Serena, pe cât posibil, lasă-te să simți cum a fost să fii mama lor timp de șaisprezece ani și apoi, într-o zi, toți trei au plecat. Cum crezi că s-ar simți orice mamă?

– Oh! S-ar simți pierduta și asta simt și eu!

– Da, pierdută și fără direcție. Poți înțelege și sărbători cât de normală ești? Poți să-ți acorzi timp și să fii blândă cu tine? Când te simți pierdută sau deprimată, ia-ți câteva minute și respiră. Fii cu tine, cu adevărat. Întreabă-te, ce aș vrea să fac pentru mine? Nimeni nu poate face asta pentru tine, doar tu.

Vocea Normei rezonează cu o putere și compasiune neclintite, pe măsură ce continuă:

– Nu îți poți permite să ai niciun fel de judecată față de tine însăți. Amintește-ți, ai avut o experiență normală. Poți să-ți acorzi un moment și să te îmbrățișezi cu iubire?

Așteptând răspunsul meu și neprimind niciunul, mă întreabă direct:

– Cum sună asta?

Nu-mi place că trebuie să fiu cu sentimentele mele și să-mi acord timp să mă iubesc pe mine. Respingând sugestia ei, întreb:

– Se simte ciudat, să mă îmbrățișez eu pe mine. N-aș putea doar să accept că au plecat și să mă simt mai bine?

Vocea Normei se adânceşte, în timp ce clatină capul dezaprobator.

– Asta nu va dispărea, Serena! Nu poţi să schimbi personalitatea şi să speri că va dispărea. Atâta timp cât ignori asta, sentimentele vor rămâne blocate. Dorinţa ta de a fi sinceră, cu privire la ceea ce simţi şi apoi să-i dai asta Zânei tale prin respiraţia ta, aşa se pot schimba sentimentele. Văd că nu-ţi place răspunsul meu. Când nu-ţi place ce-ţi spun, tu spui nu şi te prefaci că nu este acolo. Asta te răneşte, Serena! O parte din vindecare vine din disponibilitatea ta de a-ţi asuma ceea ce simţi şi de a-i da atenţie. Eşti dispusă să faci asta?

Inspir resemnarea şi răspund:

– Da, voi alege să mă iubesc şi să nu fug de ceea ce simt.

Dar odată cu respiraţia următoare, cuvintele mele trădează ceea ce gândesc cu adevărat.

– E prea incomod să simţi în felul ăsta, Norma!

– Da, e incomod, dar acesta este adevărul, afirmă Norma fără scuze. Plecarea de acasă a băieţilor este o parte a schimbării. Meriţi efortul de care este nevoie pentru a te iubi şi încetezi să mai fugi?

Ochii Normei mă susţin cu o iubire atât de autentică încât nu pot schimba privirea. Şi în acel scurt moment, rezistenţa mea se topeşte, permiţând o scânteie de „da" să se nască în mine.

Capitolul 10: **HAMBURGERI ŞI BUCURIE**

Intimitatea apartamentului meu mă reconfortează. Oferă un refugiu sigur, departe de lumea exterioară. Lucrez cu normă întreagă la restaurant şi marţi mă întâlnesc cu Norma. De obicei merg la film în cealaltă zi liberă. Vorbesc cu fiii mei oarecum regulat şi chiar dacă sunt singură de cele mai multe ori, m-am obişnuit să trăiesc în felul acesta.

*****

Ridic telefonul şi o sun pe Norma:

— Am nevoie să vorbesc cu tine. Ai timp?

— Ce se întâmplă?

— Simt că este important să mă mut mai aproape de tine. Ştiu că ne vom vedea mâine, dar trebuie să-ţi vorbesc despre asta acum. Să vin cu maşina să te văd în fiecare săptămână nu este suficient. Ar fi în regulă dacă m-aş muta mai aproape de tine?

Chicotind cu bunăvoinţă, Norma mă întreabă de ce am nevoie de permisiunea ei.

— Pentru că Norma, aş fi mai aproape de tine. S-ar putea să-ţi încalc spaţiul... ştii?

– Da, te aud, scumpo, dar opreşte-te o clipă şi simte; ce înseamnă cu adevărat pentru tine când spui că mi-ai încălca spaţiul?

– Aş fi mai aproape de tine, repet eu. Ştii... să fiu în aceeaşi zonă cu tine şi cu Garret.

Vorbind încet, îşi repetă întrebarea, dar de data asta adaugă .

– Ce încerci să mă întrebi de fapt?

Aproape sufocată de valul de emoţii pe care le simt, mă retrag.

Ştiind că m-am retras, Norma spune:

– Dacă te retragi nu ajută pe nimeni, Serena. Aşa că hai să privim acest lucru într-un mod diferit. De unde vine simţirea asta?

– Se simte de parcă îmi vine din stomac, chiar de sub buric, Norma.

Râzând aprobator, spune:

– Da, acum fă un pas mai departe şi întreab-o pe Zână de ce te simţi aşa.

– Este timpul să facem o schimbare şi mai mare în munca noastră de integrare, spune Zâna. Locuind mai aproape de Norma va face mai uşor acest lucru. Ai încredere că toate vor fi aranjate pentru această schimbare?

– Uau, Norma, Zâna spune că ceea ce am simţit a fost real! Îmi cere să am încredere că acest lucru îmi va facilita vindecarea!

Uşurată, râd ameţită.

– Ai auzit-o pe Zână spunând că îţi va oferi răspunsurile cu privire la modul în care se va întâmpla această mişcare?

– Nu, nu am auzit acea parte.

– Ştiu. Când te entuziasmezi, te grăbeşti fără să auzi ce se mai împărtăşeşte, astfel nu mai vezi întreaga poveste. Aşa că rămâi liniştită un moment şi cere-i Zânei să repete ceea ce a spus despre mutare.

Totul se mişcă prea repede. Nu ştiu dacă pot face asta. Pierdută în gânduri, sunt readusă în prezent de Norma, care îmi strigă numele.

– Unde ai plecat? Te-am rugat să o întrebi pe Zână ce a spus despre mutarea efectivă. De data asta stai şi ascultă răspunsul ei, mă sfătuieşte Norma.

Inspirând profund, o rog în tăcere pe Zână să repete ceea ce a spus.

– Voi fi cu tine fiecare pas pe cale. Te voi îndruma să găseşti un loc unde să locuieşti. Vom găsi serviciul perfect pentru tine. Tot ce trebuie să faci este să ai încredere că acest lucru este posibil şi apoi să-l permiţi. Poţi face asta?

– Înţelegi ce-ţi spune? mă întreabă Norma.

– Cred că da ... răspund eu. Ea spune că îmi va arăta unde voi locui şi voi lucra, nu?

– Da, Serena, nu vei fi singură în această schimbare. Ştiu că e un pas mare şi asta îi sperie pe mulţi dintre copii. Va fi făcut cu blândeţe. Poţi avea încredere că acest lucru se va întâmpla şi să-l pui deoparte acum? Treaba ta este să rămâi aici în acest moment.

Simţindu-mă copleşită, sunt mai mult decât bucuroasă să urmez sfatul Normei. Îmi este mai uşor să pretind că această conversaţie nu a avut loc niciodată şi că totul este aşa cum a fost înainte.

*****

Ajung acasă la Norma mai târziu decât de obicei și o găsesc în curtea din spate aruncând mingea lui Chin-Chin. O îmbrățișez repede, în timp ce Chin-Chin aleargă înainte și înapoi printre picioarele noastre. Luându-mă de braț, Norma merge cu mine în sufragerie.

– De unde vrei să începi? mă întreabă.

– Se simte că parcă aș avea o gaură imensă în mijlocul pieptului și chiar mă doare. Știu că asta sună a nebunie, Norma.

– Te cred, Serena. Un copil din interior a venit în față ca să îl ajuți. Vrei să o lași să vorbească?

Dau din cap că da și în liniște, fac un pas înapoi. Imediat, fața se transformă.

Zâmbind călduros, Norma salută. Nu există nici un răspuns. Norma salută din nou.

Nemișcat, copilul se uită fix, înghețat în timp. Ochii ei sunt deschiși, totuși fără să vadă încă. Mângâindu-i mâna, Norma îi vorbește cu blândețe, invitând-o spre lumină.

– Te pot vedea, știi. Nimeni nu-ți va face niciun rău. Îngerița este aici pentru a se asigura că ești în siguranță.

Ușor, ochii se schimbă. Privirea holbată se umple de durere. Fruntea se încrețește, în timp ce conștientizarea începe să se ivească. Respirând superficial, pieptul abia se mișcă. Cu gura ușor deschisă, se aude un smiorcăit ușor:

– Te rog, nu mă atinge. Mă doare prea tare. Lasă-mă să mă întorc înăuntru.

– Înăuntru unde, scumpo? întreabă blând Norma.

– Înăuntru, unde nimeni nu mă poate vedea.

– Scumpo, îngerița și cu mine am venit să te luăm. Vrea să aibă grijă de tine. Tăticul tău și mămica nu vor mai fi părinții tăi. Îngerița a venit doar pentru tine.

Fără să spună un cuvânt, copilul se retrage. Norma așteaptă, știind că Zâna va avea grijă de ea.

– Norma, nu mă mai doare pieptul! Uau... asta chiar a ajutat!

– Da, Serena. Când simți dureri fizice, care par să nu aibă legătură cu momentul prezent, întreab-o pe Zână dacă a venit un copil care are nevoie de ajutorul tău. Asta te va ajuta. Ți-ar plăcea asta?

– Cred că da.

– Simte-ți răspunsul, Serena. Nu te gândi la el.

Să-mi simt răspunsul? Ce vrea să spună?

– Da, repet eu docilă. Mă voi ajuta.

Norma nu poate fi păcălită. Știe că nu sunt sinceră, dar o lasă așa.

– Întreab-o pe Zână de unde vrea să începem.

– Ea spune că acel copil are o problemă cu abandonul. Zice că aceasta este problema de bază. Ce înseamnă „problema de bază"?

– Nu te lăsa distrasă, Serena. Te rog, repetă tot ce spune Zâna.

– Zâna spune că această problemă a abandonului a început în fragedă pruncie și este de mare anvergură. Vrea să invit copiii să vină la ea.

Simțindu-mă anxioasă, afirm:

– Nu înțeleg despre ce vorbește.

– Stai afară din minte şi coboară mai adânc în burtica ta, Serena. Ai încredere în locul în care te conduce Zâna. Îi vei invita pe aceşti copii să vină în faţă, fără să fie nevoie să înţelegi motivul?

Deşi mă simt neliniştită, fac ceea ce mi s-a cerut.

– Haideţi în faţă, toţi cei care aveţi această durere. Aduce-ţi-o la îngeriţă. Ea este aici pentru voi, murmur eu.

În timp ce respir, mă simt de parcă aş fi înghiţită de vie de o disperare densă şi întunecoasă. Mă trage în jos şi mă invită să intru în ea.

– Respiră, Serena. Tu eşti singura care poate mişca această depresie. A fost aici de mult timp şi dacă te ţii de ea, va rămâne blocată. Când scoţi afară gunoiul, treci prin el examinând fiecare fragment? Bineînţeles că nu.

Zâmbindu-mi, continuă:

– Aşa că ai încredere că respiraţia ta este permisiunea ta de a mişca această energie veche spre Zâna ta.

Mă doare pieptul îngrozitor. Închid ochii şi îmi umplu intenţionat plămânii cu aer. Expir foarte încet şi las energia disperării să iasă prin nas. Se simte ca şi cum aş scoate smoală din corpul meu. Tremurând de intensitatea emoţiilor mele, continui să respir şi foarte încet disperarea începe să se topească. De fapt, mă simt mai uşoară! Indiferent cât de profundă este durerea, ea se schimbă întotdeauna odată cu respiraţia mea! Îmi deschid ochii şi îi zâmbesc Normei:

– Chiar am simţit că pleacă, Norma!

– Ştii de ce trebuie să se schimbe odată cu respiraţia ta?

Clătinându-mi capul în semn că nu, aştept să-mi explice.

– Alegerea ta, combinată cu respiraţia ta conştientă, se traduce ca permisiunea pe care o dai Spiritului să integreze amintirile şi emoţiile. Respiraţia este un instrument puternic în vindecare. Este însăși esența Sufletului. În timp ce respirăm adânc în stomac, noi alegem conștient să fim aici. Este modul nostru de a spune: „Aleg să trăiesc". De aceea, când ai ales să respiri, depresia a trebuit să plece. Nu avea permisiunea de a rămâne, pentru că tu erai cea care a ales conștient.

— Înțeleg ce spui, Norma! Asta e ceea ce am simțit. Mi-am dorit să mă ajut. Eram sufocată de disperare, dar am avut încredere în ceea ce mi-ai spus și am continuat să respir.

— Da, Serena, tu ți-ai creat schimbarea prin respirația ta. Sunt mândră de tine. Acum, hai să mâncăm ceva, înainte de a mai lucra, sugerează Norma.

— Da, mi-e foame, răspund.

De îndată ce mă ridic în picioare, Toby vine în fața corpului:

— Vreau să merg și să mănânc hamburgeri cu tine!

Foarte atentă, Norma spune:

— Dar înainte să mergem, trebuie să-mi promiți că nu vei merge nicăieri fără să mă ții de mână.

Apucându-i mâna, el o trage cu nerăbdare spre ușă.

— În loc să mergem la o plimbare cu mașina, totuși, ce zici, ți-ar plăcea să mergem la un restaurant, să facem o schimbare? Cred că ar putea servi acolo și milkshake de ciocolată. Este ceva ce ți-ai dori?

— Daaa! strigă el, în timp ce sare către mașină.

În timp ce se cațără pe scaun, întreabă entuziasmat:

— Pot să primesc și ketchup? Îmi place ketchup-ul!

Toby are cinci ani. Îi place să țopăie, să sară și să se cațăre pe lucruri. Este un băiețel îndesat, cu ochi albaștri și părul creț, blond. Are câțiva pistrui ce dansează pe nasul lui cârn și, exact ca și Robbie, el ține o parte din bucuria sistemul nostru. A permite acestor copii interiori și veseli să vină în față, este ca și cum ai ingera un analgezic, care ne umple corpurile cu puterea sa de vindecare.

*****

În timp ce conduce, Norma îi amintește lui Toby ce înseamnă să fii adecvat.

– Vom merge la un restaurant unde o să fim serviți la masă.

Aruncându-i o privire, ea zâmbește cu căldură:

– Știi cum trebuie să te comporți, Toby?

– Da, trebuie să fiu liniștit și să nu mestec cu gura deschisă.

Stă drept și își umflă pieptul cu mândrie.

– Ești un băiat deștept. Este important să vorbești normal. Avem voci interioare și voci exterioare și eu știu că atunci când te entuziasmezi ai tendința să vorbești tare. Ești de acord?

Dând din cap în sus și în jos, Toby șoptește:

– Știu cum să fiu o vocea interioară foarte bună.

Ajungând în parcare, Norma se întoarce spre el:

– Așteaptă până vin la portiera ta, te rog.

Știind că ar putea fi riscant, Norma a ales acest restaurant pentru atmosfera liniștită. Are o structură fără etaj, decorată cu piatră și lemn. Bolovani decorativi, mari, flanchează partea dreaptă a unei alei pietruite, care duce la ușa de intrare.

Norma îl ia pe Toby de mână, în timp ce pășesc pe aleea placată cu pietre.

Trăgându-și mâna din strânsoarea Normei, Toby aleargă la cel mai apropiat bolovan. Se urcă în vârful lui, își flutură brațele și strigă fericit:

– Uită-te la mine. Sunt mare!

Norma rămâne calmă, îl ia de mână și cu blândețe îl face să coboare de pe bolovan.

– Toby, este important să rămâi fix lângă mine. Înțelegi?

Simțindu-i îngrijorarea părintească cum îl învăluie, dă din cap fericit.

Când intră în restaurant, părem ca două femei care au venit să ia prânzul.

Gazda zâmbește și întreabă:

– Doriți să stați într-un separeu sau la o masă din restaurant, doamnelor?

Norma îi strânge mâna lui Toby, conferindu-i încredere și cere un separeu aproape de șemineu.

– Desigur, răspunde ea. Vă rog să mă urmați.

Mergând spre separeu, Toby este liniștit.

În timp ce îl ține de mână, Norma îl conduce spre locul lui.

– Uau, șoptește Toby. Acesta este un restaurant adevărat, nu, Norma?

Cu zâmbetul până la urechi, el așteaptă răspunsul ei.

– Da, scumpule, este un restaurant adevărat și știi de ce te-am adus aici?

Dând din cap că nu, așteaptă răspunsul ei.

– Tu ești un băiețel special și m-am gândit că ți-ar putea plăcea.

– Îmi place. Da!

Dând din cap de mai multe ori că da, Toby se uită de jur împrejur, studiind totul.

– Crezi că e un şemineu adevărat?

Arătând spre şemineul rotund, din cărămidă, din centrul restaurantului, îşi ridică sprâncenele expresiv.

– Da, scumpule, este un şemineu adevărat, dar hai să vedem ce ai vrea să mănânci, înainte să vină chelneriţa.

– Deja ştiu, îţi aminteşti?

Râzând, Norma răspunde:

– Da, dar ar putea fi şi altceva care ţi-ar plăcea să mănânci.

Clătinând insistent din cap că nu, el spune:

– Vreau hamburger cu cartofi prăjiţi!

– Super, atunci lasă-mă să mă uit pe lista de meniu, ca să pot decide şi eu. Apoi, când vine chelneriţa, voi comanda pentru amândoi. Poţi să mă laşi să fac asta, fără să mă întrerupi?

– Bine. Oricum nu vreau să-i spun eu. Poţi face tu asta.

Luându-şi cuţitul, el începe să-şi taie şerveţelul de hârtie.

Norma îi prinde mâna şi aşteaptă ca Toby să renunţe la cuţit. El ţine cuţitul aproape de piept şi se smiorcăie:

– Cum aşa, Norma?

– Nu avem ce discuta, Toby!

Fără tragere de inimă, eliberează cuţitul. Distras de un cuplu ce stătea la două mese de ei, el arată cu degetul spre ei.

– Toby, te rog, lasă degetul jos. Nu arătăm cu degetul spre oameni. Lasă-mă să-ți dau un pix, ca să-mi poți desena ceva. Vrei să faci asta ca să mă pot uita la meniu?

Dă din cap fericit și se uită la Norma cum scormonește prin poșetă.

– Ai multe lucruri acolo, nu-i așa?

– Da, uneori prea multe. Oh, iată-l.

Întinzându-i pixul, ea îi amintește să deseneze în liniște, astfel încât să se poată uita la meniu. Minutele trec în liniște.

– De ce durează atât de mult ca să vină doamna? Mi-e foame acum! imploră Toby.

– Știu, scumpule. Va veni în curând.

Uitându-se în jur după chelnerița lor, el vede o tânără pe partea cealaltă a restaurantului și îi zâmbește.

– Amintește-ți, Toby, când va veni voi fi singura care vorbește.

Avertismentul vine la țanc.

– Sunteți gata să comandați, doamnelor? întreabă chelnerița inocent.

Uitându-se la Norma cu o privire foarte încruntată, Toby își umflă pieptul, sugerând că el nu este doamnă.

Ignorându-l pe Toby, Norma zâmbește cu căldură chelneriței. Comandă mâncarea și apoi își amintește să întrebe dacă au milkshake de ciocolată.

– Da, avem. Ați vrea unul?

– Da, te rog, și poți pune și o cireașă pe deasupra?

Arzând de nerăbdare și entuziasmat, Toby abia așteaptă ca femeia să plece de la masa lor.

– Oh, ce bine, voi primi o cireaşă adevărată? Mersi, Norma!

Zâmbind cu o bucurie evidentă, Toby revine la desenul său.

Norma este plină de recunoştinţă. Sistemul îşi permite să primească bucuria prin acest copil. Oglindeşte vindecarea care s-a petrecut deja. Nu există schimbare în alte personalităţi. În schimb, există acest copil vesel care participă la un moment real de viaţă. Acesta este un cadou pentru toţi, în plus, este un indiciu a cât de departe au ajuns să aibă încredere în ea. Ţinându-şi gândurile pentru sine, Norma întreabă:

– Pot să văd ce desenezi?

Întinzându-i cu mândrie şerveţelul, el îi arată că i-a desenat pisicuţei o coadă foarte lungă.

– Îţi plac pisicuţele? întreabă Norma.

– Da, iubeeesc pisicuţele! Ele torc şi mă fac să mă simt bine. Petunia, pisicuţa care locuieşte cu Serena, este foarte drăguţă. Stă pe umerii Serenei, în timp ce merge prin casă.

Următoarele cuvinte ale lui Toby au ieşit cu un strigăt:

– E ca şi cum ar fi într-un carusel sau ceva!

Norma îi face semn lui Toby să fie liniştit. Chelneriţa se apropie cu mâncarea lor.

– Aţi dori milkshake-ul acum sau după mâncare?

Punându-i întrebarea direct lui Toby, ea aşteaptă răspunsul lui.

– Aţi vrea să-l aduceţi acum? cere Norma veselă. Şi nu uitaţi cireaşa, vă rog.

Uitându-se în farfurie, Toby ia seama la bucăţile de castravete murat, roşie şi salată. Le scoate din chiflă şi îşi ridică fericit privirea spre Norma, care spune:

– Ţi-ar plăcea nişte ketchup în chiflă, Toby?

– Oh, aproape că am uitat! ţipă Toby.

Când întinde mâna după sticla de ketchup, Norma o interceptează prima.

Cu un enorm entuziasm legat de muşcătura iminentă, Toby aşteaptă cu bunăvoinţă ca Norma să-i pună ketchup-ul în chiflă. Îşi apucă hamburger-ul şi ia o muşcătură uriaşă.

– Ce super e!

Ridicând privirea, e surprins că chelneriţa s-a întors cu milkshake-ul de ciocolată. Zâmbeşte larg, în timp ce mestecă hamburgerul, apoi ia milkshake-ul de ciocolată şi îl soarbe cu nerăbdare.

Zâmbind politicos, chiar dacă e puţin surprinsă, chelneriţa pleacă fără să spună nici un cuvânt.

– Toby, vrei să încetineşti, te rog. Avem atât de mult timp cât ai nevoie. Mănâncă-ţi mâncarea mai încet, te rog, astfel încât burtica să fie fericită.

– Dar este atât de bun! Îmi plac toate.

– Da, spune încet Norma. Nu pleacă nicăieri. Toate sunt pentru tine.

În timp ce mănâncă, Norma află mai multe despre lumea în care trăiesc copiii interiori. Pe măsură ce Toby descrie pajiştea plină de flori şi gândaci şi casa mare galbenă, cu şase etaje, descrierea făcută de el este atât de vie, încât Norma ştie că este la fel de real pentru el ca şi hamburgerul pe care l-a mâncat. Ea este plină de admiraţie pentru minunăţia Sufletului acestei persoane, care a creat o lume atât de reală, încât a menţinut sistemul viu şi sănătos la minte, în ciuda valurilor constante de teroare din lumea exterioară.

Privindu-l pe Toby cum soarbe ultima picătură, Norma îi ia cu blândețe paharul din mână.

– Ești sătul, scumpule? Ai vrea să mai mănânci și altceva?

Clătinând din cap în semn că nu, adaugă urgent:

– Trebuie să mă duc la oliță!

Se întinde spre Norma și face o grimasă.

– E în regulă. Te pot duce la toaleta de aici sau ai prefera să aștepți până ne întoarcem acasă?

– Vreau să aștept, bine?

Urgența din vocea lui o face pe Norma să-și dea seama că trebuie să plece acum. Îl ia de mână și se îndreaptă spre casa de marcat.

– Aș vrea să plătesc consumația. Vrei să ne chemi chelnerița, te rog?

Zâmbind, chelnerița se apropie și îi înmânează Normei nota de plată.

– Îmi cer scuze. Nu știam că erați pregătite să plecați. Mai doriți ceva?

– Nu, ne-a plăcut foarte mult mâncarea. Mulțumim.

Toby aleargă direct spre mașină. Din fericire, trec doar câteva minute până când intră pe aleea casei. Sărind din mașină, Toby aleargă spre baie. Întorcându-se câteva minute mai târziu, spune:

– M-am simțit excelent, Norma.

Se întinde pentru o îmbrățișare și o strânge tare în brațe.

– Te iubesc foarte mult, știi?

– Şi eu te iubesc, de asemenea, scumpule. Îţi mulţumesc că ai luat prânzul împreună cu mine. A fost special. Ai vrea să mergi să o găseşti pe Serena şi să-i spui că o aştept?

După ce a primit încă o îmbrăţişare, se dă înapoi fericit.

În câteva secunde, mă întorc şi mă simt pe deplin mulţumită. Aş putea trage un pui de somn, dacă mi s-ar da ocazia, dar în schimb Norma îmi pune o întrebare:

– Înainte de prânz, tu şi cu mine am lucrat cu Zâna pentru depresie. Ştii de unde vine?

Nu sunt sigură că sunt gata să las simţirea caldă şi confortabilă pe care o am pentru lucrul care trebuie făcut.

– Nu.

– Întreab-o pe Zână şi te rog, încearcă să asculţi ce spune.

– Zâna spune că depresia vine din abandonul pe care l-am experimentat ca şi copil. Îmi cere să transmit ce văd.

Scufundându-mă mai adânc în burtică, îmi închid ochii şi privesc.

– Jennifer este un bebeluş mititel. Nu are mai mult de două luni. Ea plânge, Norma. Corpul ei este rece. Nu are nimic pe ea, cu excepţia scutecului şi funduleţul ei arde! Nu este nici o păturică în pătuţ.

Înfiorată de gândul că ei au făcut asta intenţionat, încep să plâng.

– O lasă ore în şir singură, plângând şi este doar un bebeluş!

– Nu te pierde în amintire, Serena. Rămâi aici şi întreab-o pe Zână de ce ne arată asta.

– Ea spune că deschide uşa problemelor noastre de abandon, cu această amintire. Spune că vom face asta cu blândeţe.

– Stai o clipă şi respiră cu energia lui „da", Serena. Permite-i Zânei să o aducă în propriul timp şi nu uita să dai această amintire Zânei.

În timp ce respir, simt altă amintire care iese la suprafaţă.

– Văd o altă amintire, Norma. Jennifer este în chiloţei în faţa uşii de la bucătărie ... Asta nu se simte ca şi cum ar fi o mare problemă. De ce văd amintirea asta?

– În loc să judeci, las-o pe Jennifer să-ţi spună ce vrea să vezi. Te rog, ascultă cu inima, nu cu mintea. Tu uiţi că aceasta a fost o experienţă continuă, douăzeci şi patru de ore şi nimic nu a fost lăsat la voia întâmplării, evidenţiază Norma. Fiecare domeniu din viaţa ei a fost modificat în mod specific, prin programul guvernamental şi instruirea cultului. Această experienţă a impactat-o suficient de mult ca să fie aici, pentru ca noi să ne adresăm la asta. Vrei să o iubeşti atât de mult încât să o asculţi?

Simt compasiunea de neclintit a Normei revărsându-se peste mine şi asta mă ajută să-mi deschid inima către Jennifer.

– Se ţine de clanţa uşii, implorând să fie lăsată să intre. Plânge isteric.

– Şi este lumină afară?

– Nu, este întuneric. Îi e atât de teamă că este aproape incoerentă!

Simţind teroarea ei cum îmi umple corpul, încep să plâng.

– Serena, rămâi aici. Nu-ţi poţi permite să te superi. Aminteşte-ţi, vezi asta ca şi cum ar fi pe un ecran de televizor. Acest lucru te va ajuta şi pe tine şi pe ceilalţi.

Hotărâtă să rămân, continui să respir; nu mă voi lăsa înfricoşată.

– Ea zgâlţâie clanţa uşii, implorând să fie lăsată să intre. Uşa se deschide şi Jack strigă: „De vreme ce nu vrei să faci ceea ce ţi se spune, atunci du-te şi găsește-ți alt loc de locuit! Eu și mama ta nu te mai vrem". Cu asta, trântește ușa. Oh, Norma, este îngrozitor.

Simțind cum teroarea lui Jennifer mă năpădește din nou, strig isteric:

– Este atât de real!

– Serena, știu că asta e supărător. Nu vreau să minimalizez lucrul ăsta; dar dacă te superi nu mai poți să o ajuți pe Jennifer.

Zâna intervine:

– Ea a fost gonită din casă pentru că l-a sfidat pe Jack. Intenția lui e de a-i distruge spiritul și o va ține afară atâta timp cât va fi nevoie.

– Înainte de a merge mai departe, simte, Serena. Poți simți puterea acestui copil? O admiri pentru că i-a spus tatălui ei nu?

Dând din cap că da, rămân în tăcere.

– Întreab-o pe Zână ce vrea ca tu să vezi legat de asta, sugerează Norma.

Îmi închid ochii și o aud pe Zână spunând:

– Observă, Jennifer i-a spus nu tatălui ei dintr-un motiv anume. El i-a cerut să-i străpungă antebrațul lui Julie, pentru a primi cina. Îți mai amintești când am mai lucrat cu asta?

Deschid ochii și sunt confuză:

– Nu-mi amintesc asta, Norma.

– E în regulă. A fost o amintire despre care am mai vorbit. Nu trebuie să-ți amintești tot ce am vorbit. Nu începe să te înfricoșezi. Vrei să respiri o clipă și să-ți aduci respirația profund în burtica ta? Nu ai făcut nimic greșit. Simte și vezi unde te conduce Zâna cu asta.

– Jennifer a refuzat să o înjunghie pe Julie, spune Zâna. Chiar dacă a fost amenințată că nu va mai primi mâncare, asta nu a influențat-o. Jack nu suporta sfidarea lui Jennifer și intenționa să i-o distrugă. Nu este prima dată când o gonește afară, ca ultimă soluție.

Mă simt copleșită în timp ce repet cuvintele Zânei.

– E în regulă, Serena, te descurci foarte bine. Acum, fără să intri în minte, observă, cum a intrat Jennifer înapoi în casă?

M-am săturat să simt. Vreau ca ea să-mi spună.

– Poți vedea unde s-a dus energia lui Jennifer, Serena?

– O văd trăgându-se în interiorul ei. E ca și cum s-a dus în întuneric și s-a predat.

– Da, până la vârsta de patru ani, Jennifer a învățat să se schimbe destul de eficient. Copilul acela, cel care îl sfida pe Jack, s-a retras în interior. Teroarea de a fi singură a fost atât de mare încât, încă o parte din copilul autentic a dispărut. M-ai înțeles până acum?

O tristețe insuportabilă mă năpădește. Respir și îi cer Zânei să îmi dea putere să merg mai departe.

– Adevărata Jennifer nu a vrut să o înjunghie pe Julie, răspund obosită.

– Serena, simte răspunsul tău. Știu că ești obosită, dar tu ești cea care o poate elibera pe Jennifer, să vină acasă la Zână. Trauma care a fost aici de mulți ani poate fi integrată astăzi, pentru că ești suficient de prezentă pentru a începe să o privești sincer. Jennifer a fost terorizată de gândul că va fi dată afară din casă. Aceasta nu era o amenințare în van. Știa că Jack o va aplica. Îl văzuse brutalizând mulți oameni. Era mai mult decât speriată.

– Da, așa că de ce ar fi vrut să fie lăsată înapoi în casă cu el și cu Lois?

– Aceasta este o întrebare din judecata minții. Alege, Serena, insistă ferm Norma. Vrei să vezi această amintire cu judecată sau cu compasiune? Trebuie să alegi.

– Oh ... e atât de greu!

Închid ochii și respir. Suspine dureroase răsună în pieptul meu. Deschizând ochii, îi spun Normei că voi alege compasiunea.

– Bine, atunci. Observă, Jennifer are patru ani. Este lipsită de apărare. Își iubește părinții. Toți copiii fac asta, așa că e un adevăr. Nu cunoaște alte persoane în care să poată avea încredere. Jack și Lois sunt lumea ei. Dă-ți voie să simți asta.

Așteptând, Norma îmi permite să simt cu adevărat cum a fost pentru Jennifer. Continuă, adăugând:

– Amintește-ți că ea nu are o experiență de viață consistentă. Viața, pentru ea, este o serie de momente. Așa supraviețuiește. Nu este destul de prezentă cu mintea pentru a gândi altceva, dincolo de acest moment. Îți dai seama de monstruozitatea vieții ei de zi cu zi?

Mă simt copleșită. Dau din cap că da, dar rămân tăcută.

– Pentru ca Jennifer să supraviețuiască, ea se retrage în întuneric, permițând ca un alt copil să vină în față, să facă ceea ce Jack cere. Iar și iar, părți ale copilului autentic sunt aduse acasă să doarmă. Și cine crezi că a făcut asta, Serena?

Știind că răspunsul este Zâna, răspund rapid. Cu adevărat de fapt, vreau doar să se termine asta. Simt o tristețe care nu poate fi descrisă.

Simțind că nu mai pot procesa nimic, Norma îmi zâmbește încurajator.

– Văd că trebuie să te odihnești, dar mai este încă o bucată de claritate de care ai nevoie, astfel încât să o putem ajuta nu doar pe Jennifer, ci și pe tine.

În timp ce am lucrat astăzi, ai simțit energia depresiei în care era Jennifer. Adevărul că Jack și Lois nu au vrut-o a fost clar.

Aplecându-se mai aproape în timp ce mă ia de mână, Norma mă încurajează să simt ce spune:

— În repetate rânduri, fie prin acțiunile sau cuvintele lor, ei i-au spus lui Jennifer că nu o iubesc. M-ai înțeles până aici?

Sunt atât de obosită. Nu mai vreau să fac asta. Dau din cap și rămân tăcută.

— Știu că nu e ușor. Haide să respirăm puțin?

Ușurată, închid ochii și o ascult pe Norma cum mă îndrumă să respir. Coborând mai profund în burta mea, continui să respir și încep să simt un sentiment reînnoit al scopului. Pot să fac asta, sunt hotărâtă.

— Sunt mândră de tine, spune Zâna. Curajul tău este cel care îi ajută pe acești copii să vină acasă.

— Nu vreau să accept că Jack și Lois nu au iubit-o pe Jennifer, spun eu. Doare atât de mult încât îmi vine să dau totul deoparte.

— Înțeleg. Nu e un lucru ușor să realizezi că părinții lui Jennifer nu au iubit-o, dar vreau să faci un pas mai departe. Ai fi dispusă să vezi întregul adevăr, în timp ce rămâi cu mine?

Dând din cap, ascult în continuare.

— Părinții lui Jennifer nu erau capabili să iubească pe nimeni. Asta nu avea nimic de-a face cu ea. Poți să-ți dai voie să simți ce îți spun?

— Uau, ai dreptate, Norma! Pot simți asta. Erau plini de atât de multă frică, că nu puteau iubi, nu-i așa? Asta nu este doar o idee, ci o profundă cunoaștere din interiorul meu, care îmi spune că ei nu știau să iubească!

Îmi amintesc de Lois vorbind despre copilăria ei că fusese un coșmar și Jack fusese crescut într-un cult satanic. Ei nu știau să iubească...

Repetând ultimele cuvinte pentru mine, simt că adevărul rezonează în ființa mea.

– Serena, sunt mândră de tine. Curajul tău te eliberează.

Capitolul 11: **SCHIMBĂRI**

M-am mutat acum șase luni și am găsit un apartament la câteva minute distanță de casa Normei. Apoi, după vreo două săptămâni, mi-am găsit un serviciu într-un restaurant select. Astăzi e prima zi din anul 2001 și mă pregătesc să merg la muncă, în tura de prânz.

Privesc afară pe fereastra sufrageriei mele și observ copacii de eucalipt care se leagănă în bătaia brizei. Tresar la sunetul aburului care iese din fierul de călcat și mă trag înapoi. Pun apoi fierul pe cutele pantalonilor mei și îl plimb cu grijă în jos pe lungimea lor, apăsând cu putere pentru a-i netezi bine. Este o treabă meticuloasă, care necesită toată atenția mea; ori de câte ori sunt distrasă de ceva, tind să mă ard.

Mă simt agitată și, neștiind de ce, deschid televizorul să-mi țină companie. După ce termin să mă îmbrac, observ că arăt tristă. Mă întorc să-mi privesc fața în oglindă, îmi înșfac poșeta și rapid cobor scările.

În timp ce conduc de-a lungul coastei, mă uit la valurile care se sparg la țărm și aud pescărușii cum se învârtesc și țipă în curentul de aer, pe deasupra mașinii.

Intenționat, mă las purtată de val, lăsând acest decor frumos să mă aline, să mă aducă într-o stare de mulțumire.

Timpul trece greu, așa cum mă așteptam, dar mă lasă să plec mai devreme. E ziua de salariu și am nevoie de bani să plătesc chiria. Aștept de mai bine de douăzeci de minute şi încă nu am primit banii. Mi s-a spus că directorul va da salariile după ce îşi termină prânzul.

Cred că glumeşti!

Cine se crede?

Nu-mi place acest om. Se poartă superior faţă de noi toţi. Îmi strâng mâinile şi mă uit în poşetă după o bucată de gumă de mestecat – orice numai să mă ajute să-mi controlez anxietatea.

Ar trebui să mergi şi să vorbeşti cu el!

Spune-i că ai o programare.

Asta îl va face să se mişte!

În timp ce urc scările, gândurile o iau la goană. Mă abţin să nu spun ceva, pentru că nu îmi place să mă cert. Dar Norma mi-a spus că dacă scap mai devreme de la serviciu, aş putea să trec pe la ea. Mi-e teamă că nu o voi mai prinde dacă nu plec în curând. Teama că s-ar putea să nu o văd este mai mare decât teama de a-l confrunta pe director. Răsucesc cu grijă clanţa, deschid uşa şi intru.

El stă cu picioarele încrucişate, cu o farfurie de mâncare în poală. Văzându-mă că intru, ridică mâna. Cineva ţipă la el. Aud cuvintele pline de ură şi o voce stridentă, şi sunt şocată să descopăr că vin de la mine! Îmi pun palma pe gură şi fug din încăpere. Tremurând, cobor scările şi ies afară la maşină. De-abia pot să-mi bag cheile în broasca portierei. Simţind că pot leşina în orice moment, mă sprijin şi ies în mare grabă pe şosea. Conduc cu mâna stângă pe volan, în timp ce-mi apuc capul cu mâna dreaptă. Îmi amintesc filmul „Alien" şi mă întreb dacă aş putea avea un monstru care locuieşte în mine. Respirând cât de profund pot, mă forţez să mă concentrez asupra drumului. Mă legăn înainte şi înapoi. Fac tot ce e nevoie pentru a ţine capacul peste orice este în interiorul meu.

Oprind pe aleea Normei, apuc poșeta de pe scaun și fug. Deschid ușa și răcnesc. Vocea mea trădează isteria. Venind din bucătărie, Norma se apropie de mine cu brațele larg deschise. Prăbușindu-mă în brațele ei, plâng:

– Nu știu ce s-a întâmplat! Am intrat în biroul șefului meu pentru a-i spune că am nevoie de salariu și următorul lucru pe care mi-l amintesc este că am început să țip la el. La început, nici nu mi-am dat seama că sunt eu! Am auzit țipete și am realizat că vin din propria mea gură! Furia era imensă, iar cuvintele pe care le-am spus...

Plângând, nu sunt capabilă să termin.

– Șșșș, nu e nimic atât de grav încât tu și cu mine, cu ajutorul Zânei, să nu-l putem rezolva. Eu sunt aici; tu ești în siguranță, fredonează ușor Norma.

Stând lângă mine pe canapea, îmi ia mâna și mă privește în ochi.

– Știu că ți-e frică, dar dacă o luăm ușurel, am putea avea o claritate mai bună despre ceea ce s-a întâmplat astăzi la serviciu. Poți face asta cu mine?

Dând din cap, închid ochii și încerc să reiau scenariul, exact așa cum s-a întâmplat.

– Nu au fost mulți clienți azi, așa cum mă așteptam, așa că mi s-a spus că pot pleca mai devreme, dar aveam nevoie de salariu pentru a plăti chiria. Am așteptat mult timp. Mi s-a spus că directorul vrea mai întâi să mănânce prânzul, apoi îmi va da cecul cu salariul. Poți crede așa ceva?

– Vreau să te oprești chiar acolo, spune Norma. Când șeful ți-a spus că directorul îți va da salariul după ce termină de mâncat prânzul, ce ai simțit în acel moment?

– Eram supărată. Așteptam de mult timp!

– Amintește-ți, Serena, nu e nimic greșit.

Afirmând asta pe un ton accentuat, Norma continuă:

– Suntem în descoperire. Ai venit aici foarte supărată și dacă putem încetini totul ne va ajuta să descoperim ce s-a întâmplat cu adevărat. Apoi putem să-i ajutăm pe toți. Ești ok cu asta?

Simțindu-mă fără control, mă cutremur de emoții.

– Așteptasem, repet încet, și m-am gândit că dacă îi spun că am o programare, s-ar putea să-mi dea cecul mai repede. M-am temut că s-ar putea ca tu să nu mai fi aici, dacă ar fi trebuit să aștept mai mult.

Spunând ultimele cuvinte, plâng fără să mă pot controla.

– Serena, nimic nu poate fi realizat atât timp cât ți-e frică. Stai un moment și respiră cu mine, te rog.

Auzind fermitatea din vocea ei și simțindu-i strângerea mâinii, mă ajută să mă simt suficient de în siguranță ca să-mi închid ochii și să respir cu sunetul vocii ei. În timp ce respir, încep să simt acel dulce și de acum foarte familiar calm, care mă cuprinde.

Îmi deschid ochii și îi zâmbesc cu încredere.

– Mă simt mai bine acum. Vreau să continui.

Mă așez mai drept pe perne și încep din nou:

– Îmi amintesc că urcam scările spre biroul lui. Avea pantaloni negri. Era o farfurie cu mâncare în poala lui. Vorbea cu cineva când am intrat.

Mă opresc și închid ochii pentru a vedea exact ce s-a întâmplat.

– Serena, ce a făcut el în acel moment? întreabă Norma cu blândețe.

– Oh, a ridicat mâna așa.

Ridicând mâna în sus, cu ochii încă închiși, îmi deschid palma și o îndrept spre ea.

– Acesta este ultimul lucru pe care mi-l amintesc, înainte de a auzi țipetele care veneau de la mine!

Deschizând ochii, mă uit la Norma, așteptându-mă să fie surprinsă, dar ea este netulburată de această destăinuire.

– Ai suficientă încredere în mine pentru a nu avea nevoie de un răspuns chiar acum? Știu că îți dorești unul, dar în acest moment, nu este necesar. Hai să mergem la etaj și să lucrăm cu corpul tău, pentru a mișca niște energie. Ești supărată, așa că orice răspuns în acest moment nu te-ar ajuta.

Fără să aștepte răspunsul meu, Norma mă ridică ușor în picioare.

Târându-mă pe scări, am simțit că parcă s-ar fi schimbat ceva. Știu că am probleme și nu știu de ce. Dacă nu pot avea încredere în mine la serviciu, atunci ce voi face? Am ajuns atât de departe ca să revin înapoi la o schimbare atât de puternică?

Mă așez pe masa de masaj și o privesc pe Norma în timp ce aprinde o lumânare. Mă întreb dacă lucrul acesta cu ea nu a fost o greșeală. Am avut atât de multă încredere în ea încât am lăsat să iasă ceva care nu poate fi pus înapoi?

Se apleacă deasupra capului meu și îmi mângâie părul, în timp ce murmură că totul este în regulă.

În timp ce mă invită să respir, izbucnesc în plâns:

– Mă simt atât de scăpată de sub control, Norma! Mi-e teamă! Poate că nu ar fi trebuit să lucrez atât de mult cu tine!

– Respiră cu mine și alege, Serena. Vei fugi de frică sau vei rămâne aici să-i ajuți pe toți din sistem? Ai de ales!

Aplecându-se suficient de mult încât nasul ei era aproape de al meu, îi simt respirația pe obraz. Căldura ochilor ei căprui mă îmbrățișează cu o fermitate ce sfidează cuvintele. Însăși ființa ei emană o forță de neclintit.

Mă cutremur la fiecare respirație pe care o fac. Inspir și expir până când, după ceea ce pare o eternitate, încep să mă simt mai puternică.

Zâmbindu-mi, îmi spune:

– Este alegerea ta, fie că fugi de frică, fie că rămâi fix aici pentru a descoperi adevărul. Fuga nu te va ajuta niciodată, Serena. Știm că te-ai schimbat, nu-i așa?

Așteptând răspunsul meu, dau din cap că da, dar rămân tăcută. Știu că liniștea pe care o simt este foarte fragilă.

– Așa că hai să o luăm mai ușor, pentru ca tu și cu mine să putem avea o mai bună claritate. Vrei să faci asta cu mine?

În timp ce vorbește, își trage un scaun în fața mea, ca să fim cu ochii la același nivel. Ținându-mi brațul drept într-o strânsoare tandră, mă întreabă:

– Ce ai simțit înainte să urci scările pentru a vorbi cu șeful tău?

– Mă simțeam frustrată că el se aștepta ca eu să stau atât de mult timp, doar ca să-și poată termina prânzul. I-ar fi luat doar cinci minute ca să coboare scările și să-mi dea cecul. Așteptasem deja de ceva timp ...

– Serena, nu recrea ceea ce s-a întâmplat. Spune-mi doar ce simțeai. Se pare că ai fost nervoasă. Este corect?

– Nu, am fost frustrată de faptul că a trebuit să aștept atât de mult ceva ce ar fi trebuit să fie deja făcut.

– Bine, acum simte o clipă. Te rog, dă-ți voie să simți cu adevărat: ce este frustrarea?

– Este neliniște și nervozitate și ... oh, este furie, nu-i așa, Norma?

– Da, este. Acum continuă să simți, Serena. În timp ce urcai scările, unde era energia ta? Era în corpul tău sau plutea deasupra umerilor tăi? Care erau gândurile care-ţi treceau prin minte? Asta nu este pentru a te învinovăţi. Suntem în descoperire.

Închizând ochii pentru a mă ajuta să-mi reamintesc, mă văd urcând scările. Realizând că trebuie să fi ieşit din corp în acel moment, îi relatez asta Normei. Amintindu-mi gândurile, adaug:

– Mă gândeam că nu are niciun drept să stea acolo sus şi să-mi ceară să aştept! L-am urât şi am vrut să-l fac să vadă cât de mult a greşit. Uau... Norma, am fost furioasă, nu-i aşa? Simţirile mele erau...

Neştiind cum să le descriu, mă liniştesc.

– Da, acum continuă să simţi: la cine te gândeai cu adevărat? Nu merge în minte, doar simte adevărul, te rog.

Fără niciun avertisment, întregul meu corp vibrează cu porunca să las asta în pace. Mă simt ameninţată şi nu ştiu ce să fac. Închid ochii şi în mod intenţionat îl fac să tacă, în speranţa că aceasta va rezolva situaţia.

– Serena, ştiu că te simţi inconfortabil cu ceea ce am întrebat, dar vrem să aflăm adevărul, nu-i aşa? Acum deschide ochii şi uită-te la mine. Despre cine a fost vorba cu adevărat în gândurile tale?

– Mă gândeam la Jack! Nu mă simţeam furioasă, Norma, mă simţeam turbată!

– Acum continuă să priveşti şi spune-mi ce s-a întâmplat mai departe.

– Am împins uşa la perete şi şeful meu a fost surprins să mă vadă. Mi-a spus că va coborî după ce îşi va termina prânzul. Avea un zâmbet superior pe faţă în timp ce spunea asta. Apoi a ridicat mâna, îndreptând palma spre mine.

În timp ce relatez aceste ultime câteva detalii, vocea mea devine plată şi hipnotică. Norma ştie că m-am schimbat.

– Deci, când a ridicat mâna, ce a însemnat asta? întreabă blând Norma.

– Închide-te, închide-te, răsună vocea.

– Și ce înseamnă acest închide?

– Am terminat, am terminat. Pleacă, pleacă.

– Și ce se întâmplă când ați terminat?

– Monstrul iese.

– Cine este monstrul? întreabă Norma.

– El este ...

Pe măsură ce șoaptele copilului se sting, partea conștientă a corpului este complet eliberată.

Pe măsură ce minutele trec, Norma vorbește:

– Știu că mă urmărești; nu sunt aici ca să-ți fac rău. Vreau să vorbesc cu tine. Nu te ascunde; vino afară și spune-mi despre tine.

Spunând asta cu o voce iubitoare, dar fermă, Norma privește.

Încet, ochii plați, fără viață, se transformă în ochi strălucitori, plini de furie. Privind sfidător spre Norma, el spune:

– Te urăsc și nu am de gând să te ajut. Ești o mare proastă să crezi că îi vei putea ajuta. Nu poți! țipă el. Eu sunt șeful, nu tu!

Norma nu este păcălită de bravada lui. Știe că acest copil este poarta spre părți care nu au fost încă dezvăluite.

– Nu sunt aici să te rănesc. Știu că ești aici pentru a le proteja.

– Nu sunt aici pentru a proteja pe nimeni, mârâie el. Le urăsc pe toate, mai ales pe Serena! O voi ucide și nu poți face nimic în acest sens!

Cu acest avertisment, pleacă.

Norma știe că a avut loc o schimbare critică în cadrul sistemului. Copiii plini de furie vin acum în față. Prioritatea ei este să păstreze corpul în siguranță, ceea ce va necesita o abordare diferită în modul în care lucrăm.

Îmi aud numele strigat de la mare depărtare. Deschizând ochii, văd chipul zâmbitor al Normei.

– Am lucrat destul de mult astăzi. Cum te simți?

Frecându-mi fața, mă simt confuză.

– Nu te ridica, scumpo. Freacă-ți picioarele și simte respirația în timp ce o aduci în mod intenționat adânc în corpul tău. Ai mâncat de prânz astăzi?

Clătinând din cap nu, îmi masez ușor picioarele așa cum mi s-a spus. Mă simt detașată. Cobor de pe masă și mă prind cu mâinile de margine, pentru a mă echilibra. Urmând-o pe Norma pe scări, mă clatin și cad pe perete, lovind o vitrină mică din lemn, care conține douăzeci sau mai multe animăluțe de jad, sculptate foarte rafinat. Împietrită de groază, mă uit cum se prăbușesc pe scări, sfărâmându-se în bucățele pe podeaua de gresie.

Norma se întoarce la auzul sunetului. Privind în sus, vede fața mea îngrozită.

– Oh, Norma, n-am vrut să fac asta!

Mă prăbușesc pe scări și izbucnesc într-un plâns incontrolabil.

Urcând rapid scările, Norma întreabă:

– Ești bine?

Îmi ridică bărbia și mă întreabă din nou:

– Ești bine?

Sunt confuză de îngrijorarea ei pentru binele meu.

– Nu am vrut să fac asta, Norma! Nu știu cum s-a întâmplat. Coboram scările și...

– Hei, uită-te la mine. Acele lucruri nu contează! Ce îmi pasă ești tu. Ești bine? Poți să stai în picioare?

Complet uluită de reacția ei, sunt copleșită de propria mea învinovățire.

Ce e cu tine?

Au costat mulți bani!

Ai făcut-o intenționat; știu asta!

Încercând să ignor vina care mă sufocă, răspund:

– Sunt în regulă, dar, Norma, cum poți fi atât de calmă? Acele obiecte sunt scumpe!

– Da. Și...?

Liniștită, mă așteaptă să-mi termin propoziția.

Repet ce tocmai am spus:

– Sunt lucruri de valoare. Știi, costă mulți bani!

– Vino să stai cu mine.

Luându-mă de mână, mă ghidează printre bucățile de jad, conducându-mă la canapea.

– Serena, tu ești cea valoroasă. Acelea sunt doar lucruri; ele nu contează.

Văzându-mă respingând declarația ei, continuă:

– Ai de ales. Vei avea încredere în ce îți spun ori vei rămâne în judecată? Atâta vreme cât alegi să emiți judecăți, vei fi supărată pe tine și nu-ți poți permite lucrul acesta. Mă auzi, Serena?

Clătinând din cap da, simt iubirea ei necondiționată care îmi străpunge bariera de ură de sine.

– Unde ai învățat că lucrurile contează mai mult decât oamenii?

– Lucrurile... care nu erau vii, declar eu, întotdeauna au contat mai mult pentru Lois, decât Julie sau eu! În fiecare vineri, trebuia să facem curățenie în casă. M-a pus să curăț covorul din țesătură aspră. Nu glumesc, Norma! Mi-a spus că trebuie să aspir de trei ori același loc și apoi să îl perii, ca să arate perfect. Hai să fim serioși, să perii covorul pe care călca toată lumea? Ne-a pus pe Julie și pe mine să pieptănăm ciucurii de la covorașul de la intrare! O uram pentru asta. Casa conta mai mult pentru ea decât contam noi și dacă spărgeam ceva, oh uau ... făcea o mare criză! Întotdeauna credea că o fac intenționat!

Luându-mă de mână, Norma zâmbește, în timp ce îmi cere să mă gândesc la mesajul pe care l-am primit din comportamentul lui Lois.

– Nu trebuie să mă gândesc. Îmi amintesc! Francie o ura și voia să vină în față, să-și exprime exploziv sentimentele pe care noi ceilalți ne străduiam să le oprim. Ea era furioasă pe Lois, așa că sistemul s-a luptat să o facă să tacă. A existat întotdeauna o luptă interioară, pentru că majoritatea dintre noi simțea ce simțea Francie. Am aflat despre asta doar după ce Francie i-a spus totul Doctorului Barnes.

– Poți să te oprești un moment și să-i mulțumești lui Francie pentru sinceritate? A îndrăznit să exprime ceea ce voi toți simțeați și nu erați capabili să împărtășiți.

Mă simt surprinsă de întorsătura lucrurilor și iau în considerare ce a spus Norma. Noi o uram întotdeauna pe Francie pentru furia ei.

Întrerupându-mi gândurile, Norma continuă:

– Serena, majoritatea dintre voi nu au fost dispuși să fie sinceri cu Lois, în legătură cu ce simțeau. Cu toate acestea, acest copil știa adevărul. Ea era cea care era dispusă să vadă cât de nerezonabilă era Lois față de voi toți. Poți să-i mulțumești lui Francie pentru curajul ei?

Închid ochii și îi mulțumesc lui Francie pentru onestitatea ei. Am fost surprinsă să descopăr că simt admirație pentru ea. O văd pe Zână că se apropie, îmi zâmbește și își înfășoară brațele în jurul corpului zvelt și subțire al lui Francie. Simultan, o pace dulce și caldă se răspândește prin corpul meu. Ceva s-a vindecat. Simt asta! Îmi deschid ochii și îi zâmbesc Normei.

– Tu ești cea care creează o viață diferită pentru toți, Serena. Vrei să continui cu ceea ce te-a învățat Lois și să crezi că lucrurile sunt mai importante decât oamenii? Sau alegi să știi că, pentru tine, o persoană contează întotdeauna mai mult decât un obiect neînsuflețit? subliniază Norma.

Cuvintele ei rezonează în mine și știu că iubirea pe care o experimentez îmi topește literalmente durerea. Cum aș putea dori altceva, în afară de acest nou mod de viață? Mă aplec și o îmbrățișez pe Norma.

– Nu am căzut și ți-am spart intenționat figurinele! Am crezut întotdeauna minciunile lui Lois, dar gata! Aleg să mă iubesc pe mine!

– Sunt mândră de tine, Serena. Să te lași să simți, în loc să gândești, asta face toată diferența din lume. Când alegerea ta este autentică, tu devii un creator plin de iubire în viața ta, ceea ce te deschide către atât de multe noi posibilități. Dar, gata cu vorbitul. Mi-e foame. Hai să mâncăm ceva.

Ceea ce nu am realizat la acea vreme, este că această experiență a vorbit enorm multor straturi din mine. Norma era persoana care părea să fie. Ea nu vorbea cuvinte goale; întreaga ei ființă a rezonat cu grija ei pentru mine. Ceea ce părea a fi o experiență rea în acel moment, a adus vindecării mele mai mult decât orice am făcut înainte, pentru că știam, ca niciodată până acum, că puteam avea încredere în ea.

*****

După prânz ne reluăm discuția despre ce s-a întâmplat la serviciu.

– Astăzi, mai mult ca niciodată, ai descoperit cât de mult ai încredere în mine, nu-i așa? întreabă Norma.

Imediat, devin foarte atentă.

– Vreau să-mi spui ce simți că s-a întâmplat astăzi la serviciu, astfel încât să putem hotărî ce va fi pentru binele tău cel mai înalt.

– Ce vrei să spui, „pentru binele meu cel mai înalt"?

– Te rog, nu intra în frică. Tu și cu mine am convenit că vom lucra pentru vindecarea și integrarea ta. Treaba mea este să te ghidez. Este asta ceea ce încă îți dorești? Dacă nu vrei asta, atunci înțeleg.

Întrerupând-o, rectific rapid:

– Vreau ajutorul tău. Nu asta am spus.

Îmi ia mâna și îmi zâmbește liniștitor:

– Bine. Atunci, hai să vedem ce s-a întâmplat astăzi, ca să putem merge mai departe de acolo.

– Bine ... îmi amintesc că m-am înfuriat pe șeful meu că mă făcea să aștept să-și termine prânzul. Apoi, când m-am dus să-i vorbesc, m-am schimbat. Asta e pe scurt, răspund eu dezinvolt în timp ce-mi ridic umerii.

– Crezi că ce s-a întâmplat astăzi la serviciu ar putea indica faptul că s-ar fi putut întâmpla altceva cu tine? conduce Norma cu bună știință.

– Ce vrei să spui? întreb precaută.

– Serena, când reacționăm, o facem dintr-o amintire și nu din ce e în fața ochilor în acel moment. De-a lungul ultimilor ani, tu și cu mine am lucrat cu amintirile și am vindecat acele părți ale tale care strigau să vină acasă. Mutarea ta pentru a fi mai aproape de mine a fost o altă schimbare în procesul tău de vindecare. Ce sper eu să simți, este că o altă schimbare are loc, iar tu cu mine, împreună cu ajutorul Zânei, trebuie să hotărâm ce este cel mai bine pentru tine, în acest moment. M-ai înțeles până aici?

Cercetându-mi fața pentru a găsi vreun indiciu care să-i arate că m-am retras, ea mă strânge din nou de mână, înainte de a continua:

– Vreau să o întrebi pe Zână ce trebuie să facem în continuare.

Închizând ochii, mi-e groază de ceea ce urmează. Aș prefera să merg la serviciu și să mă prefac că nu s-a întâmplat nimic. Fără să vreau să spun asta cu voce tare, ascult cuvintele Zânei:

– Cel mai bine ar fi să nu mergi la serviciu în următoarele zile. Trebuie să-l suni pe șeful tău și să-i spui asta.

Nu-mi place acest ultimatum. Relatându-i asta Normei, adaug rapid:

– Nu pot face asta. Au nevoie de mine și sunt deja planificată în program.

Oprindu-mă la mijlocul propoziției, Norma insistă să încetez să mă mai lupt.

– Serena, aceasta este pentru binele tău cel mai înalt. Nu ai spus tu că te vei iubi? Au fost acelea niște cuvinte goale, ca să mă împace pe mine sau ai fost sinceră?

Știind că am fost sinceră cu ea, răspund:

– Nu, Norma, am fost sinceră. Am ales să mă iubesc, dar este greu.

– Nu ți-am spus niciodată că va fi ușor. Alegerea de a te iubi necesită tot curajul pe care îl ai. Ești dispusă să faci asta sau vrei să fugi și să continui vechiul joc al fricii?

– Nu, am vorbit serios că vreau să mă iubesc, dar mi-e teamă.

– Sunt chiar aici, scumpo. Ești dispusă să nu mergi la serviciu în următoarele câteva zile? Poți face asta pentru tine?

– Da.

– Bine, atunci îi voi suna eu în locul tău, spune Norma. A fost o zi lungă. Ai vrea să urci la etaj și să dormi puțin?

Mă uit la ceasul de la mână și sunt surprinsă să văd cât este de târziu.

– Ar trebui probabil să plec acasă acum.

– Nu vreau să conduci. Vrei să ai încredere în mine și să nu mă întrebi de ce? Mă port așa ca să am grijă de tine. Multe s-au întâmplat astăzi și aș prefera ca Garret să conducă mașina ta până acasă, diseară.

Mirându-mă de ce face atâta caz despre asta, ridic din umeri și o las baltă. Mă simt extenuată în timp ce urc scările. Mă urc pe patul de masaj și zâmbesc fericită în timp ce Norma trage o pătură peste mine. Îmi place foarte mult când are grijă de mine în felul ăsta.

– Acum odihnește-te puțin, voi reveni să te trezesc.

În timp ce ușa se închide încet în spatele ei, mintea mea începe să gonească:

Ce e așa mare scofală să conduc până acasă?

Ascunde ea ceva!

Poate crede că ești nebună!

În ciuda gândurilor mele înfricoșătoare, epuizarea mă cuprinde și cad într-un somn profund.

Mă trezesc la sunetul ciocănitului în uşă, în timp ce Norma îşi bagă capul pe lângă uşa întredeschisă.

– Ai putut să dormi? întreabă ea.

Dând din cap că da, mă ridic simţindu-mă ameţită.

– Cât e ceasul, Norma?

– Este după cină şi ştiu că trebuie să-ţi fie foame. Garret şi cu mine am mâncat deja. Vino jos când eşti gata, să mănânci ceva.

Ce fac? Garret e acasă şi va crede că îi stau în cale!

Mergând în bucătărie îl găsesc pe Garret la chiuvetă, punând farfuriile în maşina de spălat vase. Se întoarce şi îmi zâmbeşte. Mă aşez la masă şi mă uit în jurul camerei. Totul arată diferit în această lumină. Luând o muşcătură de friptură, mestec încet. Mă simt ciudat. Ascultând ultima bucăţică din conversaţia dintre Norma şi Garret, îmi dau seama că Norma tocmai mi-a pus o întrebare. O rog să repete ce a spus.

– Când conducem înapoi la tine acasă, vreau să iei nişte haine şi alte lucruri de care ai avea nevoie pentru a rămâne peste noapte. Ai o valiză?

– Vrei să-mi petrec noaptea ... aici? De ce, Norma? Am crezut că mă duc acasă după ce mănânc.

– Mi-ai spus că vei urma îndrumările mele şi îmi vei permite să iau deciziile?

Aşteptând răspunsul meu, pot simţi cât de fermă este. Mă simt incomod să rămân aici, dar, din nou, ea îmi întrerupe gândurile, spunându-mi că trebuie să rămân aici şi să fiu atentă la ceea ce îmi cere.

– Ai o valiză în care să pui câteva lucruri?

– Da, este una... pe undeva. Este o geantă de voiaj mare... răspund eu absentă.

– E în regulă; vom folosi una de-a noastră. Termină-ți cina și apoi vom merge la tine acasă.

Luând loc la masă lângă mine, Norma schimbă niște priviri cu înțeles pentru Garret, înainte ca el să părăsească bucătăria.

– Serena, este important să nu ai niciun plan. Am nevoie de întreaga ta cooperare. Mă asculți?

Mă simt neliniștită și dau din cap da, fără să răspund.

– Am nevoie să rămâi unde te pot vedea. Acesta nu este un joc. Nu-ți spun asta ca să te sperii, dar în munca noastră au apărut niște lucruri care trebuie rezolvate. Mă înțelegi până acum?

– Da, te aud, Norma.

– Am fost întotdeauna sinceră cu tine, nu-i așa?

– Da, dar mă sperii.

– Nu vreau să fac asta, Serena. Când am lucrat astăzi pe masa de masaj, unele lucruri au devenit clare pentru Zână și pentru mine. Noi am hotărât că, pentru a fi în siguranță, vei sta aici cu Garret și cu mine.

– Ce vrei să spui?

– Nu ești în siguranță. Treaba mea este să te țin în siguranță în timp ce facem această muncă de vindecare. Ești de acord?

Ce vrea să spună cu „nu sunt în siguranță"?

– Serena! Nu intra în minte, ci rămâi aici cu mine și auzi ce îți spun. Poți face asta?

Privind-o complet zăpăcită, sunt de acord.

– Bine. Garret îţi va conduce maşina până la apartament, iar tu şi cu mine vom intra şi vom împacheta câteva lucruri. Apoi toţi trei ne vom întoarce aici.

Ridicând vocea, ea adaugă cu fermitate:

– Nu trebuie să pleci nicăieri fără mine, înţelegi?

Simţind ceva la ea, ce n-am simţit niciodată până acum, sunt de acord fără alte discuţii. Încerc să termin ce a mai rămas din cină, dar de-abia înghit datorită anxietăţii pe care o simt.

– Vrei să te ajuţi sau să-ţi faci rău? Dacă măreşti anxietatea, îţi faci rău. Dacă ai încredere în mine şi ştii că vreau doar ceea ce e mai bine pentru tine, atunci poţi să-ţi termini cina liniştită. Alege, Serena. Fii aici şi nu intra în minte pentru a înţelege.

Se apleacă aproape de mine, privindu-mă în ochi, să vadă ce voi alege.

Inspir profund şi expir uşor pe nas. Îmi ridic furculiţa, iau o muşcătură de friptură şi o mestec; are gust de rumeguş. Ar trebui să fiu entuziasmată că voi sta cu Norma, dar în loc de bucurie, simt groază, care îmi strangulează intestinele. Voci furioase mă avertizează să las lucrurile în pace. Ignorându-le, mai iau o muşcătură şi termin mâncarea.

*****

Acest lucru a marcat începutul unei lupte cruciale pentru mine, între viaţă şi moarte. Dacă nu ar fi fost vigilenţa lui Norma şi a lui Garret, combinată cu hotărârea Sufletului meu de a trăi, nu aş fi aici astăzi.

Capitolul 12: **ȚINÂNDU-MĂ ÎN SIGURANȚĂ**

Locuiesc cu Norma și Garret de la 1 ianuarie. Norma spune că nu sunt în siguranță să mă întorc în apartamentul meu. Nu are încredere în mine, așa că monitorizează tot ceea ce fac. Mi-e dor de libertatea pe care o aveam. Problema este că nu știu ce s-a întâmplat pentru a provoca o astfel de schimbare în viața mea. Da, m-am schimbat când am fost la muncă, dar m-am schimbat de atâtea ori înainte, cu ce este aceasta diferită?

Îmi trag un capot pe mine, mă îndrept spre scări și intru în bucătărie.

Norma se întoarce spre mine și îmi zâmbește.

– Vrei niște ouă la micul dejun? întreabă ea.

– Ce? oh, nu. Nu vreau nimic acum. Trebuie să vorbesc cu tine, Norma. Este important.

– Ceea ce este important este ca tu să mănânci ceva, răspunde ea calm. Pot să pregătesc ouă sau altceva, dar vreau să mănânci ceva solid înainte de a-ți începe ziua.

– Vreau o omletă.

Nedorind să aștept, implor:

– Norma, știu că ai zis că îmi vei spune când mă voi putea întoarce la muncă, dar au trecut patru zile și trebuie să sun sau aș putea să-mi pierd serviciul. Mă auzi?

Se opreşte un moment, înainte de a răspunde.

– Ţi-am spus ieri şi îţi voi spune şi astăzi: tu nu iei deciziile. Vom vorbi despre serviciul tău mai târziu. Fac asta ca să te ajut. Poţi încerca să-ţi aminteşti asta, te rog?

Uitându-mă la spatele ei, mă abţin înainte de a răspunde:

– Da, dar putem vorbi cel puţin despre faptul că Petunia a fost singură tot timpul? Sunt îngrijorată pentru ea şi nu cred că înţelegi asta.

Întorcându-se, se uită la mine înainte de a răspunde:

– Înţeleg că eşti îngrijorată de Petunia şi nu încerc să te supăr, dar responsabilitatea mea principală eşti tu. Petunia este în siguranţă şi toate nevoile ei sunt satisfăcute. Ea este o pisică, iar pisicile sunt obişnuite să fie singure. Dacă aş crede că Petunia este în pericol, aş face ceva în acest sens. Îţi cer să ai încredere în mine.

Simţind că parcă existam în două realităţi simultan, îmi frec fruntea, în încercarea de a scăpa de această senzaţie.

Cu mâhnire profundă, mă aşez. Ce-i cu mine? Simt că parcă aş fi în afara mea, urmărindu-mă cum mă lupt cu ea la fiecare pas. Când încerc să-mi reprim furia, se revarsă în mine şi apoi o arunc pe ea. Este ca şi cum aş fi controlată de altcineva sau de altceva şi este de neoprit. Ştiu că mă iubeşte. Nu am avut niciodată pe cineva care să aibă grijă de mine aşa cum a făcut-o ea, dar nu mă pot opri din a ma lupta cu ea.

Absorbită în gânduri, împing absentă ouăle prin farfurie. Auzind vocea Normei, îmi ridic privirea cu nerăbdare.

– Serena, după ce termini de mâncat şi mergi să te îmbraci, vom vorbi despre serviciul tău. Dacă vei continua să te lupţi cu mine, doar îţi vei face rău.

Odată cu această declarație, își ia pixul și începe să scrie. Știind că nu va vorbi cu mine până nu mă îmbrac, îmi termin repede ouăle și spăl farfuria.

– Nu te grăbi, Serena, spune Norma calm. Asta nu va schimba rezultatul deciziei mele.

Părăsesc camera și alerg la etaj să mă îmbrac. Respir cu greu, fiind copleșită de frică.

Trebuie să o faci să înțeleagă!

Nu-ți poate spune ce să faci!

Pleacă! Nu te poate opri.

Grăbește-te! Nu poți să o faci să te aștepte!

Coborând scările câteva minute mai târziu, o găsesc pe Norma în sufragerie. Mă așez lângă ea pe canapea și inspir tremurând.

– Știi că treaba mea este să te ajut? întreabă ea cu blândețe.

Dând din cap da, rămân tăcută. Stau ca pe ace, nerăbdătoare să aud ce îmi va spune, dar în același timp simt acest nor prevestitor de rău, care coboară asupra mea. De-abia respir.

– Bine. Atunci, când îți spun ceva ce nu-ți place, de ce fac asta?

Având nevoie ca ea să ajungă la subiect, îmi reprim țipătul care se formează în mine. Îmi modulez vocea și răspund cu grijă:

– Pentru că vrei să mă ajuți.

– Da, vreau să te țin în siguranță. Înțelegi ce vreau să spun când folosesc cuvântul „siguranță"?

Simțindu-mă obraznică, îmi domolesc intenția de a spune: „pe, bune?!" și în schimb răspund:

– Tu simți că nu sunt în siguranță pentru că o parte din mine vrea să-mi facă rău. E corect?

– Da, și când te lupți cu mine, tu hrănești furia, făcând-o mai puternică. Negarea furiei te ține în nesiguranță. Ai vrea să îți dai voie să simți gravitatea acestei situații?

Știind că nu mă poate forța să mă confrunt cu adevărul, ea așteaptă să vadă ce voi alege.

Dar nu mă interesează adevărul. Vreau ceea ce vreau, punct.

– Da, dar Norma, tu nu înțelegi.

– Nu, Serena, tu ești cea care nu înțelege. Este evident că tu vrei un singur lucru. Ți-ar plăcea să pretinzi că nu s-a întâmplat nimic și să te întorci la serviciu astăzi. Am dreptate?

Fără să aștepte să-i răspund, continuă:

– Am făcut un angajament Sufletului tău că te voi ajuta să te integrezi și nu iau asta ca pe ceva superficial. Acestea fiind zise, îți spun că nu te vei mai întoarce la serviciu. Nu e loc de discuție. Nu te vei reîntoarce, punct.

Mă holbez la ea și sunt uluită. Glumește?

– Cum de nu mă pot întoarce la serviciu? protestez eu furioasă.

– Am spus că nu se mai discută. Știu că vorbesc cu alții, în afară de tine. Sunt mulți care ascultă, care cunosc motivul deciziei mele. Ei îți pot spune, dar eu nu mă voi certa cu tine. Îi voi suna pe cei de la serviciu și îi voi anunța. Tu nu ai nimic de-a face cu asta. Am programări cu clienții și voi fi la telefon aproape toată dimineața. Vreau să stai unde te pot vedea. Dacă ai nevoie să ieși din raza mea vizuală, chiar dacă vorbesc la telefon, îmi vei spune unde vrei să mergi și de ce. Mă înțelegi?

– Norma, nu înțeleg. De ce ești atât de nerezonabilă?

– Nu mă voi certa cu tine. Vrei, te rog, să-ți aduci tot ce ai nevoie, înainte de a-mi începe ședințele la telefon?

Stând nemișcată, așteaptă până mă conformez.

Cu amărăciune, urc scările și îmi adun creioanele colorate și hârtia. Am obiceiul de a desena când sunt supărată, pentru că în spital diferitele personalități au fost învățate să folosească arta pentru a se exprima pe sine și pentru terapie.

Mă întorc la locul meu de pe canapea, mă uit la ceasul cu pendulă și sunt surprinsă să văd că este puțin după ora 9 dimineața. Cum poate fi asta? De ce pare că timpul stă pe loc? Nu mai pot suporta asta prea mult.

Aruncând o privire spre Norma, o văd vorbind cu un client la telefon. Îmi reprim tendința de a scoate limba spre ea și în schimb, deschid televizorul. Sperând să găsesc ceva care să mă distragă, schimb canalele în liniște. Găsesc un film interesant și încep să-l vizionez cu volumul redus.

În câteva minute, vocea Normei mă întrerupe:

– Nu este potrivit pentru tine. Schimbă canalul, te rog.

Vocea ei este atât de... autoritară! Nu mai suport! Mimez cuvintele că trebuie să merg la baie, Norma dă din cap, în semn că este în regulă.

Mergând pe hol, dintr-o dată, cad pe covor. Corpul meu capătă o viață proprie. Genunchii mi se stâng în piept, în timp ce bărbia mi se trage în jos în claviculă. Brațele trag de coaste, cuprinzându-mă într-o strânsoare de moarte, strângându-mă atât de tare că de-abia mai pot respira. Ochii mei deschiși sunt blocați. Teroarea curge prin corpul meu. Mă zbat, încercând să o strig pe Norma, dar gura mea este închisă de tot. Sunt înghețată și nu pot face nimic! Scoțând niște sunete mieunate din fundul gâtului, încerc să-i atrag atenția. În timp ce stau nemișcată pe podea, mintea mea este inundată de amenințări.

Ți-am spus să lași lucrurile în pace, dar nu m-ai ascultat.

Nu vei scăpa niciodată de mine.

Cine crezi că ești, încercând să mă oprești?

Îți voi arăta eu cine este șeful!

Sunt incapabilă să scap. Teroarea mea crește până când simt că voi face implozie.

În cele din urmă, Norma vine în ajutorul meu. Se apleacă pe covor lângă mine și vorbește cu o tărie de neclintit.

– Sunt aici, Serena.

Atingându-mă, ea îi cheamă cu voce tare pe toți, să înceapă să respire cu ea.

– Știu că mă poți auzi. Sunt chiar aici. Alege să respiri, Serena. Nu muri. Aceasta este o parte a instruirii guvernamentale la care ai fost supusă.

Simțind-o mângâindu-mă pe spate și pe braț, ascult sunetul vocii ei, în timp ce inspir și expir cât de mult pot. Coastele mele sunt contractate atât de tare că de-abia pot respira.

Chin Chin vine deasupra mea și îmi adulmecă capul.

– Nu ești înghețată, Serena. Aceasta este o parte a antrenamentului prin care ai trecut. Respiră cu mine.

Iar și iar, ea repetă aceleași cuvinte cu o voce iubitoare, dar fermă. Puterea ei, combinată cu compasiunea ei neclintită, mă învăluie. Încep să simt căldura care se infiltrează în corpul meu. Încet, rigiditatea începe să se diminueze și picioarele încep să se relaxeze, ceea ce-mi permite deschiderea căilor respiratorii. Încetul cu încetul, corpul meu devine din nou al meu.

Clipesc și îmi întorc capul spre Norma. Recunoștința îmi inundă întreaga ființă.

– Oh, Norma... mulțumesc! Nu știu ce s-a întâmplat. Într-o secunda mergeam pe hol, iar în următoarea eram pe podea incapabilă să mă mișc!

– Știu, Serena. Ți-am spus, nu ești în siguranța. Ne arată ție și mie că ei sunt la conducere. Vei fugi sau vei rămâne aici, având încredere că Zâna și cu mine te vom conduce? Trebuie să alegi, Serena. De aceea sunt așa de serioasă.

Luând-o pe Norma de mână, mă ridic încet în picioare. Mă clatin înainte și înapoi, apuc mâna Normei și mai strâns, în timp ce gânduri furioase mă îndeamnă să fug. De ce acest coșmar nu poate să dispară pur și simplu? Ținându-ne de mână, ne întoarcem pe canapea. Mă simt ca într-o cutie, de unde nu pot pleca nicăieri.

– Știi ce s-a întâmplat, Serena?

– Nu! strig eu supărată.

– Dacă vrei să fii supărată, nu vei avea claritate. Asta vrei?

Ignorând întrebarea ei, mă plâng cu voce tare:

– De ce trebuie să fie totul atât de greu? Am lucrat cu tine de aproape patru ani și acum sunt mai rău? Nu așa ar trebui să fie.

– Atunci cum ar trebui să fie?

– Ar trebui să merg înspre mai bine, dar eu merg înspre mai rău! Și acum îmi spui că nu mă pot întoarce la serviciu și că nu sunt în siguranța! Mi-e frică, Norma! Tocmai m-am blocat și asta nu s-a mai întâmplat de când eram în spital. Vreau să scap de toate astea.

Spunând ultimele cuvinte, explodez în suspine isterice.

– Dacă devii isterică nu schimbi nimic. Da, ai înghețat. Vrei să dai asta la o parte? Fii sinceră, Serena, pentru că nu putem merge mai departe decât dacă ești dispusă să fii sinceră cu tine și cu mine.

Zbuciumându-mă, pentru că nu vreau să recunosc asta, strig:

– Da, vreau ca totul să dispară!

Apucându-mi furioasă antebrațele, îmi bag unghiile în piele.

– Nu ai voie să te rănești! insistă sever Norma. Mă auzi?

Ridicând vocea, ea cere cu fermitate:

– Uită-te la mine și ai curaj să fii sinceră. Furia pe care o simți a așteptat mult timp pe cineva suficient de curajos să-i facă față. Îmi spui că vrei să renunți?

Lacrimile îmi curg pe față nestingherite. Simt furia cum se învârte în mine și știu că nu pot fugi de ea.

– Vreau să faci tot ce poți ca să rămâi și să-i auzi pe acești copii. Când poți începe să înțelegi nivelul de durere pe care l-au îndurat acești copii, s-ar putea alege diferit. Chiar acum, tot ce vrei să faci este să fugi, dar fugind, tu îi abandonezi pe acești copii și atunci nimeni nu are șansa de a se vindeca.

Apelând-o cu blândețe, Norma spune:

– Știu că ești furioasă. Sunt aici pentru tine. Te rog, vino și vorbește cu mine.

Niciun răspuns. Repetă ce a spus și insistă ca cineva să vină să vorbească cu ea.

Încet, capul se ridică, în timp ce ochii se îngustează amenințător.

– Nu vorbești cu nimeni! Înțelegi? M-am săturat de prezența ta, avertizează el. Sunt ale mele, să fac așa cum vreau eu; eu sunt șeful, nu tu!

Cu această declarație, bărbia se ridică sfidător.

Nedorind să răspundă provocării lui, Norma respiră fără să comenteze. Ea umple intenționat aerul dintre ei cu respirația ei, plină de compasiune.

Pe măsură ce minutele trec, bravada lui face loc disconfortului. Începe să se zvârcolească dezagreabil, în timp ce adevărata lui vârstă iese la iveală. Coborându-și ochii, se scarpină și își ciupește pielea. Pe plan intern, Zâna a închis ușa pentru a-l împiedica să plece din fața corpului. În timp ce se ciupește și se agită nervos, intensitatea emoțiilor lui devine prea mare pentru a o tolera. Încet, ridică capul și se uită la Norma.

– Ai vrea să vorbești cu mine acum? întreabă Norma amabil.

Simțind că sunt mulți ochi care privesc, așteaptă.

Dând din cap da, copilul deschide gura, dar nu spune nimic.

– Știu că mă poți auzi. Sunt aici să te ajut. Cunosc secretele. Ți se permite să vorbești cu mine. Poți vedea îngerul? Ea este aici și lucrează cu Isus. Ai auzit de Isus, nu-i așa?

În așteptarea unor indicii că ar fi auzit-o, Norma urmărește corpul cum se relaxează vizibil. Instantaneu, apare schimbarea, și ochii devin reci și lipsiți de viață. Vocea mârâie amenințător cu o forță neobișnuită.

– Știu ce încerci să faci, dar nu va merge. Nu te voi lăsa să intri.

Își încrucișează brațele la piept și privește de sus cu dispreț.

– Nu sunt aici să mă lupt cu tine. Cunosc secretele. Știu că ai fost crescut într-un cult satanic și că guvernul te-a instruit încă de când erai bebeluș. Mi s-a dat autoritatea de a vorbi cu toți cei care mă pot auzi.

– Nu te voi lăsa să intri.

– Și cine ești tu?

– Eu sunt portarul și sunt aici pentru a te ține afară.

– Înțeleg asta. Sunt aici pentru a vorbi cu cel din spatele tău. Știu că mă poți auzi și mă aștept să vii să vorbești cu mine, nu să-mi trimiți vreun lacheu de-al tău.

Norma vede ceva licărind în ochi.

Desfăcându-și brațele, el stă și se uită sfidător.

– Mi s-a spus că dacă vii mai aproape, vom muri. Nu blufez. Există multe mecanisme de siguranță care vor fi declanșate, dacă continui să insiști.

În timp ce spune ultima propoziție, comportamentul se schimbă, indicând o împingere din spatele lui.

– Te rog... las-o în pace. Nu înțelegi. Dacă continui să împingi, el va ieși afară și apoi totul se va termina.

Fără alt cuvânt, el se așază și închide ochii. Corpul este nemișcat. Nimeni nu vrea să iasă în față.

Norma știe că nimic nu se poate realiza din frică. Suntem la o răscruce de drumuri periculoasă; anii de antrenament pentru a păstra secretele cu orice preț, înseamnă că corpul este într-un pericol iminent. Numai având încrederea în îndrumarea Sufletului se poate produce cu adevărat vindecarea. Norma nu are nevoie de un răspuns în acest moment. Respirând în liniște, își acordă acest timp pentru ea. Ultimele zile au fost foarte dificile. Pe măsură ce respiră, respirația o umple și o revitalizează. Odată cu asta vine claritatea, de la Suflet la Suflet: „Te descurci minunat. Continuă să fii autoritatea. Asta îi va forța să își facă mișcarea", îi șoptește Sufletul meu Normei. Nu face nimic și rămâi consecventă. Serena este ușa pentru cei care vor să vină acasă."

Știind că timpul pentru discuții s-a încheiat, Norma mă cheamă înapoi în față. Îmi frec fața și încerc să mă concentrez, dar mă simt amețită. Nu știu ce să spun. Liniștea se așterne între noi. Mă simt confuză și inconfortabil, dar în cele din urmă o întreb pe Norma ce s-a întâmplat.

Ignorând întrebarea mea, ea începe conversația cu o întrebare proprie.

– Ai observat că te lupți cu mine la fiecare pas?

– Nu, nu fac asta! Este doar ciudat că nu pot face nimic fără permisiunea ta!

– Tocmai te-ai luptat cu mine. Te rog, ai vrea să observi că nevoia ta de a te lupta cu mine de fiecare dată este o împingere din interior. Ei te controlează, pentru că refuzi să înfrunți adevărul că nu ești în siguranță!

Ridicând vocea, ea continuă:

– Ei vor să ucidă corpul, Serena! Tu ești o amenințare pentru ei! Pricepi asta?

Fără să-i aud pledoaria, strig:

– Dar tu nu înțelegi, Norma!

– Nu, tu ești cea care nu înțelegi, afirmă Norma obosită.

Se ridică în picioare și se întoarce la biroul ei.

– Nimic nu s-a schimbat, spune ea. Nu vei face nimic fără permisiunea mea explicită. Mă auzi?

În timp ce se întoarce spre mine, comportamentul ei este de neclintit.

– Aștept un răspuns, te rog.

– Te-am auzit, răspund eu cu sfială, dar pot să mă uit la ceva la televizor care să fie bun?

– Ce înseamnă „bun", Serena?

– Știi tu, să nu fie plictisitor.

– Poți urmări ceva care să te ajute. Știu că înțelegi ce înseamnă asta. Nu trebuie să urmărești nimic care să-ți crească adrenalina. Nu ai nevoie de frici în plus, acum. Acesta este un moment crucial, iar refuzul tău de a mă ajuta înseamnă că nu pot avea încredere în tine. Voi asculta ceea ce urmărești și dacă eu consider că nu este adecvat, voi opri televizorul. Înțelegi?

De ce este atât de dură?

Dorind să o pedepsesc, deschid televizorul fără să mai comentez. Să găsesc un program care să respecte criteriile ei nu este ușor. Mă decid, sperând că spectacolul mă va distrage. Din păcate, nu se întâmplă. Sunt conștientă de fiecare mișcare a Normei. Minutele trec și, cu fiecare secundă care trece, ticăitul pendulei se aude tot mai tare.

Norma se ridică și vine să se așeze lângă mine.

– Ai vrea să oprești televizorul ca noi două să putem vorbi?

Executând cererea ei, mă întorc cu fața spre ea. Arată mai obosită decât de obicei. Îmi dau deoparte gândul ăsta și o aștept să înceapă.

– Nu ai fost dispusă să fii sinceră cu niciunul dintre noi, când am vorbit mai devreme. Ai vrea să încetezi lupta și să te uiți la ceva cu mine?

– Da, Norma. Îmi pare rău, mă simt atât de inconfortabil.

– Da, știu. Nevoia de a te lupta cu mine arată cât de mult ești împinsă din interior. Dacă nu pot avea încredere în tine când lucrezi cu mine, atunci avem o problemă mai mare decât credeam. Ai fi dispusă să închizi ochii și să respiri o clipă? Și în timp ce respiri, simte cât de mult îmi pasă de tine. Fac asta doar ca să te ajut.

Îmi închid ochii și respir intenționat. Știu că are dreptate, dar cu fiecare respirație pe care o fac, furia devine mai puternică.

– Nu pot să mă liniştesc! Tu nu înţelegi. Dacă stau liniştită, simt că aş putea exploda!

Implorând-o cu tot ce am, mă cutremur puternic.

– Serena, ştii că oamenii nu pot exploda?

– Oh, ba da! Tu nu ştii, spune o voce tânără.

Ignorând schimbarea petrecută, Norma răspunde calm:

– Nu, oamenii nu explodează. Ai văzut vreodată vreo persoană explodând?

– Da, de multe ori, declară cu emfază copilul, în timp ce îşi scutură cu putere capul în sus şi în jos.

– Ai vrea să-mi spui despre asta?

– Tati a explodat şi chiar a scuipat. Faţa lui a devenit ...

Vocea tremură de frică şi ea şopteşte:

– ... atât de urâtă şi apoi el îşi pierde cumpătul.

– Şi când îşi pierde cumpătul, ce se întâmplă?

– Iese monstrul la suprafaţă.

– Spune-mi despre monstru.

Copilul se uită în jurul camerei, înainte să continue.

– A fost cineva care era mult mai rău decât tati. Întregul lui corp ...

Îşi ridică braţele făcând un cerc în jurul ei pentru a arăta cât de mare a fost schimbarea.

– ... se schimba şi a devenit un monstru.

Pe măsură ce pronunță ultimele cuvinte, ochii ei devin sticloși, la aducerea aminte.

– Deci, asta înseamnă să explodezi?

Dând din cap puternic că da, copilul rămâne tăcut. Privind în cameră, agitația ei este evidentă.

– Am spus prea multe. Îmi pare rău, șoptește ea.

– Cui îi spui că îți pare rău?

Aplecându-se, ea șoptește și mai încet:

– Celor care privesc.

– Ești în siguranță cu mine, răspunde Norma. O poți vedea pe îngerița?

Clătinând din cap nu, copilul se uită pe furiș prin cameră.

– E aproape de tine, scumpo. Privește în interior și o poți vedea. Voi aștepta.

Respirând profund, Norma umple intenționat camera cu energia compasiunii ei. Văzând corpul relaxat, începe să cheme copiii acasă.

– Toți cei care mă puteți auzi și vă e frică de monstru, puteți veni la îngeriță. Știu că mă puteți auzi. Haideți, dragilor, ea a venit doar pentru voi. Nu mai trebuie să vă fie frică de monstru. El nu mai are voie să vă rănească.

Din nou, ea repetă invitația oricui ascultă:

– Sunt aici pentru a vă ajuta pe toți cei care vă temeți de monstru. Nimeni, spune ea autoritară, nu vă va face rău. Îngerița și cu mine suntem aici să vă ținem în siguranță.

Douăzeci de minute se scurg într-o pace tăcută, care permite corpului să aibă un scurt răgaz de la furia distructivă, care a fost prezentă în ultimele zile.

Încet, corpul începe să se miște. Stând în picioare, îmi frec fața și fruntea. Simt ca și cum mi s-ar fi deschis o gaură în piept. Îmi ating inima, încercând să mă conectez cu ceva.

– Ce s-a întâmplat? M-am schimbat, nu-i așa?

– Da, așa e, dar asta nu contează. A fost o dimineață grea și a venit timpul să luăm prânzul. Ce crezi că ți-ar plăcea să mănânci?

Ridic simultan umerii și răspund:

– Nu prea îmi pasă ce mănânc, dar înainte să mâncăm, putem vorbi o clipă?

– Bineînțeles că putem. Despre ce e vorba?

– Norma, știu că ai grijă de mine și nu încerc să fiu dificilă, dar mă simt atât de incomod. M-am gândit că până acum ar fi trebuit să fiu mai bine. M-am mutat la Carlsbad pentru a fi mai aproape de tine și astfel să-mi termin integrarea, dar acum ...

– Când spui „ să-mi termin integrarea", ce înseamnă asta? întreabă Norma cu sinceritate.

– Aproape o terminasem și ...

Întrerupându-mă, mă întreabă:

– Cine ți-a spus că aproape ai terminat-o?

– Ei bine, m-am gândit că atunci când i-am recuperat pe băieți și m-am schimbat de mult mai puține ori ...

– Și ți-a spus Zâna că aproape am terminat?

– Ei bine, nu, dar m-am gândit ...

– Corect, te-ai gândit. Aceasta este mintea ta. Nu de aici vin răspunsurile tale. Mintea ta a fost instruită și nu este prietena ta. Zâna este cea care dorește ceea ce este mai bine pentru tine. Așa că oprește-te o clipă și întreab-o pe Zână dacă suntem aproape de încheierea procesului de integrare.

– Nu aud nimic, Norma.

– Ești dispusă să auzi adevărul? Fii sinceră, Serena, pentru că nu vom ajunge nicăieri dacă nu vrei să fii sinceră cu amândouă.

– Vreau doar să se termine acest lucru!

Străduindu-mă să-mi înfrânez anxietatea care începea să crească din nou, respir în mod voit și îmi închid ochii. Concentrându-mă pe respirație, hotărăsc să înfrunt adevărul, oricare ar fi el! În cele din urmă, o aud pe Zână vorbind cu mine:

– Sunt mândră de tine, Serena. Știu că e greu. Curajul tău a făcut toată diferența până acum, dar munca pe care o facem este foarte periculoasă și am nevoie ca tu să-i faci față fără să lupți. Vrei să faci asta?

Dau din cap da, fără să răspund. Zâna continuă. Pe măsură ce vorbește, îi relatez Normei cuvintele ei.

– Nu, nu suntem aproape de final. Mintea ta vrea să te convingă de asta, astfel încât să devii nerăbdătoare și să continui să lupți. Atâta vreme cât lupți, ei câștigă. Îți iau energia de care au nevoie disperată pentru a supraviețui. Când ești în pace, rezervele lor de energie se epuizează. Înțelegi?

Îmi deschid ochii și mă uit la Norma cu confuzie.

– Nu înțeleg ce a vrut să spună. A zis că nu am terminat. Asta am înțeles, dar restul ...

– Simte cu mine, Serena. Poți simți energia nerăbdării? Este pașnică?

Știind foarte bine cum se simte nerăbdarea, răspund:

– Este ca o maşină mereu în ralanti, aşteptând să vină cineva să accelereze motorul. Este cam aşa... haide, haide, haide! Aşa se simte nerăbdarea.

– Acesta este un exemplu perfect. Aşa că simte, dacă amplifici nerăbdarea, ce crezi că îţi va face?

– Nu ştiu, răspund iritată.

Ignorând rezistenţa mea, Norma continuă:

– Epuizează şi goleşte corpul. Te face să fii frustrată şi asta ajută furia perfect. Când îţi sporeşti nerăbdarea, vii din terenul judecăţii, care continuă să alimenteze furia.

În timp ce vorbeşte, încep să se audă ţipete interioare.

– Este un ciclu vicios în care ai trăit toată viaţa, spune Norma. Pe măsură ce vom integra aceşti copii, vom elimina capacitatea furiei de a te ţine blocată în acest ciclu.

Volumul ţipetelor devine tot mai puternic. Mă agit din cauza disconfortului, îmi încleştez maxilarul şi încerc să aud doar vocea ei.

– Aşadar, motorul la ralanti alimentează furia şi asta menţine totul. Te ajută asta să o înţelegi mai bine?

Nu-mi pasă dacă înţeleg ceva în acest moment, pentru că ţipetele trebuie să înceteze. Sperând că va fi suficient să încheiem conversaţia, zâmbesc uşor şi dau din cap aprobator.

Zâmbeşte cu compasiune şi mă ia de mână pentru a mă ajuta să mă ridic. Nu este păcălită de tăcerea mea, dar ştie când să renunţe.

Instantaneu, ţipetele se opresc.

O urmez pe Norma în bucătărie, mă aşez la masă şi o privesc cum pregăteşte prânzul. O iubesc atât de mult. Nu se supără niciodată pe mine. Chiar dacă sunt cu ea douăzeci şi patru de ore pe zi, ea este întotdeauna aceeaşi. Nu are maxime şi minime. Nu reacţionează, indiferent de ceea ce fac sau spun. Am încredere totală în ea, aşa că de ce mă lupt atât de mult cu ea? Nu are niciun sens. Scot un oftat chinuit şi tresar când Norma îmi pune sandvişul în faţă. Mă uit în sus şi observ cât de obosit arată. Ştiind că oboseala ei este din cauza mea, mă face să mă simt vinovată. Alung gândul ăsta, apuc sandvişul şi iau o muşcătură. Mestec încet. Nu are gust. Mă simt atât de departe. Ce-i cu mine? Îmi înăbuş un hohot de plâns şi mă forţez să mai iau o muşcătură. Clipind repede, încerc să reprim emoţiile care se ivesc în mine.

– Ce este în neregulă, Serena? întreabă Norma sincer îngrijorată.

– Aşa e, Norma. Ce este în neregulă cu mine?

Luptându-mă cu tentaţia de a da în angoasă, respir cu greu. Sper ca Norma să aibă un răspuns pentru mine.

– Eşti dispusă să auzi adevărul? Tu eşti singura care neagă ce se întâmplă, afirmă Norma.

– Da, îmi doresc să aud ce nu este în regulă, răspund eu obosită.

– Tu şi cu mine am lucrat mult în ultimii patru ani şi, în acest timp, noi am adus mulţi copii acasă, nu-i aşa?

Neavând nevoie de un răspuns, continuă:

– Acei copii au fost straturi în călătoria noastră. Uită-te la sandvişul tău; are straturi de pâine, carne, salată, castraveţi muraţi, roşie şi maioneză, nu-i aşa? Amintirile tale sunt aşezate în straturi, la fel ca sandvişul tău. Am ajuns la un strat care deţine multă durere şi acea durere se exprimă prin furie. Aceşti copii menţin furia şi aceasta trebuie să iasă la suprafaţă, altfel nu te poţi vindeca; dar aceşti copii au fost antrenaţi atât de guvern cât şi de cult. Ei te percep pe tine ca pe o ameninţare şi vor să te omoare. Ei nu ştiu că voi toţi locuiţi în acelaşi corp. Ei te văd ca pe cineva din afara lor. Înţelegi ce îţi spun?

– Deci furia şi durerea pe care le simt sunt ale lor?

– Da, şi angajamentul nostru de a nu lăsa nici un copil în urmă înseamnă că dorim să îi aducem şi pe aceşti copii acasă. Poţi încerca să-ţi aminteşti că durerea este a lor şi nu a ta?

Face o scurtă pauză şi îmi zâmbeşte înainte de a continua .

– Când preiei emoţiile lor, îi împiedici să vină acasă la Zână. Împărtăşindu-mi simţirile tale, te ajută să fii mai clară ca să-i ajuţi. Ştiu că este greu.

Se apleacă înainte şi mă îmbrăţişează.

Predându-mă iubirii ei, izbucnesc în plâns, cu o intensitate care mă şochează chiar şi pe mine. Sughiţând, spun:

– Oh, Norma. Sunt atât de obosită. Nu ştiu dacă pot face asta.

– Nu eşti singură. Zâna şi cu mine suntem chiar aici cu tine. Îţi vei reaminti asta? După ce îţi termini prânzul, poate vrei să tragi un pui de somn.

*****

Coborând scările câteva ore mai târziu, îi găsesc pe Norma şi Garret stând pe canapea. Înainte să mă pot retrage în camera mea, Norma mă strigă:

– Vino să stai cu noi înainte să merg să pregătesc cina. Am venit la tine de câteva ori, dar dormeai atât de profund încât te-am lăsat să te odihneşti.

Cu reticenţă, mă aşez pe unul dintre fotolii, vizavi de ei. Ştiu că sunt un intrus în casa lor şi asta mă face să mă simt inconfortabil. Agitându-mă nervos, mă uit la Norma şi Garret care îşi reiau conversaţia. Chin Chin este cuibărit în braţele Normei. Îl mângâie pe cap, în timp ce vorbesc. Îi cercetez pe Norma şi

Garret pentru a găsi vreun semn de agitație pe fața lor, dar sunt confuză. Cum pot fi atât de relaxați unul cu altul?

Așezându-mă la masă pentru a lua cina, o oră mai târziu, rămân tăcută în timp ce Garret și Norma vorbesc. Cu capul aplecat, înfulec mâncarea cât de repede pot, astfel încât să mă pot retrage în camera mea.

– Nu te ajuți grăbindu-te să mănânci cina, spune Norma. Îți asculți mintea sau pe Zâna pentru îndrumare? Ai posibilitatea să alegi pe cine vei asculta.

Cum pot să fie atât de calmi când mănâncă și să se comporte de parcă nu se întâmplă nimic? Luptându-mă cu impulsul de a fugi, mă uit la ceasul cu pendulă și sunt mirată să văd că e abia 7 seara. Oare ce voi face în următoarele trei ore? Mă foiesc agitată și aștept permisiunea de a pleca de la masă.

– Vreau să mergi și să te bagi puțin în cadă. Vezi dacă poți respira și dacă poți intra mai adânc în corpul tău. Te va ajuta să dormi mai bine. Să nu încui ușa de la baie. Vin imediat sus să te verific. Înțelegi?

Simțindu-mă rușinată, încuviințez din cap, cu sfială.

Ești așa o pacoste!

Ar fi mai ușor pentru toată lumea dacă ai renunța acum.

Ea va ajunge să te urască.

Ești un caz de boală mentală, locul tău e în spital.

Complet îmbrăcată, mă așez pe marginea căzii și dau drumul la apă. Urmărind curgerea ei din robinet, mă concentrez asupra mișcării apei și pe sunetul acesteia. Pe măsură ce continui să privesc, mă pierd în experiență, ceea ce-mi permite să-mi părăsesc corpul. Asta este hipnoză, iar eu sunt expertă în așa ceva.

Furia se mută în partea din față a corpului. Ieșind din baie, corpul este propulsat în vârful scărilor. Clătinându-se pe margine, furia este gata să arunce corpul pe scări, dar Zâna îl ține din interior. Așa cum o ancoră priponește corabia să nu plece, așa ne ține ea, în timp ce o cheamă în tăcere pe Norma. Secundele trec, picioarele se apropie din ce în ce mai mult de marginea scării, dar ancora mă ține ferm.

Norma vine de după colț și vede corpul clătinându-se pe margine scărilor. Aleargă în sus pe scări și strigă după Garret. Trage corpul înapoi și îl ține strâns.

Urcând scările câte două, Garret apucă celălalt braț și împreună mută corpul în dormitor.

– Sunt în regulă, afirmă Norma cu fermitate. Te voi chema dacă am nevoie de tine.

Trăgând ușa după el, Garret coboară scările să aștepte.

Luându-i mâna, Norma conduce corpul la pat. Împingând umerii în jos, ea manevrează corpul pentru a se așeza ca să o poată privi în față. Norma mângâie fața și începe să mă strige. Masează ușor brațele și picioarele și insistă să mă întorc în față.

– Știu că mă poți auzi, Serena. Chiar vrei să renunți și să-ți părăsești băieții? Vrei să-i lași pe ei să câștige și să distrugă tot ceea ce am realizat?

Încet, ochii încep din nou să clipească și respirația devine mai profundă. Fața începe să se miște, indicând că cineva se întoarce în partea din față a corpului.

Sunt surprinsă să o văd pe Norma în dormitor cu mine. Totul e gol. Nu sunt conștientă de ceea ce s-a întâmplat.

– De ce sunt în dormitor? Încă mai am hainele pe mine. Nu am făcut baie?

Fără să aștept un răspuns, strig plângând:

– S-a întâmplat ceva rău, nu-i așa? Pot simți asta.

Îmi frec fața și încep să mă legăn înainte și înapoi. Mă simt ca prinsă într-o capcană. Oh, ce mult mi-aș dori să dispară totul!

– Trebuie să alegi, Serena. Vei fugi de frică sau vei rămâne și vei afla ce s-a întâmplat cu adevărat? Negarea ta, a ceea ce ți se întâmplă, face acest lucru mai dificil decât ar trebui să fie. Mă auzi?

Aplecându-se spre mine, ea ridică vocea:

– Vrei să confrunți adevărul? Părți din tine te vor moartă. Mă auzi?

Ațintindu-și privirea spre mine, ea urmărește să vadă dacă aș putea accepta adevărul.

Dau din cap încruntată și răspund:

– Da, știu că părți din mine mă vor moartă.

– Atunci, lasă-te să simți asta! Nu o împinge.

Simțindu-mă prinsă, fără scăpare, încep să respir autentic. În cele din urmă, sunt capabilă să aud ce s-a întâmplat.

– Erai în capătul scărilor, gata să te arunci în jos. Simți adevărul din ceea ce tocmai am spus?

Închid ochii și simt un abis de durere care mă înconjoară.

– Norma, am suferit atât de rău, că nu pot să-ți descriu.

– Știu, Serena. Nu e bine pentru noi când eu sunt singura care cunoaște adevărul. Iată în ce constă treaba furiei: să țină această durere încuiată, cu orice preț. Tu îți vezi furia ca pe ceva rău, dar asta te-a ținut în viață. E o unealtă, nimic mai mult. Când o judeci ca fiind rea, o ții blocată. Această furie, izolată separat în fiecare copil, nu este altceva decât amintire. Poți încerca să reții asta?

– Te aud, Norma, dar este mult mai mult ... decât orice aș fi crezut vreodată că este.

– Da. Încăpățânarea ta de a nega cât de rea a fost viața ta te-a ținut blocată. Îi ține pe copii închiși în întuneric. Ei nu pot avea niciodată încredere în tine dacă principala ta sarcină este să-i respingi pe toți. Te poți ajuta doar atunci când ești dispusă să fii sinceră cu tine însăți. Vreau să intri în cadă și să respiri. Eu voi fi chiar aici, așteptându-te. Nu te grăbi. Este vorba despre a te ajuta pe tine, da?

Privindu-mă, ea așteaptă răspunsul meu.

Oftând, o urmez în baie. Lăsând să se scurgă apa rece din cadă, stau intenționat cu spatele la ea. În timp ce cada se reumple cu apă caldă, o urmăresc pe Norma cum îndepărtează foarfeca, un aparat de ras și alte obiecte de genul, pe care le consideră periculoase. Simt rușine, dar fără să intru în ea, încep să respir. Ea face asta ca să mă ajute. Concentrându-mă pe această conștientizare, inspir cu hotărâre. Intru în cadă și mă așez cu grijă.

Fără să mai spună niciun cuvânt, Norma părăsește baia.

– Sunt mândră de tine, Serena, spune Zâna.

– Cum poți să spui așa ceva? întreb eu.

– Continui să fii aici, oricât de greu este acest lucru. Știu că ai vrea să fugi, dar în schimb continui să respiri. Asta face toată diferența. Sunt aici, draga mea.

Sufocată de emoție, mă întind pe perna de baie pentru a respira. În timp ce inspir, mă cutremur. În timp ce expir, suspin. Hotărâtă să respir, îmi fixez ochii pe mișcările în sus și în jos ale burții mele. Știu că dacă respir în continuare în acest fel, mă voi simți mai bine.

– Serena, îi lași pe acești copii să vină acasă? întreabă Zâna.

– Oh, da... m-am săturat să-i tot alung.

– Continuă să respiri şi rămâi aici. Nu intra în poveste, doar urmăreşte-o, astfel încât să îi poţi ajuta.

În timp ce Zâna vorbeşte, simt cum puterea ei mă încurajează.

Pe măsură ce amintirea prinde contur, o văd pe Jennifer scoţând sertarele dulapului, făcând trepte să urce pe ele. Nu poate fi oprită. Are mai puţin de trei ani, se clatină şi aproape cade, dar nu renunţă. Clătinându-se pe marginea celui de-al treilea sertar, deschide sertarul superior şi extrage un plic alb. Instantaneu, ştiu ce este. Este drogul folosit de Jack pentru a-i face pe oameni inconştienţi, la întâlnirile cultului. Jennifer a văzut efectele lui şi doreşte să simtă relaxarea pe care acesta o oferă.

Tremurând de emoţiile acestei amintiri, o aud pe Zână spunând iubitor:

– Sunt aici, Serena. Am oprit-o pe Jennifer înainte să ia drogul. Am învelit-o într-un cocon de dragoste şi am adormit-o. Prin curajul tău, acest copil este eliberat astăzi. Respiră cu mine, ca să o pot duce acasă.

După câteva momente, apare o altă amintire. Jennifer are patru ani. E singură în curtea din spatele casei, îngenunchiată de problemele personale. Plângând, se taie pe braţ cu un cuţit de bucătărie. Vrea cu disperare să moară! Plânsetele ei vin în valuri isterice. Durerea şi singurătatea ei nu pot fi descrise. Amintiri după amintiri apar. Continui să respir, ştiind că Zâna e aliata mea, pentru a-i lăsa pe aceşti copii să vină, în sfârşit, acasă la ea.

Tresar când aud un ciocănit în uşă şi o aud pe Norma cerând să intre. Îmi îndrept capul şi îmi trag genunchii la piept, înainte să spun da.

– Eşti gata să ieşi? Ai stat în cadă aproape o oră.

– Îmi pare rău, Norma. Nu mi-am dat seama cât timp a trecut.

– Nu trebuie să-ţi pară rău, dar vreau să te îmbraci ca să putem merge jos. Te voi aştepta afară.

Ridicându-mă prea repede, mă sprijin de perete ca să nu cad. Simt că am un tremurat neobişnuit, mă şterg cu prosopul cu grijă şi îmi pun cămaşa de noapte pe mine. Ieşind din baie, o văd pe Norma aşezată pe patul meu.

– Am tot văzut-o pe Jennifer la diferite vârste, când încerca să se sinucidă. A fost cumplit.

– Ştiu că este greu, dar acei copii şi-au împărtăşit durerea cu tine. Ce ai făcut?

– Am respirat şi am plâns, în timp ce i-am invitat să meargă la Zână. Apoi ai bătut la uşă.

– Sunt mândră de tine. Dorinţa ta de a nu combate durerea le va permite să vină acasă mult mai uşor. Deocamdată hai să-i dăm asta Zânei, astfel încât să poţi lua o gustare şi să ai o oră de linişte înainte să mergi la culcare. Poţi face asta?

– Da, dar nu mi-e foame.

– Înţeleg asta, dar nu ai mâncat prea mult la cină şi te-ar ajuta să dormi mai bine dacă ai mânca ceva. Hai să luăm o gustare, bine?

O urmez jos şi trag un scaun la masă.

Norma taie un măr şi câteva felii de brânză şi mi le aduce pe o farfurie, împreună cu fursecuri şi lapte.

Iau un fursec şi îl mestec încet. Nu are gust, dar simt că mi-e foame. Iau o bucată de brânză şi o felie de măr şi le mănânc împreună. După câteva minute, încep să mă simt mai împământată.

– Nu cred că vreau să mai mănânc. E în regulă, Norma?

– Da, ai mâncat suficient cât să-ţi fie de ajutor. Hai să mergem să ne uităm la televizor înainte de culcare. Dacă ţi-e frică sau ai nevoie de ceva la noapte, să vii să mă chemi, înţelegi?

– Oh, n-aş putea face asta!

– Vrei să te ajuţi sau vrei să-ţi faci rău? Acesta nu este un joc, Serena. Ei te vor moartă. Treaba lor este să menţină durerea suprimată şi vor face tot ce este nevoie pentru a te opri, chiar dacă asta înseamnă să ucidă corpul. Aşa că... eşti la fel de hotărâtă ca ei?

Realizând cât de serioasă este, mă obligă să mă confrunt cu faptul că ei mă doresc cu adevărat moartă. Fără tragere de inimă, sunt de acord să o trezesc pe Norma, dacă am nevoie.

*****

Întinsă pe pat în întuneric, abia pot respira. Presiunea îmi strânge inima, provocându-mi înţepături dureroase în braţul stâng. Mă întorc pe spate şi încerc să ameliorez o parte din disconfortul pe care îl simt. Panicată, mă ridic. Ce a fost asta? S-a simţit ca şi cum nişte mâini m-ar fi atins! Sar din pat şi aprind lumina. Mă uit prin cameră, dar nu văd pe nimeni. O iau razna? Lăsând lumina aprinsă, mă bag înapoi în pat. Ce să fac? Muşcându-mi pumnul, suprim dorinţa de a ţipa.

Norma deschide uşa şi mă întreabă:

– De ce ai lumina aprinsă, Serena?

– Oh, Norma, ai venit! Nu puteam respira şi am simţit mâini peste tot pe mine.

Intră în cameră şi se aşază lângă mine.

– Sunt aici, scumpo. De ce nu m-ai strigat?

– Pentru că tocmai mă băgasem în pat şi...

– Observă povestea pe care ţi-a spus-o mintea ta. Ţi-am spus să mă chemi orice ar fi şi am vorbit serios.

Îmi prinde fața în mâinile ei și se apropie atât de mult încât nasurile noastre aproape că se ating. Pot să văd petele de aur care sclipesc în ochii ei căprui.

– Sunt dedicată vindecării tale, orice ar fi. Pentru mine, tu meriți. Mă auzi?

Tremur de emoțiile pe care le simt. Incapabilă să vorbesc, dau din cap da.

– Ai vrea să mă lași să vorbesc cu copilul care simțea mâinile pe ea? Încearcă să rămâi, bine?

Fără nicio ezitare, copilul strigă:

– Ei nu îmi vor da drumul!

Urcă peste Norma ca să scape.

– Nu mai ești cu ei! afirmă cu voce tare Norma. Uită-te în jur. Nu ești acolo, acum.

Luând-o de braț, o îndrumă să vadă unde se află.

Surprins, copilul se oprește, observând-o pe Norma pentru prima dată. Privește în jos și vede cămașa de noapte roz în care e îmbrăcată.

– Ce s-a întâmplat? Eram fără haine...

– A venit îngerița și te-a luat de la ei. Ea te-a adus la mine ca să te pot ajuta. Îți poți aminti ce s-a întâmplat înainte să vină îngerița?

Zgârmănind pânza cămășii de noapte, copilul este evident confuz.

– Eram pe scaun... știi, cel cu curele. Iar ei puneau lucruri electrice pe mine.

Tremurând, se dă înapoi spre partea din spate a patului.

– Lucrezi cu ei? întreabă cu teamă.

– Nu, eu lucrez cu îngerița și cu Isus. Îl știi pe Isus?

Instantaneu, un zâmbet înlocuiește îngrijorarea.

– Da, îl cunosc, spune ea, suspinând afectuos. Este minunat. Lucrezi cu el?

– Da, lucrez cu el și cu îngerița. E aproape. O poți vedea?

Căutând un indiciu că o vede pe Zână, Norma așteaptă.

– O văd! Este frumoasă.

Întorcându-se spre Norma, întreabă:

– A venit după mine?

– Da, scumpo. Ai vrea să ne spui ce ți s-a întâmplat?

– Îmi puneau acele fire pe mine, care îmi făceau pielea să țipe.

– Și de ce făceau asta?

– Ca să mă rănească. Tot spuneau că eu știu ce vor ei, dar nu știam! protestează ea supărată.

– Vrei să-mi spui mai multe despre ce s-a întâmplat, ca să te pot ajuta?

Copilul dă din cap da, iar fața ei capătă o privire pierdută.

– Doare, ca atunci când te arzi. Nu le pasă cât de mult țip.

Privind în jos la brațul ei, îl freacă absentă.

– Mi-au legat cu curele brațele, picioarele, încheieturile, chiar și capul. Nu puteam să mișc nimic! M-am speriat atât de tare!

În timp ce spune ultimele cuvinte, vocea ei devine panicată.

– Uită-te la mine. Eu sunt aici acum. Ei nu te vor mai răni niciodată, dar înainte de a merge mai departe, vrei să-mi spui numele tău?

– Oh, eu sunt Lily.

Zâmbind cu căldură, Norma continuă:

– Mă bucur să te cunosc, Lily. Acum, poți să-mi spui ce s-a întâmplat după ce ei ți-au pus curelele?

Plângând de teroare, Lily povestește cu lux de amănunte:

– Mi-era așa de frică. Mi-au pus lucrurile acelea electrice peste tot, chiar și pe cap! Apoi le-au pornit. Am țipat. Am simțit că mor.

Instantaneu, corpul se apleacă înainte și o altă voce mârâie:

– Știu ce încerci să faci, dar nu vei câștiga.

Zâmbind cu cruzime, pleacă.

Revenind, Lily strigă:

– Pielea mea, pielea mea, arde atât de tare, dar ei tot îmi spun că eu știu ce vor ei și dacă nu le dau ce vor, nu se vor opri niciodată!

Plângând disperată, își prinde capul de durere.

– Nu mai pot suporta! Înțelegi?

Norma o ia pe Lily în brațe și o leagănă, în timp ce copilul geme în agonie.

– Acum este în regulă. Sunt aici. Nimeni nu te va mai răni vreodată. Mă auzi?

Legănând-o cu blândețe, Norma murmură:

– O invit pe îngeriță să vină să te ia cu ea. Apoi vei fi liberă și nu vei mai suferi. Ți-ar plăcea asta?

Auzind-o pe Lily mormăind da, Norma începe să o cheme pe Zână, să o ia pe Lily acasă.

– Poți să mergi cu ea, Lily.

Pe măsură ce clipele trec, corpul se relaxează.

– Serena, întoarce-te în față acum. E nevoie de tine.

Văzând corpul în poziție de drept, Norma întreabă:

– Ai putut să auzi ce a spus Lily?

– Îmi pare rău, Norma. Am încercat, dar la un moment dat am auzit-o spunând că ei nu o vor lăsa să plece și apoi am fost din nou aici. Chiar nu am vrut să plec.

– E perfect, Serena. Poți avea încredere că nu era necesar să auzi mai mult de atât și să nu te mai gândești la asta?

– Pot să te întreb ceva înainte să pleci?

– Bineînțeles că poți.

– Crezi că e adevărat?

– Ce să fie adevărat, Serena?

– Știi tu... chestia cu guvernul. Chiar cred că ar putea fi ceva inventat.

– Și de ce vrei să nu fie adevărat?

– Nu asta am spus. Am întrebat dacă tu crezi că e adevărat.

– Am înțeles ce m-ai întrebat și eu te întreb de ce insiști să crezi că nu este adevărat?

Simțind că situația s-a schimbat împotriva mea, mă uit la Norma într-o confuzie totală.

– Alegi să nu pricepi ce-ți spun. Insiști că amintirile cu guvernul sunt minciuni. Te-ai întrebat vreodată de ce nu le crezi, oricât de multe am descoperi?

Știind că nu va da drumul acestui lucru până nu am un fel de răspuns, ridic din umeri și răspund:

– Chiar nu știu, Norma.

– Știi, Serena. Dacă ai vrea, ai putea descoperi de ce apare mereu acest lucru. Cuvintele „este o minciună" sunt o temă obișnuită pentru noi, ești de acord?

Știind că este adevărat, răspund cu ușurință da.

– Atunci, dă-ți voie să simți: de unde vin cuvintele astea „este o minciună".

Respir profund, încep să alunec în simțire și să-i permit intuiției mele să mă conducă.

– Norma, văd doi bărbați aplecați la doar câțiva centimetri de fața lui Jennifer. Poartă halate albe de laborator și în spatele lor sunt cinci bărbați în uniformă care râd de ea. Ea pare să fie calul de bătaie pentru glumele lor. Unul dintre bărbații în halat alb spune:

– Priviți. Putem să o facem să creadă orice.

– Înainte de a merge mai departe, câți ani pare să aibă Jennifer?

– Are doisprezece ani.

Continuând de unde am rămas, spun:

– Bărbatul se întoarce spre Jennifer și îi șoptește: „Știi că este o minciună, nu-i așa?" Jennifer dă din cap foarte încet ... oh, e în transă, Norma!

– Te descurci minunat, Serena, dar vreau să te întorci acolo unde a început această amintire. În felul acesta, vom avea o mai mare claritate.

Îmi închid ochii şi inspir încet. Simt frică, dar ştiu că trebuie să fac asta. În câteva clipe, încep să văd amintirea de la începutul ei.

– Jennifer li se opune. Sunt cel puţin cinci bărbaţi şi se află într-o cameră imensă, iluminată puternic. Lois este acolo... în fundal, privind. Jennifer ţipă după mama ei, dar Lois nu face nimic.

Mă opresc să mă adun, înainte de a vorbi din nou.

– Jennifer se luptă să scape. Ei o ţin strâns şi îi scot hainele, înainte să o lege de un scaun. Un bărbat care poartă halat alb îi instruieşte pe ceilalţi despre ce trebuie să facă. Au băgat un ac în braţul lui Jennifer. Este ataşat la unul dintre acei stâlpi pe care îi folosesc în chirurgie. Ştii... chestia intravenoasă?

– Ştiu despre ce vorbeşti. Nu te lăsa distrasă. Observă: ce fac ei acum?

– O leagă de scaun. Este un stâlp care iese din spatele scaunului. Îi leagă capul de el, ca să nu se poată mişca. E atât de furioasă. Strigă că îi va omorî pe toţi. Oh, Norma, râd de ea.

Apucându-mi mijlocul, respir încă o dată adânc. Îmi adun tot curajul, pentru că ştiu că trebuie să privesc acest lucru până la capăt şi continui:

– Ataşează electrozii de pielea şi de capul ei.

Legănându-mă înainte şi înapoi, încerc să-mi ţin agitaţia la distanţă.

– Serena, nu poţi să-l ajuţi pe acest copil sau pe tine însuţi, dacă intri în amintire. Treaba ta este să relatezi ce vezi. Poţi să faci asta, te rog?

– Bine, Norma, dar asta e rău, strig cu teamă.

– Da, este. Tu eşti cea care neagă adevărul. Acum, observă, ce se întâmplă în continuare?

Dau din cap şi înghit cu lăcomie aerul, înainte de a continua.

– Ei încep prin a porni aparatul.

– Poți vedea aparatul, Serena?

Dând din cap că da, nu răspund; sunt pierdută în ceea ce văd.

– Serena, vreau să-mi descrii aparatul.

– Este acolo.

Arătând cu degetul spre cutia care se află în colțul camerei uriașe din amintirea mea, mă aștept ca Norma să o poată vedea.

– Este o cutie lungă, plată, argintie, cu găuri în ea. Cele cinci găuri au mai multe fire care ies din ele. Arată ca un fel de casetofon ...

– Bine. Și apoi ce se întâmplă?

– Ei o pornesc. I-au dat medicamente lui Jennifer astfel încât să fie inconștientă. Apoi, când electricitatea este pornită, ea țipă de durere. Atunci unul dintre bărbați spune: „Este o minciună. Nimic nu se întâmplă cu adevărat... doar pleacă. Poți face asta, știi". Oh, Norma, fac asta în repetate rânduri, cu diferite părți ale corpului, inclusiv cu capul ei. Trimit vibrații de electricitate prin corpul ei, ceea ce-i provoacă dureri imense și arsuri și când pornesc perfuzia spun: „Poți pleca. Totul este o minciună." Oh, durerea este atât de puternică!

– Serena, stai aici! Uită-te la mine. Vino înapoi în această cameră. Freacă-ți picioarele și respiră o clipă. Mă vezi?

Încerc să-mi limpezesc mintea și îmi frec fruntea. Mă simt ca și cum aș fi la un milion de mile distanță.

– Mă simt ciudat, Norma.

– Atunci respiră, Serena. Acesta este momentul în care trebuie să alegi. Cine va câștiga, sugestia hipnotică sau tu?

Este mai puternică decât tine şi Zâna ta?

Respir intenţionat şi simt cum revin încet în cameră.

– Sunt aici, Norma.

– Bine. Observă cât de multă putere are alegerea ta. Hipnoza nu este niciodată mai puternică decât tine şi Zâna. Deci, ce ai învăţat din asta?

– Cuvintele: „aceasta este o minciună" fac parte din chestiile guvernamentale.

– Da, fac parte din instruire. Poţi începe să separi acea propoziţie şi să o respiri acasă. Ar ajuta cu adevărat în munca noastră. A fost creată dintr-un singur motiv: păstrează secretele cu orice preţ. Toată această pregătire trebuia uitată. Au vrut să te controleze şi dacă nu aveai amintiri despre ce s-a întâmplat sau începeai să-ţi aminteşti lucruri, puteai să le negi spunându-ţi că a fost o minciună şi în felul acesta lucrarea lor rămânea secretă. Sper că asta te va ajuta pe tine şi pe mine în munca noastră, astfel încât să nu mai negi atât de repede adevărul. Vei lăsa lucrul acesta să te ajute?

– Da, dar e rău, Norma!

– Ştiu, Serena. Nu trebuie să mă convingi. Am fost aici tot timpul. Brutalitatea pe care ai trăit-o este dincolo de ceea ce majoritatea oamenilor şi-ar putea imagina. Tu eşti cea care tot neagă adevărul.

Aplecându-se spre mine, mă mângâie uşor cu palma peste braţ.

– Sunt mândră de tine. Ai fost dispusă să vezi asta, în ciuda disconfortului pe care ţi-l dădea. Aşa că hai să respirăm împreună, ca să poţi să te odihneşti puţin. Ţine minte, dacă ai nevoie de mine în mijlocul nopţii pentru orice, vii la mine şi mă trezeşti, subliniază ea. Vei face asta?

– O voi face, dar sunt speriată de acest lucru care trăieşte în mine.

– Ai încredere în Zână. Ea te-a ținut în viață toți anii aceștia și acum este aici. Amintește-ți, noi trei suntem o echipă. Acum întinde-te pe spate ca să putem respira împreună.

După mai bine de zece minute de respirație profundă, mă simt mai relaxată. Mă simt în siguranță să fiu aici cu Norma și știu că o pot trezi fără ca ea să se supere pe mine.

– Ține minte, dacă ai nevoie de mine pentru orice, doar vii jos și mă chemi.

Cu această declarație, ea închide ușa.

*****

Următoarele trei zile trec în ceață. Norma îmi spune că facem o muncă grozavă. Mă bucur, pentru că mă simt asfixiată. Regimul rămâne; nu pot face nimic fără permisiunea ei. Este atât de strictă încât nici măcar nu mă lasă să ies în curtea din spate să mă joc cu Chin Chin. Singura dată când pot intra în bucătărie este atunci când mă însoțește. Știu că a trecut prin toată casa, îndepărtând obiectele pe care le-aș putea folosi să mă rănesc.

Pierd porțiuni mari de timp în fiecare zi. Nu am fost niciodată conștientă de pierderea timpului și mi se pare ciudat. Știu că alții vin în față, pentru că am văzut desenele pe care le-au făcut. Sunt imagini desenate în creion roșu și negru, cu lucruri pe care nu vreau să mi le amintesc. Există și alte imagini desenate cu creionul care descriu „oameni de piatră”. Norma spune că acești oameni au fost creați pentru că nu pot fi răniți. Desenele sunt atât de literale: bolovani mici și rotunzi lipiți unii de alții, creând o persoană vie. Chiar credem asta?

A trebuit să o trezesc pe Norma în fiecare noapte, pentru ajutor. Noaptea trecută am simțit că voiam să mă rănesc din nou. Am tot strigat-o de mai multe ori pentru că mi-era frică să mă ridic din pat și să risc să cobor scările la ea. Acest coșmar este în derulare douăzeci și patru de ore pe zi, șapte zile pe săptămână. Pare a fi o traumă perpetuă. Mă doare corpul în majoritatea timpului. Am dureri de cap intense și sunt incredibil de obosită.

Mă întreb dacă Norma este la fel de obosită ca mine. Nu știu cum poate face față la asta, pentru că nu a ieșit din casă de zile întregi. Am întrebat-o când crede că s-ar putea termina, dar refuză să-mi răspundă la întrebare. În schimb, mă întreabă dacă consider că munca lor merită.

Nu am simțit niciodată o tristețe atât de copleșitoare. Am crezut că eram deprimată înainte, dar atunci nu era nimic în comparație cu acum. Depresia este atât de densă, încât mă simt sufocată de ea. Nimic nu pare să remedieze această experiență insuportabilă, dar Norma continuă să mă invite să respir și să sărbătoresc că în cele din urmă toate vin acasă pentru vindecare. Dacă nu ar fi fost încrederea ei neclintită că putem realiza această vindecare, aș fi renunțat de mult. O privesc tot timpul. Indiferent de ce apare, ea răspunde calm. Nu prea manifestă emoțiile. Dacă nu are un răspuns imediat, respiră. A fost impenetrabilă, chiar și când am țipat la ea. Doar puterea compasiunii ei m-a făcut să nu intru în disperare.

Capitolul 13: **SUCCES**

Cum pot face față unei alte zile? Ce se întâmplă dacă Norma greșește și această durere nu va trece niciodată? Mă ridic din pat și cobor obosită scările. Intru în bucătărie și o văd pe Norma vorbind la telefon. Iau loc la masă, îmi așez capul pe antebraț și îmi închid ochii. Simțind o atenționare cu palma pe umărul meu, ridic privirea și o văd pe Norma gesticulând spre mine. Nu vrea să-și întrerupă conversația cu clientul de la telefon, așa că prin expresiile feței și pantomimă mă încurajează să mă ridic și să respir.

Urmându-i sugestia, expir încet și observ că depresia pare mai suportabilă. Pe măsură ce inspir din nou, de fapt mă simt mai bine. De ce trebuie să mi se reamintească să fac asta? Întotdeauna ajută, dar uit asta atât de repede.

Făcându-i semn că voi merge să mă îmbrac, mă îndrept spre etaj. Îmi pun ținuta obișnuită, un pantalon de trening și o cămașă și intru în baie să mă spăl pe dinți. Îmi examinez reflexia în oglindă și observ că ochii care se uită la mine sunt lipsiți de viață. Inspir adânc, strigând, aleg să trăiesc! Dar nu funcționează; angoasa devine din ce în ce mai puternică. Îmi șterg fața cu mâneca de la cămașă și alerg la parter. Norma încă vorbește la telefon. Gesticulând frenetic, o fac să înțeleagă că am probleme.

Dă din cap calmă, acoperă cu palma microfonul telefonului și șoptește:

– Du-te în sufragerie și vin și eu imediat.

În câteva minute, Norma este așezată lângă mine pe canapea.

– Sunt aici, Serena. Ce se întâmplă?

– Ceva nu este în regulă! Într-o secundă mă simt puternică; simt că nu voi renunța și în următoarea... abia pot să respir, durerea e atât de mare!

Terminând propoziția cu un țipăt, mă apuc isteric de mijloc.

– Dacă ți-e frică nu ajuți pe nimeni, mai ales pe copiii care sunt aici să împărtășească. Vrei să faci un pas înapoi și să mă lași să-i ajut?

Instantaneu, corpul se ridică și aleargă spre ușă. Țipând, copilul este incoerent.

Norma o apucă cu mâna în jurul taliei, spunând:

– Sunt aici. Nu trebuie să fugi. Bărbații răi au plecat. Mă poți auzi?

Tremurând, copilul respiră agitat.

– Vă rog, nu din nou. Voi face orice vreți, dar vă rog... nu mă mai duceți acolo!

Urlând și plângând, copilul se luptă cu Norma.

– Au plecat, declară Norma. Știu că ești curajoasă, așa că deschide-ți ochii și uită-te în jur. Bărbații au plecat. Acum ești în casa mea.

Încet, copilul se relaxează în brațele Normei.

Eliberând-o pe fată din strânsoare, Norma o ia de mână și o conduce înapoi pe canapea. Îi oferă o gură de apă și îi permite copilului să se adune.

Ridicându-și capul, fata se uită la Norma.

– Eu sunt Norma și lucrez cu îngerița. Ea stă chiar lângă tine. O poți vedea?

Văzând îngerița luminată în cea mai frumoasă lumină, copilul întreabă:

– A venit să mă ajute?

– Da, pentru asta a venit. Ea ştia că ai fost rănită şi a oprit suferinţa. Te-a adus aici ca să te pot ajuta. Cum te numeşti?

– Mă numesc Jennifer.

– Şi câţi ani ai, Jennifer?

– Am cinci ani.

Se uită în jurul camerei şi întreabă îngrijorată:

– Unde este mămica mea?

– Mămica ta nu este aici, dar e bine. Îţi place mama ta?

Ridicând din umeri, copilul pare indiferent.

– Este în regulă dacă nu îţi place de ea. Ştii asta?

– Nu-mi place de ea deloc! declară furioasă Jennifer.

– Înţeleg. Am auzit de lucrurile pe care le-a făcut şi au fost foarte oribile. Ai vrea să-mi spui despre ea?

Dând din cap, copilul ezită, apoi explodează cu furie:

– Mă duce în locul acela şi mă obligă să intru înăuntru. Nu vorbeşte cu mine; mă târăşte pe uşa din faţă!

Plângând, Jennifer îşi înfige unghiile în antebraţe.

– Cum te face asta să te simţi?

– Mă enervez tare!

Îşi şterge lacrimile de pe obraji şi strigă supărată:

– Zice că mă iubeşte, dar e o mincinoasă! Ştiu! Am fost acolo!

– Unde, scumpo?

– În cameră cu bărbatul cu hârtiile. El i-a spus lui mami şi lui tati că aş putea muri dacă fac mai multe experimente. Dar ei doar zâmbesc. Apoi el le dă hârtiile şi ei scriu ceva pe ele.

Căzând în braţele Normei, Jennifer plânge în hohote.

Legănând-o cu blândeţe, înainte şi înapoi, Norma aşteaptă ca suspinele lui Jennifer să înceteze. Dintr-o dată, corpul devine rigid. Trăgându-se brusc din braţele Normei, un alt copil strigă:

– Ştiu ce încerci să faci, dar nu vei câştiga! Mă auzi?

El sare în picioare, strălucind.

– Nu te apropia mai mult.

Pieptul i se umflă căutând să inspire frică şi pumnii i se încleştează. Este gata să o lovească pe Norma în orice moment. Pe plan intern, Zâna ţine corpul să nu mai facă nicio mişcare. Pe măsură ce timpul trece, respiraţia încetineşte, până când corpul se prăbuşeşte inconştient pe covor. Îngenunchiată lângă corp, Norma îmi strigă numele. În timp ce mă atinge pe umăr, îmi strigă din nou numele, insistând să vin în faţă.

Când mă întorc înapoi în partea din faţă a corpului, strig:

– Oh, Norma, mă doare. Ce s-a întâmplat? Cum am ajuns pe podea?

– Vino să stai cu mine.

Îşi întinde mâna şi mă ajută să mă ridic în picioare.

– Respiră şi alege conştient să intri mai adânc în burtica ta. Ce contează este că te ajuţi singură. Trezim copiii care dorm de mai bine de patruzeci de ani şi asta trebuie să o facem cu cea mai mare blândeţe posibilă.

Îmi pune mâna pe spate şi mă conduce înapoi la canapea.

– Oh, uau, oh, uau, ceva nu e în regulă! Simt ca şi cum m-aş dezintegra în interior! Oh Dumnezeule... mă prăbuşesc! Mă simt atât de pierdută! Am probleme, Norma, pot simţi asta. Mă auzi?

– Uită-te la mine, insistă calm Norma. Simţi amintirile. Uită-te în jurul tău. Este ceva în neregulă în acest moment? Ai un acoperiş deasupra capului; eşti în siguranţă. Există oameni care te iubesc şi care te protejează. Când te vei hotărî să ai încredere în Sufletul tău, oricât de încâlcită ar deveni treaba?

Simţind cum tăria ei mă curăţă, inspir încet. Sunt hotărâtă să respir. Inspirând din nou, respiraţia se opreşte în gât ca un perete de angoasă care aproape că mă înghite. Expir şi apoi inspir. Respir pe nas cât de bine pot. Nu mă concentrez pe nimic altceva; este singurul lucru pe care îl voi permite în acest moment. Încet, agonia începe să se diminueze. Lăsându-mă pe spate, pe perne, iau o înghiţitură de apă.

– Este mult mai rău decât orice mi-aş fi putut imagina vreodată!

– Ştiu, Serena. Puţini oameni vor şti vreodată nivelul de teroare prin care ai trecut, dar Zâna, tu şi cu mine ştim. Poţi să rămâi aici în acest moment şi să ai încredere?

Dau din cap şi mă uit în jurul camerei. O studiez, alegând să fiu pe deplin conştientă în acest moment.

– Vreau să mergi să faci o baie. Pur şi simplu să te scufunzi în apă şi să respiri, Serena. Deja am lucrat intens astăzi şi nu e bine să forţăm. Vreau să te odihneşti.

– Bine.

– Dar dacă ai nevoie de mine, doar strigă-mă şi voi veni. Poţi să faci asta?

Sunt de acord şi urc scările. Mi-aş dori să fiu oricine altcineva în afară de mine. De ce sunt un caz aşa de problematic? Nimeni nu poate avea o asemenea tulburare şi să nu se simtă cumva slăbit. Nu conştientizez că mă duc din nou într-un loc periculos. Intru în cadă şi deodată simt că leşin. Apucând suportul pentru săpun, încerc să trag o gură de aer, dar abia mai pot inspira. Ce este în neregulă acum? Tremurând de o frică ce pare să fi ieşit de nicăieri, mă holbez la peretele cu faianţă roz din faţa mea. Fără să mă mişc, îmi simt respiraţia lentă, ceea ce îmi permite să intru în hipnoză. În timp ce privesc, o uşă interioară se deschide în faţa mea. Înăuntru e un întuneric dulce, care mă cheamă să intru. Surprinsă, îmi aud vocea strigând-o pe Norma. În câteva momente, ea este acolo.

Vorbind cu emfază, Zâna spune:

— Nu este în siguranţă să fie lăsată singură, nici măcar să facă baie. Lucrurile escaladează.

Norma mă ia de mână şi mă îndrumă să stau aşezată. Dându-mi un prosop cu care să-mi pot acoperi pieptul, ea potriveşte temperatura apei, în timp ce mă linişteşte.

— Sunt aici, Serena. Nu mă duc nicăieri. Doar respiră... Alege să fii aici indiferent de orice! Vino mai adânc în corpul tău.

Ascultând vocea ei ce rezonează cu putere, mă liniştesc. Inspirând şi expirând, aleg să fiu aici pe deplin. În cele din urmă, încep să mă simt din nou ca mine.

— Sunt mai bine acum. Mă voi şterge cu prosopul şi voi fi jos în câteva minute.

— Nu, nu te pot lăsa singură acum. Mă voi întoarce cu spatele, astfel încât să te poţi şterge, dar rămân chiar aici.

Simţind cât de serioasă este, nu mă cert. Coborând scările câteva minute mai târziu, ne aşezăm amândouă pe canapea.

— Ai auzit-o pe Zână zicând că nu eşti în siguranţă? Ea a spus că lucrurile se amplifică şi că nu poţi fi lăsată singură.

– Nu.

– Ei bine, eu am auzit asta şi o iau în serios. A fost deja o zi plină şi am ceva muncă de făcut. Vei sta pe canapea să te uiţi la televizor. Dacă ai nevoie de ceva, trebuie să ceri mai întâi. Voi fi la biroul meu, aşa că te voi putea vedea în orice moment. Te rog, cooperează cu mine anunţându-mă când simţi orice neregulă. Poţi face asta?

– Bineînţeles că da.

Luând telecomanda, pornesc televizorul. Întorcându-mă către sunetul uşii care se deschide, îl văd pe Garret intrând. Merge mai departe, acolo unde Norma e aşezată, se apleacă şi îi sărută creştetul capului. Ea îi atinge cu tandreţe obrazul, în timp ce îşi zâmbesc şi se uită unul în ochii celuilalt. Este ceva în felul în care interacţionează, care mă face să mă simt în siguranţă.

Ridicându-se de la birou, Norma se întoarce spre mine şi îmi spune:

– Voi merge în bucătărie să pregătesc cina. Trebuie să stai acolo. Dacă ai nevoie să pleci de pe canapea din orice motiv, mai întâi mă chemi. Înţelegi?

– Da... ce avem la cină? întreb absentă.

– Nu m-am decis încă, dar treaba ta este să rămâi prezentă. Ascultă şi cheamă-mă dacă începi să simţi anxietate vizavi de orice.

Norma şi Garret intră în bucătărie. Ştiu că vorbesc despre mine. Oare ce spun? Simţind anxietate, reduc volumul televizorului, dar tot nu-i aud ce vorbesc. Dau volumul înapoi şi găsesc o emisiune care mă va distrage suficient de mult pentru a-mi uşura anxietatea. În câteva minute, sunt amorţită.

Tresar la sunetul vocii Normei, opresc rapid televizorul, dar prea târziu. Ea ştie că mă uitam la un program care era stimulant pentru mine. Se uită la mine lung, înainte de a vorbi.

– Vom lua cina imediat. Vreau să te gândești la ceva înainte să mâncăm. Ai spus că îți dorești să fii o parte a soluției, dar nu ești. Nu am încredere în tine. Simte ceea ce spun și realizează că tu ești singura care creează asta.

Sunt uimită. Nu a fost niciodată dezamăgită de mine până acum. Urmând-o în bucătărie, încerc să mă apăr, dar înainte să am ocazia să vorbesc, ea mă oprește spunând:

– Nu încape loc de discuție. Am spus adevărul. Acum poți să-i faci față.

Privind-o cum amestecă ceva în tigaie, aștept, sperând că va mai spune ceva. Simțindu-mă vinovată, mă întorc în sufragerie.

Ai dat-o în bară acum!

A terminat cu tine.

Puseuri de durere îmi trec prin umeri și urcă pe gâtul și în capul meu.

Ce voi face dacă nu va mai lucra cu mine? Îi voi promite să nu mai fac asta niciodată!

Nu poți promite asta. Știi că nu ești de încredere!

Ești un caz de boală mintală, îți amintești?

Alergând în bucătărie, strig:

– Norma, am greșit! Te rog, să nu te oprești din a lucra cu mine. Voi face tot ce spui!

– Cine a spus că voi înceta să lucrez cu tine?

– Ei bine, eu...

– Tu ți-ai ascultat mintea, Serena. Nu pricepi, nu-i așa? Mintea ta a fost instruită de guvern și de cult; nu este prietena ta! Eu sunt prietena ta. Sunt aici, dedicată integrării tale, dar ești și tu? Întreabă-te cu adevărat: vrei să te integrezi sau doar cauți o cale ușoară de ieșire? Acum așază-te și eu voi servi cina.

Hotărârea Normei combinată cu îndrumarea lui Kuan Yin îmi scoate în mod intenționat furia din ascunziș. Atâta timp cât i se permite să stea ascunsă, rămâne mortală. Împingerea să continui să vorbesc înseamnă că furia mă controlează. Norma știe asta și nu este interesată să joace jocul. Pe măsură ce anxietatea crește în interior fără să se poată exterioriza, furia va trebui să se dezvăluie.

*****

După cină Norma îmi dă o bucată de hârtie și un pix.

– Vreau să faci o listă a filmelor pe care vrei să le vezi, astfel încât Garret să le poată închiria de la magazinul cu casete video. Trebuie să știu că ceea ce urmărești te va ajuta. Poți face asta? întreabă ea cu amabilitate.

Dând din cap obedient, încerc să fac o listă de filme care să mă intereseze. Nu pot să mă gândesc decât la vreo două pe care aș vrea să le văd.

– Pot să-ți văd lista?

Îi întind hârtia și privesc cum îmi taie de pe listă unul din cele două alegeri ale mele. Dându-i hârtia lui Garret, îl roagă să aducă filme pentru copii și câteva documentare cu animale, pentru mine.

Se așază pe canapea lângă mine și deschide televizorul. Norma știe că stând lângă mine îi va alina pe copiii interiori și îi va ajuta să se simtă în siguranță. Furia face orice poate să o manipuleze, vorbind prin mine, încercând să i se împotrivească la fiecare pas. Ea rămâne tăcută dintr-o înțelepciune plină de compasiune.

– Norma, trebuie să înțelegi, implor eu cu tărie.

– Serena, spune ea calmă, știu că nu vorbesc cu tine. Sunt mulți care vor să-ți facă rău și eu nu doresc să particip la asta. Nu sunt supărată pe tine. Știu că nu poți fi de încredere. Acesta este adevărul, așa că trebuie să acționez în consecință. Încearcă și ține minte că eu sunt aici să te ajut și că sunt prietena ta.

Țipetele interioare se intensifică în mine. Trebuie să vorbească cu mine! Este absurdă! Trebuie să ies de aici!

– Unde te duci? întreabă ea calm.

– Mă duc sus în camera mea! replic furioasă.

– Nu, nu ai voie să mergi în camera ta până la ora de culcare. Dacă dorești să desenezi, du-te și ia-ți lucrurile și adu-le aici.

– Nu vreau să desenez! strig supărată.

– Atunci, uită-te la televizor cu mine, mă invită ea calm.

Sirenele urlă, adăugându-și zgomotul la haosul din interior. Furia crește, dar eu nu încerc să comunic cu persoana care era acolo pentru mine. În schimb, mă țin strâns de furie, ca de o plută de salvare. Partea dreaptă a feței mele devine rece; se simte ca paralizată. Durerea îmi radiază în sus pe spate și în cap. Sunt cuprinsă de ceva de nedescris, dar nu strig. În schimb, încerc să-l resping, zgâlțâindu-mi piciorul și îmi zgârii pielea cu unghiile.

În cele din urmă, Garret se întoarce acasă cu o sacoșă în mână.

– Am găsit patru filme și câteva documentare. Sper că sunt de ajuns.

Luându-i sacoșa, Norma zâmbește cu recunoștință.

– Ne uităm la televizor, Garret. Ea le poate urmări pe acestea în următoarele câteva zile. Este ceva în special la care ți-ar plăcea să te uiți?

– Nu, voi lucra puțin pe computer. Am o prezentare pe care trebuie să o termin.

Părăseşte zona comună a sufrageriei şi se duce să se aşeze la computer.

Întunericul mă învăluie. Mă simt ca şi cum aş dispărea în neant. Capul mi se leagănă şi interiorul meu se umple cu o presiune intensă. Mă înec în propriul meu delir.

Corpul sare de pe canapea. Vocea care urlă la Norma este masculină şi plină de furie.

– Nu ai voie să faci asta! Eu sunt la conducere şi tu nu vei câştiga!

Aleargă spre uşă şi apucă clanţa.

Dar Norma este la fel de rapidă. Apucându-l de talie, ea afirmă cu autoritate:

– Tu nu comanzi aici. Eu iau deciziile şi tu nu pleci nicăieri. Acum stai jos!

Norma şi Garret trag corpul înapoi pe canapea.

– Nu sunt marioneta ta! ţipă el. Nu ai nicio putere asupra mea, mă auzi?

Norma ţine corpul strâns şi întreabă:

– Care este treaba ta?

Tăcere... corpul se prăbuşeşte pe perne, cu ochii larg deschişi.

– Garret, respiră? ţipă Norma.

Aplecându-se aproape de faţă, Garret nu aude nimic. Îşi pune mâna sub nas.

– Nu respiră!

Scuturând puternic corpul, Norma îi priveşte faţa pentru a vedea orice reacţie.

– Ai pierdut, şopteşte vocea masculină şi, cu această declaraţie, ochii se închid.

– Pune-o întinsă pe canapea! ţipă Norma.

Din nou, ea scutură viguros corpul. Încearcă să simtă mişcarea pieptului ei şi nesimţind nimic, strigă:

– Cineva, oricine, vino în partea din faţă a corpului şi respiră!

Norma plezneşte puternic faţa, cu palma. Tot nici un răspuns.

Ştiind că am fost instruiţi să murim, Norma se apleacă şi scutură din nou corpul, ascultând orice sunet de respiraţie. Ea ştie că dacă omul alege să termine, corpul va muri. Simţind îndrumarea lui Kuan Yin, ea ştie imediat ce să facă.

– Toby, ştiu că eşti acolo. Am nevoie de ajutorul tău. Nu vrei să mergi şi să mănânci hamburgeri cu mine? Dacă îi laşi pe ei să câştige, atunci tu şi cu mine nu mai putem avea asta niciodată! Mă auzi? Am nevoie să vii să respiri! Poţi face asta, ştiu că poţi! Te iubesc, Toby! Vreau să avem din nou acea dulceaţă, dar nu o pot face singură. Am nevoie de ajutorul tău! Te rog, scumpule, vino şi respiră! Vino fix printre ei! Ştiu că poţi face asta! Zâna te va ajuta!

Convingătoare şi imploratoare, Norma continuă să cheme. Dintr-o dată, respiraţia revine cu o inspiraţie bruscă. Tremurând pe expiraţie, corpul se ridică drept.

– Te-am putut auzi, Norma! plânge Toby. Eram aşa de speriat! Mă ţineau jos!

Trăgându-l aproape, Norma îl leagănă înainte şi înapoi.

– Eşti băieţelul meu curajos. Ştiam că nu te pot împiedica să mă ajuţi. Sunt atât de mândră de tine, scumpule.

– Oh, Norma, nu mă voi reîntoarce acolo! Este întuneric şi sunt atât de mulţi furioşi. Le-am văzut ochii. Arată ca nişte monştri!

Tremurând de groază, izbucnește în hohote de plâns.

Norma îl ține strâns și îl leagănă fredonând:

– Nu îi voi lăsa să-ți facă rău.

Îi mângâie capul lui Toby și continuă să-l liniștească. În cele din urmă, după ce îl ține minute îndelungate, o cheamă pe Zână să-l ia.

Reașezând corpul pe perne, Norma îi face semn lui Garret să rămână la celălat capăt al canapelei. Chemând cu voce tare, ea insistă ca monștrii să vină și să vorbească cu ea.

– Nu aveți de ales. Am pătruns prin barajul vostru și acum trebuie să faceți ce vă spun eu. Eu sunt noul comandant.

Ridicând vocea cu autoritate, ea strigă:

– Mă auziți?

Încet, capul se întoarce. Fața este neutră. Fără să se miște, el continuă să se holbeze.

– Care-i treaba ta? întreabă Norma.

Tăcere.

– Ți-am spus. Eu sunt noul comandant și tu trebuie să răspunzi la întrebările mele.

Tot niciun răspuns.

Chemându-l pe următorul din rând, spune:

– Știu că asculți. Te pot vedea. Vino în față și vorbește cu mine, acum!

Respirând în liniște, Norma urmărește cum o altă persoană se mișcă în față.

– Sunt aici, spune el, cu o voce joasă și gravă. Ce vrei?

– Eu sunt noul tău comandant. Trebuie să-mi răspunzi la întrebări, înțelegi?

Știind că are de-a face cu ani de pregătire guvernamentală, Norma abordează intuitiv o altă direcție.

– Poți să-mi spui numele tău?

Ochii vibrează într-o reacție foarte scurtă, după care devin din nou plați.

– Nu am nume, comandante.

– Oh, ba ai și dacă te gândești puțin îți vei aminti care este.

– Nu, chiar nu am un nume. Asta ar reprezenta importanța mea. Nu am nicio importanță în afara celei mai mari nevoi.

– Și care este nevoia cea mai mare?

– Să protejez cercul interior.

– Da, și ai făcut-o minunat, spune Norma cu veritabilă admirație. Deci, dacă nu ai un nume, spune-mi, ce ești?

– Sunt un monstru.

– Și mai sunt și alți monștri în afară de tine?

Dând din cap că da, fără să răspundă, monstrul continuă să privească fix drept înainte.

– Am nevoie de ajutorul tău, Zână. El este convins că este un monstru. Aș vrea să-i arăți adevărul.

Redirecționându-și din nou atenția către monstru, ea întreabă:

– O vezi pe îngerița care stă chiar lângă tine?

Scuturându-şi capul în semn că nu, Norma îl încurajează să o caute cu privirea.

În timp ce se întoarce pe canapea într-un efort de a o găsi, faţa monstrului înregistrează o reacţie de surpriză, înainte de a deveni neutră din nou.

– O văd, răspunde el indiferent.

– Bine. Atunci vezi ce îţi cere să faci. Voi aştepta aici.

– Vrea să merg cu ea înapoi în peşteră, dar ea nu are voie să intre în peşteră.

– Are voie să meargă oriunde vrea. Are permisiunea mea.

Rămânând tăcut, monstrul clipeşte de câteva ori înainte de a-şi închide ochii. Mergând cu îngeriţa în spatele peşterii, el se opreşte în faţa unei oglinzi de mărimea lui.

– Ce vezi? întreabă îngeriţa blând.

– Pe mine, răspunde el.

– Da, înţeleg asta. Descrie cum arăţi.

– Sunt mare şi păros şi foarte urât. Am colţi şi gheare mari galbene.

Ridicându-şi labele uriaşe şi păroase, le arată Zânei.

– Da, văd. Aşa protejezi cercul interior?

– Da. Îl ţin în siguranţă să nu fie vătămat. Nimeni nu poate intra.

– Da, şi ai făcut o treabă minunată. O parte din serviciul tău necesită curaj şi a fi curajos înseamnă că eşti dispus să mergi acolo unde cei mai mulţi indivizi nu se duc. E corect?

Dând din cap da, tace.

– Atunci, te invit să vezi ceva ce nu ai observat înainte. Ai vrea să faci asta cu mine?

Cu blândețe, Zâna ia laba monstrului în palmele sale și îl îndrumă să simtă aproape de ceafă, chiar sub blană.

– Simți fermoarul? Ăsta e, chiar acolo. Acel fermoar a fost întotdeauna acolo, așteptând ziua în care erai pregătit să descoperi cine ești cu adevărat. Ești suficient de curajos să faci asta acum?

Cu o față nedumerită, monstrul atinge fermoarul cu ezitare.

Norma urmărește cum corpul începe să se hiperventileze. Cu o reacție intuitivă, Norma spune:

– Este în regulă. Îngerița este aici ca să te ajute. Respiră adânc. Ești în siguranță.

În același timp, îngerița vorbește:

– Doar cei curajoși s-ar aventura să vadă ce este cu adevărat acolo. Ai făcut o treabă minunată, dar timpul tău de a proteja cercul interior s-a încheiat. Poți simți că există ceva mai mult pentru tine?

Simțindu-se obligat să afle cine este cu adevărat, monstrul își pune gheara în deschizătura fermoarului și începe să-l tragă în jos, pe spate. Când ajunge la baza cozii, ezită.

– Poți face asta. Sunt chiar aici, afirmă îngerița.

Încet, își scoate costumul de pe umărul drept, dezvăluind pielea umană. Inspirând zgomotos, monstrul se uită la îngerița. Încet, își scoate costumul și de pe celălalt umăr și apoi, centimetru cu centimetru, îl trage în jos și surprinzător... corpul se micșorează, dezvăluind un băiat tânăr, gol.

Cu capul monstrului încă atașat, băiatul se cutremură, holbându-se la reflexia lui în oglindă. În cele din urmă, își face curaj să scoată capul monstrului, dar acesta nu se clinteşte. Priveşte spre îngeriţă şi îi imploră în tăcere ajutorul. Apucând ferm coarnele, ea zgâlţâie capul monstrului, în timp ce îl trage în sus, şi, cu un sunet puternic şi răsunător, capul băiatului este eliberat.

Gâfâind, băiatul se uită fix la reflexia lui în oglindă. Încearcă să-şi atingă pielea de pe obraz. Minunându-se de fineţea lui, întreabă:

– N-am fost niciodată... un monstru?

Îngeriţa se aşază în genunchi şi îşi înfăşoară braţele în jurul lui, fredonând încet:

– Nu, nu ai fost niciodată un monstru. Ai făcut ceea ce toţi aveau nevoie, astfel încât corpul să poată rămâne în viaţă şi asta a necesitat o vitejie extraordinară. Nu va mai trebui să fii niciodată singur. Îţi mulţumesc, dragule.

Simţindu-se în siguranţă pentru prima dată, băiatul închide ochii, primind îmbrăţişarea îngeriţei.

În exterior, corpul se relaxează vizibil. Simţind că s-a produs o schimbare, Norma începe să-i cheme pe toţi monştrii. Unul câte unul se îndreaptă spre fundul peşterii, pentru a fi eliberaţi din serviciul pe care l-au avut atât de mult timp. Este un miracol: ani de pregătire guvernamentală se integrează într-o zi.

După mai bine de o oră, Norma poate să mă cheme înapoi în faţă. Mă străduiesc să mă ridic şi o privesc întrebător. Mă simt moale. Îmi frec fruntea şi o întreb ce s-a întâmplat.

– Asta nu contează. Vreau să-ţi păstrezi concentrarea. Trebuie să ai încredere că Zâna şi cu mine avem grijă de orice apare de la ceilalţi. Poţi face asta?

Dau din cap da şi ascult.

– Bine, atunci vreau să urci şi să stai în cada cu apă. Eu voi sta pe patul tău şi te voi aştepta. Dacă ai nevoie de mine pentru orice, trebuie să mă chemi. Înţelegi?

Simţind că o forţă invizibilă mă conduce, urc amorţită scările. Ce s-o fi întâmplat? Într-un minut îmi spune să mă uit la televizor şi în următorul îmi spune să fac o baie?

Oftând, intru în cadă şi deschid absentă robinetul de apă. Sunt surprinsă să o aud pe Norma ciocănind în uşă.

– Ce e, Norma?

– Eşti bine?

– Da, răspund obosită.

– Sunt chiar aici. Pot auzi tot ce faci. Dacă ai nevoie de mine, strigă-mă.

– Norma, de ce te porţi atât de ciudat? Sunt bine.

– Te rog, Serena, ai încredere că fac ceea ce este cel mai bine pentru tine. Păstrează-ţi concentrarea pe momentul prezent şi fii atentă la ce faci.

Mă aşez în cada cu apă, expir, îmi pun palma pe burtă, în timp ce mă uit în jurul camerei. Aceasta este realitatea! Inspir şi mă las pe spate, cu capul pe perna de cadă. Urmărindu-mi palma cum se ridică şi coboară odată cu respiraţia, mă ajută să rămân concentrată. Nu voi ceda tristeţii!

– Tu eşti uşa care-i poate vindeca pe toţi, Serena. Ştiu că este greu. Sunt aici şi voi fi aici întotdeauna, mă încurajează Zâna.

Pe măsură ce capul meu începe să se limpezească, mă simt chiar bine. Ies din cadă, mă usuc şi îmi trag cămaşa de noapte peste cap. Deschid uşa şi o văd pe Norma şezând pe patul meu, exact aşa cum mi-a promis.

– Mergem la culcare acum. Vreau să dormi puțin. Astăzi a fost o zi mare și am muncit mult. Ai nevoie de ceva?

Simțind clar recunoștința din interiorul meu, îmi înfășor brațele în jurul ei.

– Norma, îți mulțumesc pentru asta. Știu că nu este ușor. Respiram și Zâna a spus că a fost acolo pentru mine. A spus că eu sunt ușa pentru toți cei care vor să vină acasă la ea. Promit să mă străduiesc mai mult mâine.

– Dacă poți avea încredere în Zână și în mine și să nu te mai lupți cu mine la fiecare pas, atunci asta ar ajuta enorm. Știu că acest lucru nu este ușor, dar când te lupți cu mine, asta face să fie mai greu decât trebuie să fie. Înainte să te culci, aș vrea să vorbesc cu Zâna. Vrei să te lași să faci un pas înapoi pentru ca eu și ea să putem vorbi?

Dând din cap da, mă retrag.

– Da? spune Zâna.

– Unde suntem în privința siguranței ei? Întreb doar pentru că lui Garret îi este greu cu asta. Ai idee cât de mult ar mai putea dura acest lucru? Nu te presez, dar am doi oameni de luat în seamă.

– Înțeleg asta. Mai avem o singură piesă de care să ne ocupăm și apoi putem pleca acasă mâine seară. Va fi bine și pentru tine așa?

– Da. Nivelul de frică ce este întotdeauna prezent este epuizant pentru Garret.

– După ce această piesă a pregătirii guvernamentale este integrată, vom putea merge acasă.

– Bine...

– Ceea ce am putut elibera în ultimele două săptămâni este cu adevărat miraculos. Mulțumesc pentru angajamentul tău față de noi.

Strângând mâna Normei, Zâna se întoarce înăuntru.

*****

Coborând scările în dimineața următoare, îl văd pe Chin Chin cum stă la picioarele Normei. Întreb dacă pot intra în bucătărie să iau ceva de mâncare. Primind aprobarea ei, fac niște pâine prăjită cu unt de arahide și jeleu și o aduc înapoi pe canapea.

Ridicându-se de la computer, Norma se așază lângă mine.

– Cum ești în această dimineață?

– Sunt bine.

Mușc pâinea prăjită și îmi frec fruntea, absentă.

– Acum, ai vrea să mergem să descoperi adevărul? Cum ești în dimineața asta?

Știind că ea și Garret au depășit cu mult ceea ce oricine altcineva a făcut vreodată pentru mine, ezit înainte de a răspunde. Simt impulsul de a o jigni, dar acesta e ultimul lucru pe care l-aș face. Mă uit la fața ei blândă și obosită înainte de a răspunde și spun:

– Sunt furioasă și vreau să fug, plus... vreau să merg acasă. Este acesta un adevăr suficient?

– Da, mă bucur că ai putut recunoaște asta. Ești dispusă să ai încredere în mine puțin mai mult?

– Bineînțeles, Norma. Nu este vorba despre încrederea în tine. Este vorba despre cât de inconfortabil mă simt în fiecare moment când sunt trează! Nu a fost niciodată, dar niciodată, atât de dureros!

Îmi ia mâna și îmi zâmbește.

– Ştiu că este greu. Am fost martoră la toate prin care am trecut şi asta depăşeşte cu mult ceea ce majoritatea oamenilor îşi pot imagina. Guvernul a fost clar cu ceea ce voia. Ei au vrut să te controleze şi să le păstrezi secretele. Nu ai fost singura din acest program, Serena. Au făcut acest lucru multor copii de-a lungul mai multor ani. Au vrut să găsească o modalitate de a controla mintea, iar tu ai fost o parte din acele experimente. Respiră cu mine şi lasă-te cu adevărat să simţi ceea ce spun. Viaţa ta a fost modificată datorită pregătirii guvernamentale.

Norma cercetase implicarea guvernului în controlul minţii, găsind numeroase rapoarte din partea profesioniştilor din comunitatea psihiatrică, care au lucrat de-a lungul anilor cu pacienţi, raportând fenomene similare cu ale mele.

În ciuda panicii pe care o simt respir si încerc să reprim acel „nu" pe care îl aud în interiorul meu. Cântat în mod repetat, el creşte în volum cu cât Norma şi cu mine continuăm să discutăm. Mă lupt cu impulsul de a-i da drumul şi mă apuc strâns de mâna Normei. Sunt hotărâtă să rămân, indiferent de ce se întâmplă. Clipesc repede de câteva ori şi văd fulgere de lumină care apar în faţa ochilor mei. Mă simt ca şi cum aş aluneca într-o gaură adâncă şi întunecată. Îi strâng mâna Normei şi fac orice pentru a rămâne.

– Serena, sunt aici. Ştiam că în cele din urmă va ieşi la suprafaţă. Mă poţi auzi?

Dau din cap da, încă clipind, mă uit fix la faţa ei printr-un nor de ceaţă.

– Bine. Aceasta este o amintire. Ţine minte, eu sunt aici. Ce vezi?

– Oh, Norma, strig eu, pleoapele sunt ţinute deschise cu bandă adezivă!

– Respiră cu mine şi simte-mi mâna. Sunt chiar aici, scumpo. Acum uită-te în jurul camerei. Aminteşte-ţi, poţi face asta. Ochii tăi nu sunt ţinuţi deschişi în mod forţat. Nu uita, aceasta e o amintire. Spune-mi ce vezi.

– Sunt într-o cameră fără ferestre. E întuneric. Corpul este legat de un scaun, chiar şi capul este legat!

Hotărâtă să nu cedez nervos, respir cât pot de încet.

– Există un ecran în fața corpului și un proiector în spatele acestuia. Sunt cinci bărbați în cameră. Doi sunt doctori, iar restul sunt militari. Bărbații cu halate albe de laborator țin niște dosare și iau notițe.

Simțindu-mă prinsă, încep să hiperventilez.

– Serena, nu te poți ajuta dacă nu respiri.

Dau din cap și mă holbez paralizată la ceea ce văd. Intenționat îmi aduc respirația adânc în burtă. Strângându-i mâna Normei, continui să mă uit fix la amintirea care prinde contur.

– Norma, pe ecran este...

Când încep să-mi găsesc cuvintele, vocea mea capătă o calitate hipnotică:

– ... culori, care se învârt în cerc...

– Da. Poți vedea vârtejul? Ce vor să faci cu asta?

– Vor ca eu să intru în asta.

Vocea s-a schimbat clar. E mai tânără și vorbește monoton.

– Și tu te supui?

– Oh, da...

Suspinul care însoțește „da"-ul este lung și prelungit.

– Și ce găsești, când intri în vârtejul de culori?

Suspin din nou.

– Nu mai e durere.

– Da, fredonează Norma încet. Ce mai găsești acolo?

Vocea se schimbă din nou.

224

– Cercul interior.

– Şi ce este cercul interior?

– Este biblioteca unde sunt păstrate toate secretele.

Continuând, vocea ține un discurs monoton.

– Oricine le dezvăluie va muri.

Menținând un spațiu de tăcere, intuitiv, Norma face ca întrebările ei să curgă.

– Cum apare moartea?

– Prin propria mână.

– Ce înseamnă asta?

Tăcere.

– Ce înseamnă „moartea se produce prin propria ei mână”?

Din nou, tăcere.

Știind că acest lucru poate fi lăsat pentru altă dată, Norma întreabă:

– Care sunt mecanismele de siguranță care sunt în vigoare?

Capul se întoarce încet cu fața spre Norma. Ochii clipesc, mișcând privirea în sus și în jos pe corpul Normei. Cu o atitudine disprețuitoare, el zâmbește cu răutate înainte de a se retrage.

Norma știe că Sufletul meu va ține corpul în siguranță pe măsură ce această muncă continuă.

– Serena, știu că mă poți auzi. Vreau să revii în față. Urmează-mi vocea. Vreau să-mi simți mâna. Poți simți că sunt aici?

Înfiorată de spaimă, mă dau înapoi ca și cum aș fi fost pălmuită. Mă agăț de canapea și strig:

– Am probleme! Am probleme! Lasă-o în pace, Norma. Ce faci?

Ridicându-se repede în picioare, Norma îmi prinde mâna, forțându-mă să mă uit în ochii ei.

– Nimeni nu te mai poate răni. Sunt aici. Zâna e aici. Aceasta este pregătirea guvernamentală la care ai fost supusă. Mă auzi?

Ridicând vocea pentru a se potrivi cu a mea, mă trage aproape de ea și mă îmbrățișează.

– Sunt aici, scumpo. Poți să mă simți?

Pare că lumea mea a fost răsturnată cu fundul în sus. Plâng fără să mă pot controla și strig:

– Oh, Doamne, Norma, sunt atât de speriată! Pot simți asta! Ceva este cu adevărat în neregulă!

– Tu îți crezi mintea care a fost antrenată prin hipnoză. Îți amintești că ai văzut caleidoscopul de culori care se învârtea? Aceea a fost hipnoză. Acum stai cu mine și respiră. Ai nevoie de claritate, astfel încât să-i putem ajuta pe toți copiii care au fost prinși în această amintire. Vei face asta cu mine?

Îmi dau acordul, chiar dacă sunt îngrozită, mă așez și încep să respir. Păstrându-mi atenția asupra vocii Normei, inspir și expir lent. Îmi pot simți sângele agitat. Sirenele se pornesc, avertizându-mă să o las în pace, dar... simt, de asemenea, o forță care mă umple din interior. Mă ține în brațe, spunându-mi să am încredere. Simt că forța începe să crească, devenind mai mare decât frica. Încetul cu încetul, forța preia conducerea și teroarea dispare.

– Mă simt mai bine acum.

– Bine, Serena. Când alegi, ai capacitatea de a face orice. Acum, vreau să respiri, pentru că începem să avem ceva claritate despre acest lucru. Vedeai culori care se învârteau pe ecran, nu?

– Da.

– Și cum arăta?

– Era ca unul din acele lucruri psihedelice din anii '60, care se rotea în interior. Știi la ce mă refer?

– Da, știu exact la ce te referi. Așa că simte și privește vârtejul. Ce te invită să faci?

Văzând culorile care se învârtesc, încep să simt o apatie familiară. Mă trage în centrul său, invitându-mă să mă predau. Relatându-i asta Normei, încep să dau drumul îmbrățișării ei.

– Serena, nu te auto hipnotiza. Stai aici cu mine. Simte: ce se întâmplă în timp ce Jennifer privește vârtejul?

– Sunt cuvinte care i se spun printr-o cască. Ochii îi sunt ținuți deschiși forțat și ea nu poate face nicio mișcare! Singurul mod de a evada este de a merge în vârtej pentru a scăpa de teroare și durere.

Privesc fața Normei și mă deschid spre puterea ei. O simt emanând din ea, invitându-mă să rămân.

– Serena, te descurci minunat. Acum privește și ascultă. Ce-i spun ei?

– Că ea este singura care poate intra în cercul interior și să fie în siguranță. Nimeni altcineva nu poate merge acolo.

În timp ce transmit aceste cuvinte, un sentiment de apatie mă copleșește. Închid ochii și încep să alunec în interior.

Simțind că asta trebuie să fac, Norma nu întrerupe.

Pe măsură ce respirația devine mai profundă, o voce masculină liniștită, care nu amenință, spune:

– Eu sunt paznicul. Cine ți-a permis să intri?

Norma se uită la un chip lipsit de orice emoție.

Văzând-o pe Norma în mijlocul împrejurimilor lui, repetă:

– Cine ești tu și cine ți-a dat voie să vii până aici?

Numai prin simțire Norma știe să răspundă:

– Sunt aici pentru că zilele tale ca paznic s-au încheiat. Guvernul a terminat cu testele și secretele au ieșit la iveală. Ai făcut o treabă extraordinară, dar s-a încheiat.

– Atunci trebuie să ai o parolă. Care e parola?

– Dacă te uiți în dreapta ta, spune Norma, îl vei vedea pe noul paznic. Ea este singura care are parola. O poți vedea?

– Da, dar ea este o femeie. Femeile nu au voie aici.

– Aceasta face parte din vechiul regim. Eu sunt noul comandant. Du-te la ea după parolă și eu voi aștepta.

Mergând spre Zână, paznicul se apleacă să audă parola. Dă din cap aprobator, se întoarce și vorbește direct cu Norma:

– Spune că voi merge cu ea, pentru că am un nou loc de muncă. Spune că ea va fi paznicul cercului interior. Mai trebuie să îmi spui ceva înainte să plec?

– Nu, ești liber. Mulțumesc pentru treaba pe care ai făcut-o. Mai e ceva ce vrei să ne spui înainte de a pleca? întreabă Norma.

– Da, țineți cont: mâna stângă nu știe ce face mâna dreaptă.

– Da, mulțumesc, răspunde Norma neutru. Noul paznic se va descurca cu asta.

Respirând, Norma menține în mod intenționat un spațiu de liniște, astfel încât toți cei care au fost implicați în această amintire să poată veni acasă la Suflet. În timp ce liniștea umple camera, Norma își închide ochii. Simțind recunoștință pentru tot ce s-a întâmplat, ea zâmbește. Nici măcar anii de pregătire guvernamentală nu pot opri Spiritul, dacă omul își dorește.

Revenind în corp, mă simt greoaie. Încerc să-mi amintesc despre ce am vorbit și îmi frec fața cu mâneca de la cămașă.

– Oh, acum îmi amintesc! Da, a fost legată de scaun, dar, Norma, totul era atât de controlat. Nu se putea mișca deloc. Știi cât de terifiant este asta, când nici măcar nu poți să-ți închizi ochii? Era absorbită de acel lucru care se învârtea!

Pe măsură ce amintirea revine cu toată forța, simt teroarea familiară.

Fără să-i scape nimic, Norma spune:

– Respiră, Serena! Ai spus-o singură; era îngrozită. Acum simte: care sunt cuvintele pe care le aude?

– Că este în siguranță în cercul interior.

– Da, și simte, dacă tot ceea ce experimentează Jennifer în exterior este înfricoșător și dureros, ce ar vrea să facă în mod natural?

– Să meargă în cercul interior! Să găsească siguranța despre care vorbesc ei!

– Da. Te descurci minunat. Acum continuă să simți. Este ea în cercul interior?

Sunt liniștită în timp ce încep să simt ce se întâmplă.

– Norma, este durere - mă refer la durere fizică. Ei o rănesc cumva. Vârtejul s-a oprit. Ea este blocată. Nu pot să descriu asta, dar este blocată!

Vocea mea trădează teroarea la care reacționez.

– Serena, tu ești aici cu mine. Să nu uiți asta. Uită-te în jurul tău, ești pe canapea cu mine și Chin Chin este pe podea la picioarele mele. Alege să te împământezi respirând profund și rămâi concentrată.

Dau din cap aprobator și relatez ceea ce văd:

– Jennifer este îngrozită că va fi blocată într-un fel de tărâm al nimănui. Totul este întunecat. Există doar durere și cuvinte.

Mă agăț de mâna Normei și scot un suspin. Simt din nou prin tot ce trece Jennifer. Repet cuvintele pe care le aud:

– Nu vei scăpa niciodată. Aceasta este pedeapsa ta dacă lași pe cineva să afle secretele cercului interior. Vei fi întotdeauna în întuneric, singură și de neatins. Înțelegi? Singura ta scăpare este moartea.

Relatând asta, simt izolarea și durerea care sfidează orice descriere.

– Oh, Norma, este groaznic!

Plângând, îmi apuc stomacul, a cărui durere s-a dublat.

– Aceasta este pregătirea guvernului, Serena! Uită-te la mine. Hai să o luăm mai ușor cu asta, astfel încât să putem înlătura teroarea. Apoi putem să-i ajutăm pe acești copii închiși în întuneric.

Mă concentrez intenționat asupra feței Normei și asta forțează sentimentele de teroare să dispară.

– Hai să luăm asta bucată cu bucată, vrei? Știm că Jennifer a fost legată de unul dintre scaunele pe care le-am văzut de multe ori înainte și că ei au folosit din nou hipnoza. Vezi cum hipnoza a fost folosită în diferite feluri?

Afirmând calm acest fapt, ea urmăreşte, aşteptând să vadă unele indicii că o înţeleg.

– Te aud, Norma, dar am simţit-o şi nu se simte în felul acela.

– Înţeleg. Ei au folosit multe tehnici, pe care le-au combinat pentru a crea o experienţă terifiantă. I-au ţinut ochii deschişi. Asta în sine ar face pe oricine să se teamă. Au folosit durerea, hipnoza şi medicamentele pentru a crea o experienţă artificială. Ei au vrut să creeze o experienţă care să consolideze gravitatea situaţiei.

Ridicând vocea, ea repetă avertizările lor:

– Indiferent de ce se întâmplă, nu vorbeşti, altfel vei muri.

– Simt ameninţarea. E mai mult decât doar vorbe, susţin eu.

– Aminteşte-ţi, aceasta este una dintre sutele de experienţe, stratificate, una peste alta, pentru a garanta că această formă de control al minţii va rămâne secretă. Simte cât de minunat de creativi aţi fost toţi pentru a supravieţui acestei brutalităţi constante. Eşti o fiinţă umană uimitoare, Serena, şi sunt mândră că pot lucra cu tine. Poţi să-ţi dai voie să simţi ceea ce spun?

– Mulţumesc, Norma. Nu m-am gândit niciodată la mine ca la o fiinţă umană uimitoare până nu te-am întâlnit. M-am chinuit la şcoală doar pentru a obţine calificative decente.

– Bineînţeles că asta ai făcut. Energia ta a fost folosită pentru un singur lucru, să rămâi în viaţă. Şcoala nu era o prioritate, dar simte: vezi cât de minunaţi de creativi aţi fost? Există această fetiţă care este brutalizată în fiecare zi, aşa că ea creează monştri, un paznic şi un cerc interior pentru a păstra toate secretele într-un singur loc. Fiecare dintre aceste creaţii au fost făcute de o fiinţă umană uimitoare, care a refuzat să renunţe şi să moară. Ai trăit şi ai rămas sănătoasă la minte. Sunt plină de admiraţie pentru tine, scumpo. Tu nu?

Fără să aştepte să răspund, mă trage aproape şi mă îmbrăţişează.

Simțind căldura iubirii ei și privind acum dintr-o nouă perspectivă total diferită, îmi dă curajul de care am nevoie pentru a merge mai departe.

*****

După prânz și un somn foarte lung, Norma și cu mine ne așezăm să lucrăm din nou. Zâmbindu-mi, ea începe prin a-mi lua mâinile:

– Tu și cu mine am lucrat în ultimele zile cu multe părți diferite ale pregătirii guvernamentale, nu-i așa?

Dau din cap că da și rămân tăcută.

– Am descoperit că guvernul te-a instruit cu intenția ca nimeni să nu le descopere vreodată secretele. Ești de acord?

– Da?

Ridicându-mi sprâncenele, o aștept să continue.

– Am descoperit că hipnoza a fost o parte esențială a pregătirii, nu-i așa?

Norma așteaptă, urmărindu-mi reacția.

– Da, știu asta, Norma. Ce vrei să spui?

– Sunt mulți cei care ascultă, așa că te rog să rămâi cu mine, Serena. Credințele tale au fost create din experiențele tale cu durere, droguri și hipnoză. Hipnoza a funcționat pentru că tu ai vrut să funcționeze. Părea să te ajute să scapi de durere. Simte cu mine: ce îți cer să observi?

– Dar hipnoza a funcționat, Norma. Mi-a îndepărtat durerea.

– Aceasta este credința, dar durerea era încă acolo. Hipnoza te-a ajutat să te separi de durere. Ai făcut asta toată viața. De aceea multiplicitatea ta a funcționat atât de bine. Ai crezut că părăsind orice situație care părea terifiantă, a funcționat, dar corpul tău a fost întotdeauna acolo!

Simțindu-mă panicată, ripostez:

– Știu că, corpul meu a fost mereu acolo.

– Știu că acest lucru îi sperie pe mulți dintre copii, dar dacă poți înțelege ceea ce îți spun, poți începe să te ajuți singură. Da, hipnoza pare să funcționeze, doar ești o maestră a hipnozei. Ai folosit-o toată viața pentru a crea o poveste închipuită care te-a ajutat să rămâi în viață și sănătoasă, dar închipuirea nu-ți mai este de folos.

Simțindu-mă mai puțin amenințată, pot asculta mai cu atenție ce spune.

– Te aud. Spui că mă pricep foarte bine la auto-hipnoză.

– Da, și când intri în hipnoză, tu îți părăsești corpul și lași alt copil să fie aici. Asta te face să nu fii în siguranță. Nu pot avea încredere în tine când scopul tău principal este să pleci. Înțelegi ce spun?

Ea spune multe și îmi este greu să le asimilez.

– Atunci, hai să nu ne mai prefacem. În ultimele două săptămâni, am descoperit multe despre pregătire și scopul său de a păstra secretele cu orice preț, dar Zâna, tu și cu mine am fost mai puternice decât toată pregătirea. Dă-ți voie să simți ce am spus. Toate medicamentele, hipnoza și durerea nu au putut învinge puterea noastră. Poți accepta acest adevăr?

Lăsându-se pe spate, Norma urmărește să vadă cum primesc ceea ce-mi spune.

Nu răspund.

Luându-mă de mână, Norma încearcă o abordare diferită.

– Îți plac biscuiții Oreo?

– Ce? întreb râzând.

– Joacă-te cu mine puțin, vrei? Biscuiții Oreo sunt făcuți din două bucăți solide de biscuiți de ciocolată, care au la mijloc un strat dulce de cremă de vanilie. Dă-ți voie să simți că Zâna și cu mine suntem ca cele două bucăți solide de biscuiți din exterior, iar tu ești crema dulce, ținută complet în siguranță, în interior. Poți simți cât ești de în siguranță?

– Îmi place asta, Norma. Noi suntem biscuiții Oreo, nu-i așa?

– Da, scumpo. Acum vreau să continui să simți. Noi suntem biscuiții Oreo, care te ținem în siguranță, în ciuda a tot ce a fost înainte; dar noi avem nevoie de ajutorul tău. În timp ce tu alegi să stai aici cu orice preț, și observi că începi să te simți anxioasă sau supărată, ce îți spune corpul tău în acel moment?

– Ce vrei să spui cu ce îmi spune corpul meu?

– Simte, Serena: când amintirea începe să iasă la suprafață, ce face corpul tău?

– Oh, devine foarte supărat!

– Da, și când se supără, ce fel de semnale îți dă?

– Am o anxietate teribilă, gândurile mele încep să o ia la goană și am acest impuls puternic care strigă la mine să plec sau să o las în pace.

– Da, e minunat, dar tu ai de asemenea și durere fizică. Ea apare spunându-ți că amintirea este aici. Există multe modalități prin care corpul tău te ajută să recunoști că a venit ceva pentru vindecare. Ești de acord?

– Da, dar nu m-am uitat niciodată la asta în felul acesta. Pare doar că este aici dintr-o dată.

– Înțeleg, dar cu cât ai mai multă claritate, cu atât te poți ajuta mai mult. Te rog să începi să recunoști semnele astfel încât să nu-ți faci atât de mult rău. Am lucrat mult în ultimele două săptămâni și Zâna spune că ești în suficientă siguranță ca să mergi acasă în seara asta. Cum simți asta?

Surprinsă de această întorsătură a lucrurilor, recunosc că sunt foarte încântată, cât și speriată de idee.

Zâmbind, Norma spune:

– Bineînțeles că ești, dar nu uita: noi suntem biscuiții Oreo care te ținem. Dar avem nevoie de ajutorul tău.

Își schimbă poziția pentru a-mi vedea mai bine fața și continuă:

– Vom merge să facem o listă cu reguli pe care trebuie să le urmezi, înainte de a pleca acasă. Vreau ca tu să notezi aceste reguli, Serena, pentru că siguranța ta depinde de asta. Înțelegi?

– Da, Norma.

– Bine. Regula numărul unu.

Ridicând vocea, ea afirmă cu emfază:

– Nu ai voie să ieși afară, din nici un motiv. S-a înțeles asta?

– Vrei să-mi spui că nu-mi pot goli coșul de gunoi? întreb neîncrezătoare.

– Observă cum joci jocul, te rog. Ce înseamnă că nu poți ieși afară din nici un motiv?

– Da, dar...

– Nu, Serena, ai de gând să te ajuți sau să-ți faci rău?

– Mă voi ajuta, Norma.

– Bine, atunci noteaz-o.

Așteaptă până când termin de scris și spune:

– Regula numărul doi. Nu trebuie să suni pe nimeni. Asta înseamnă că nici măcar pe fiii tăi. Înțelegi?

Auzindu-i tonul vocii, știu că e de neclintit cu ceea ce spune, așa că nu mă mai obosesc să mă cert.

– Notează, te rog.

Dând din cap, notez cuvânt cu cuvânt.

– Regula numărul trei. Trebuie să mă suni indiferent că e zi sau noapte, atunci când apare orice problemă. Nu contează ce spune mintea ta. Acest lucru este indiscutabil. Înțelegi?

Din nou, dau din cap da, fără să răspund.

– Și această a patra regulă depinde de tine și de dorința ta de a fi sinceră: trebuie să fii conștientă de ceea ce urmărești la televizor. Dacă este supărător, stimulant sau cu conotație sexuală, nu este potrivit pentru tine. Nu pot decât să subliniez că este vorba despre a te ajuta, Serena. Urmărind ceva care îți crește adrenalina nu îți va face decât rău.

– Voi veni în fiecare dimineață să te iau. Vei petrece ziua aici cu mine. Voi reîncepe să mă văd și cu alți clienți, dar în afară de asta, nimic nu s-a schimbat. Îți vei petrece zilele cu mine. Ai vreo întrebare?

– Nu. Sunt multe de luat în seamă, răspund eu.

– Știu asta, dar am încredere că Zâna te va ține în siguranță. Treaba ta este să fii atentă. Dacă corpul tău începe să-ți dea semnale, trebuie să mă suni. Zâna este acolo tot timpul. Ea te poate ajuta dacă îi ceri. Nu uita, nu trebuie să interacționezi cu nimeni. Adaugă asta pe lista ta, te rog. Dacă cineva bate la ușa ta, trebuie să nu răspunzi. Înțelegi?

– Nu crezi că este puțin cam exagerat?

– Ai prefera să fii într-un spital?

– Nu, desigur că nu.

– Atunci, nu te certa cu mine. Aceste reguli sunt pentru a te ajuta să te
ții în siguranță. Știu că Zâna te va menține în siguranță, altfel nu te-aș fi lăsat
niciodată să mergi acasă.

Făcând o pauză, se oprește să vadă cum reacționez la tot ce a spus.
Simțind că nu am să o contrazic, continuă:

– Când Garret va conduce spre casă, vom opri la magazinul alimentar.
Garret va rămâne în mașină cu tine și eu voi intra și voi face cumpărăturile. Fă o
listă cu ceea ce vei avea nevoie, inclusiv hrana specială pentru Petunia.

Încă scriu când Norma întreabă:

– Ai observat că acum corpul tău îți spune ceva?

– Ce?

– Acestea sunt semnalele pe care te-am rugat să le conștientizezi. Ai
început să-ți legeni piciorul și să-ți muști unghia de la deget. Oprește-te un
moment și întreabă-te ce e în neregulă.

– Nu vreau să merg! se tânguie Toby.

– Știu, scumpele, dar vei fi în siguranță cu Zâna. O poți vedea?

– Nu! Vreau să stau cu tine!

– Știu, dar Zâna va avea grijă de tine, Toby.

– Te rog, nu mă trimite departe!

– Tu trăiești în același corp cu Serena. Ea are nevoie de puterea ta pentru
a-i ține pe toți copiii în siguranță. Poți face asta pentru ceilalți copii? întreabă
Norma cu blândețe.

Cu lacrimi şiroindu-i pe obraz, el spune:

— Nu îmi place să împart corpul cu Serena. Eu vreau să locuiesc aici cu tine.

Înfăşurându-şi braţele în jurul lui, Norma îl asigură că va fi acolo la prima oră a dimineţii. Simţindu-se liniştit, închide ochii şi se strecoară înapoi înăuntru.

— Am auzit ce a spus Toby! exclam eu.

— Bine. În felul acesta îi vei ajuta pe toţi. L-ai auzit pe Toby spunând că el vrea să stea aici cu mine?

— Da, el e ca Robbie, care a vrut mereu să fie cu tine.

— Copiii se simt în siguranţă şi iubiţi de mine, Serena. Încă nu au încredere în tine. Acest lucru nu este spus cu judecată, ci cu deplină sinceritate. Ei simt de la mine o iubire de care sunt înfometaţi. Aceste reguli îi vor ajuta să se simtă în siguranţă. Vrei să-i ajuţi promiţându-mi că vei respecta toate regulile?

— Da, Norma, promit că voi respecta toate regulile. Chiar vreau să mă ajut.

— Bine. Ce simţi la gândul că vei merge acasă? Te rog, stai liniştită o clipă şi lasă-te cu adevărat să simţi adevărul.

— Mi-e frică şi nu ştiu de ce. Am vrut atât de mult să mă duc acasă, dar acum...

— Înţeleg, Serena. Lucrul important este că recunoşti asta. Ai depins de mine pentru a te păstra în siguranţă, dar tu trebuie să te implici de asemenea. Asta înseamnă să rămâi conştientă şi să fii sinceră cu tine însăţi. Dacă te simţi anxioasă, trebuie să mă suni ziua sau noaptea, nu contează.

– Promit că voi face tot ce este nevoie pentru a ne păstra pe toți în siguranță.

Simțind o conexiune ciudată față de angajamentul pe care tocmai l-am luat, zâmbesc într-o doară.

Înfășurându-și brațele în jurul meu, Norma îmi dă o îmbrățișare de încurajare.

– Atunci, hai să te pregătești să mergi acasă.

Capitolul 14: **EU SUNT MAMA TA**

Norma m-a dus la un psihiatru ca să pot obține documentația adecvată pentru pensia de invaliditate. Medicul a lucrat în trecut cu pacienți cu personalitate multiplă, așa că Norma a simțit că el ne va susține. În schimb, a luat-o deoparte și i-a spus că munca pe care o făcea cu mine era inutilă. I-a zis că voi fi întotdeauna un pacient cu personalitate multiplă și de aceea ar trebui să mă interneze într-un spital. Sunt recunoscătoare pentru că Norma nu l-a ascultat. Nu mi-a spus asta decât mulți ani mai târziu.

*****

Banii primiți pentru dizabilitatea mea îmi acoperă doar plata chiriei. Norma plătește pentru orice altceva. Ce voi face când venitul pentru dizabilitate se termină anul viitor? Cât timp nu voi putea lucra? Cât va dura până mă voi integra? Ea o să plătească pentru tot? Aceste întrebări mă chinuie constant. Simt că profit de ea. Mă chinui cu asta tot timpul. Dar când încerc să vorbesc cu ea despre asta, îmi spune că dacă nu mi-aș fi făcut temele continuând să mă văd cu ea de fiecare dată, ar fi încetat să lucreze cu mine cu mult timp în urmă. Spune că această muncă este un cadou și pentru ea; simte că e într-un fel de program universitar, învățând lucruri pe care nu le-a știut niciodată până acum. Îmi spune că treaba mea este să păstrez corpul în siguranță și că ea va avea grijă de finanțe. Din moment ce știu că aș fi fost moartă fără ea, îi accept ajutorul, chiar dacă asta mă face să mă simt teribil de vinovată.

Zâna o îndrumă pe Norma să facă exerciții fizice cu mine pentru a-mi reface creierul. Zâna ne-a spus că anii de pregătire guvernamentală au creat căi neuronale în creierul meu care îmi susțin multiplicitatea și, pentru ca eu să mă integrez cu adevărat, acele căi trebuie redirecționate.

Când fac exercițiile, întregul meu corp reacționează de parcă aș avea convulsii. Îmi vine să vomit tot timpul și mă simt atât de rău după aceea încât abia mai pot forma propoziții. Norma mă asigură că aceasta este o parte crucială a vindecării mele și, oricât de inconfortabil mă simt, trebuie să trec prin asta.

*****

Este a doua săptămână a lunii aprilie, 2001. Urcându-mă pe masa de masaj, mă uit la Norma, așteptând indicația ei.

Zâna vine în partea din față a corpului și vorbește:

– Începem mai întâi cu exercițiile pentru ochi, cere ea. Este important să-i ceri Serenei să rămână cât de prezentă poate în timp ce facem acest lucru.

– Când facem exercițiile pentru ochi, îmi spune Norma cu blândețe, vreau să respiri și să rămâi în corp cât de adânc poți, indiferent cum reacționează corpul tău. Poți să faci asta?

– Bine, spun eu. Ce vrei să fac?

– Urmărește-mi cu privirea degetul arătător, fără să-ți miști capul. Vreau să te ridici și să stai mai dreaptă și nu uita: respiră adânc și rămâi concentrată.

Privesc degetul ei care se mișcă de la dreapta la stânga, îl urmăresc doar cu ochii și, desigur, corpul meu începe să reacționeze. Pielea mă mănâncă, mă doare capul și burta se zvârcolește de durere. Gemete îmi scapă pe buze.

– Oh... Norma, este îngrozitor!

Pe măsură ce geamătul devine un râgâit, o implor să se oprească.

— Serena, te descurci mult mai bine decât de obicei.

— Este atât de greu!

— Nimeni nu a spus că va fi uşor, îmi aminteşte ea cu blândeţe.

Privind cum face opturi orizontale în aer, respir gâfâit, pe măsură ce starea de vomă mă copleşeşte.

— Stop!

— Desigur, răspunde Norma. Ia o înghiţitură de apă.

— Pune-o să se întindă pe spate când este pregătită, ca să putem face exerciţii pentru picioare, cere Zâna. Te rog să-i reaminteşti să rămână. Ea se va conecta cu ceva important din munca noastră.

— Când eşti pregătită, Serena, întinde-te pe spate. Apoi putem începe exerciţiile pentru picioare. Ridică-ţi piciorul drept cât de sus poţi şi adu-l spre umărul stâng încercând să-l atingi, rămânând cu spatele cât mai plat posibil.

Ridicându-mi piciorul drept în sus cât de mult pot, îl cobor înapoi, în timp ce interiorul meu începe să tremure. În timp ce-mi aduc din nou piciorul sus, tremuratul începe din nou.

— Rămâi aici. Zâna are nevoie ca tu să observi prin ce trece corpul tău. Acum, fă cu celălalt picior când eşti pregătită. Aşa. Ridică-l sus cât de mult poţi.

În timp ce convulsiile îmi frământă corpul, strig:

— Doare, Norma!

— Înţeleg, dar nu te opri! Aşa! Te descurci minunat.

Continui să mişc piciorul, în ciuda durerii fizice în care mă aflu.

— Opreşte-te o clipă şi fă-o să respire, spune Zâna.

Luându-mă de mână, Norma spune:

– Te descurci mult mai bine, Serena.

– Vorbeşti serios? Mă simt atât de lipsită de control!

– Te asigur. Eşti mai bine. Reacţia nu este la fel de intensă ca înainte.

– Am încredere în tine, chiar dacă nu simt nici o diferenţă.

Întinsă pe spate, continui să fac exerciţiul cu picioarele. Încet, o conştientizare începe să se formeze.

– Chiar s-a întâmplat, nu-i aşa?

– Ce s-a întâmplat?

– Am fost rănită, nu-i aşa?

– Da, ai fost rănită, răspunde Norma. Tu eşti singura care pretinde că nu ai fost.

Auzind acelaşi răspuns pe care l-am auzit de atâtea ori înainte, inspir încet, încercând să discern simţirea pe care o am. Pe măsură ce conştientizarea începe să crească, durerea ia amploare.

– A fost mai rău decât orice mi-aş fi dorit vreodată să fie, şoptesc eu.

– Ştii de ce nu ai putut-o sesiza?

– Nu.

– Simte un moment. Poţi simţi cât de mult ai vrut să pretinzi că nu a fost atât de rău?

– Da, pot simţi asta! Urlă în interiorul meu, implorându-mă să cred minciunile.

– Singura cale prin care puteai supraviețui era să te prefaci că nu era atât de rău.

– Cu asta am vrut să se conecteze, spune Zâna.

– Serena, ai vrea să te ridici astfel încât tu și cu mine să putem vorbi?

Luând loc în fața mea, ea continuă:

– Ai lucrat toată viața ta să negi ce ți s-a întâmplat.

– Da... dar ei chiar m-au rănit, nu-i așa?

Tremur de intensitatea a ceea ce simt.

– Da, și știi de ce te-ai luptat atât de mult să negi asta? Stai tăcută o clipă și caută să obții răspunsul adevărat.

Ținându-mi capul în mâini, am lăsat lacrimile să curgă. Încă mă agăț de adevărul că aceste amintiri sunt adevărate. Nu e de mirare că am suferit de când mă știu. Îmi scutur capul, respir, permițând un adevăr și mai mare. *De ce am negat aceste amintiri atât de mult timp?*

– Serena, copiii au răspunsul. Nu intra în minte. Nu va avea niciodată răspunsul pentru tine.

Mergând în interior, aud strigătele lor speriate: „ Ei nu m-au iubit!”

– Ei nu m-au iubit, nu-i așa, Norma?

– Nu, Serena. Nu te puteau iubi, pentru că ei nu iubeau pe nimeni și nimic. Lasă-te să simți acel adevăr.

Ridicând vocea cu compasiune, continuă:

– Ei nu erau capabili să iubească. Asta nu a avut nimic de-a face cu tine.

(Norma știe că, în discuțiile anterioare pe același subiect, am dat la o parte întotdeauna adevărul, prin capacitatea mea de a mă disocia. Este ca și cum încerci să dizolvi un bloc imens de durere înghețată, câte o fărâmă pe rând. Doar prin compasiunea și iubirea ei răbdătoare, Norma este capabilă să vorbească despre asta ca și când ar fi pentru prima dată.)

Simțind compasiunea Normei curgând peste mine, permite căilor de înțelegere să se deschidă. Cobor de pe masa de masaj și cad în brațele ei.

– Am vrut atât de mult ca ei să mă iubească!

– Știu, scumpo.

Știind că vorbește mai multora decât doar mie, ea adaugă:

– Nu a fost posibil cu părinții pe care i-ai avut. Nu a avut nimic de-a face cu tine, dar asta nu schimbă cât de mult doare.

Legănându-mă în tăcere, înainte și înapoi, mă lasă să plâng la pieptul ei.

– Doare dincolo de orice am știut vreodată! Nu m-au iubit. Nici măcar propria mea mamă! Chiar am crezut că mă iubește!

Izbucnind într-un alt val de suspine, mă agăț disperată de ea.

Liniștindu-mă, ea fredonează:

– Știu, știu...

Cu fața încă apăsată puternic pe pieptul ei, strig:

– Oh, Norma, aș fi dorit să fii fost mama mea!

– Nu am fost mama ta atunci, dar sunt mama ta acum.

Mă trag înapoi surprinsă complet și exclam:

– Ce?

– Am făcut un angajament față de tine și te iubesc. Sunt mama ta, dacă mă vrei.

Emoționată și copleșită, o studiez pentru a vedea orice indiciu că s-ar putea să mă tachineze. Când mă uit în ochii ei, ei mă umplu de iubire, iar zâmbetul ei... este strălucitor, topindu-mi durerea de inimă.

– Uau, tu ești mama mea.

Șoptind aceste cuvinte, sunt complet uimită de această întorsătură a lucrurilor. Trag un scaun lângă ea și întreb cu ezitare:

– Asta înseamnă că pot să îți spun mamă?

– Da, spune ea, zâmbindu-mi. Stai o clipă și respiră. Dă-ți voie să simți dulceața acestui moment.

Dau din cap tăcută. Simt lucruri pe care nu știu cum să le exprim.

– Ai vrea să o întrebi pe Zână dacă mai e ceva ce ar vrea să adauge?

Închizându-mi ochii, o văd pe Zână în stânga mea. Ochii ei negri și calzi îmi zâmbesc, în timp ce spune:

– Ea este mama umană pe care tu nu ai avut-o niciodată. Ea este mama ta exterioară, iar eu sunt mama ta interioară. Nu uita, noi suntem biscuiții Oreo, care te ținem în siguranță în iubirea noastră.

Deschizându-mi ochii, împărtășesc ceea ce tocmai a spus Zâna.

– Și cum se simte asta, Serena?

Râzând vesel, răspund:

– Nu am știut niciodată că erai mama mea!

Chicotind, îmi așez capul pe umărul ei. Așezate una lângă alta, ne ținem de mâini în tăcere. Simțindu-mă iubită ca niciodată înainte, îmi închid ochii și mă predau dulceții momentului.

Capitolul 15: MUTAREA ÎN COLORADO

– Serena, hai să jucăm un joc. Eu sunt aşezată aici pe canapea, nu-i aşa?

– Da?!

Privind-o cu suspiciune, aştept să continue.

– Bine şi, când mă mut pe scaunul acesta?

Norma se ridică, se mişcă spre unul din fotoliile din faţa mea şi se aşază.

– Sunt încă în cameră, nu-i aşa?

Simţindu-mă furioasă pe jocul ei stupid, nu răspund, dar când ea nu continuă, bombănesc:

– Da.

– Bun. Deci, când mă mişc prin cameră, sunt încă în cameră?

– Nu ştiu de ce întrebi asta, dar...

– Serena, în toţi anii în care am fost împreună, am făcut vreodată ceva ca să te rănesc?

– Nu, dar...

– Da, ştiu. Trebuie să lupţi. Te rog, vrei să asculţi unde vreau să te conduc? Ar face lucrurile mult mai uşoare.

Discuțiile în care m-a condus de multe ori au dus întotdeauna la dureri din trecut, așa că sunt foarte îngrijorată unde mă va conduce acum.

– În regulă, afirmă veselă Norma. Deci, sunt încă în aceeași cameră cu tine, nu-i așa?

Simțind că aș putea să mă cert cu ea, răspund da, doar dând din cap.

– Motivul pentru care îți spun acest lucru este că știu cât de mult te superi când mut ceva prin casă. Este adevărat?

– Da, urăsc când tu rearanjezi mobila. Faci asta prea des!

– Serena, te rog nu te lăsa distrasă, sugerează Norma. Rămâi aici cu mine. Așadar, când mă mișc prin cameră, sunt încă aici și totul este în siguranță, nu-i așa?

Ușurată, pentru că pare să vorbim doar despre mobilier, încep să mă relaxez.

– Da, Mamă, totul este în siguranță.

– Bun. Te-am rugat să urmărești acest exemplu pentru că eu și Garret ne mutăm.

Sirenele interne încep să urle. Rămân așezată, îmi controlez cu atenție vocea, în timp ce întreb:

– Și unde vă duceți?

Păstrându-și vocea la fel de calmă, ea răspunde încet:

– Ne mutăm în Colorado, Serena!

Fără să anticipez, sunt în picioare și alerg spre ușă. Înainte să o pot deschide complet, ea mă apucă de gulerul cămășii, strigând:

– Nu poți fugi, Serena!

– Nu-mi pasă. Vă mutați! Nu voi reuși dacă pleci! Voi muri, voi muri!

Plângând isteric, mă zbat să ies pe ușă.

O vom găsi, indiferent unde se duce!

Vom împacheta și vom pune bagajele în mașină și o vom urma.

– Te iau cu mine, Serena. Mă poți auzi? Toți cei care ascultă, vă iau cu mine!

Ridicând vocea, ne invită pe toți să ascultăm.

– Ești foarte importantă pentru mine. Nu te voi lăsa în urmă. Mi-am luat un angajament să te ajut să te integrezi, iar aceasta este o prioritate pentru mine.

Plângând, mă prăbușesc în brațele ei.

– Vino să te așezi, ca să putem vorbi. E în regulă. Sunt aici. Am încercat să-ți spun acest lucru în cel mai blând mod posibil. Știu cât de înfricoșătoare este schimbarea pentru tine și nu am vrut să supăr pe niciunul dintre voi.

Ținându-mă cu mâna în jurul taliei, mă conduce înapoi la canapea.

– Poftim, ia o înghițitură de apă ca să putem discuta.

Înfășurându-și brațele în jurul meu, mă leagănă ușor.

– Am vrut să facem această mutare de ceva vreme. Ni s-a oferit această oportunitate, așa că am acceptat-o.

– Și Garret este de acord să vin și eu?

– Da, el știe cât de dedicată sunt eu în integrarea ta. Onorează asta.

– Când o să ne mutăm, Mamă?

– Planificăm să plecăm la mijlocul lunii iunie.

– Dar asta este peste trei săptămâni! Cum...

– Asta nu e grija ta. Acum respiră. Aşa. Te simţi mai bine?

Dând din cap, rămân tăcută.

– Când îţi expiră contractul de închiriere al apartamentului tău? întreabă Norma.

– Nu ştiu... Stai. M-am mutat aici în întâi iulie, deci... expiră la întâi iulie.

– Bine. Atunci expiră şi contractul nostru de închiriere, deci se potriveşte perfect.

– Dar cum vom ajunge acolo?

– Vom lua una sau două maşini speciale pentru mutat, în funcţie de cât de multe lucruri avem.

– Da, dar ce se va întâmpla cu maşina mea şi Petunia şi...

– Serena, astăzi este 25 mai. Mai avem câteva săptămâni înainte să plecăm. Aş vrea să vorbesc cu Zâna acum.

Norma şi Zâna vorbesc în privat.

– Voi avea nevoie ca Serena să rămână mai mult acasă, astfel încât să pot începe să închei lucrurile aici. Am clienţi cu care va trebui să lucrez, plus că trebuie să împachetez casa. Ai vreo sugestie despre cum o putem ajuta pe Serena?

– Ea poate începe să-şi împacheteze lucrurile, să le pregătească pentru mutare. Voi încetini lucrurile în cadrul sistemului, astfel încât mutarea să fie principala ei concentrare. Momentul acestui lucru este perfect. Dacă ar fi fost chiar şi cu o lună înainte, nu ar fi fost posibil.

Simţindu-se uşurată, Norma răspunde:

– Ştiam că acest lucru va fi mai uşor cu ajutorul tău.

– Dacă am putea face rost de câteva cutii în drum spre casă, ea poate începe astăzi să împacheteze, dă instrucțiuni Zâna. Asta îi va da o ocupație și o va ajuta să se simtă că face ceva care merită.

– Desigur. Știu câteva locuri în care ne putem opri pe drum.

– Bine. Apoi voi lucra cu ceilalți copii cărora le este frică și îi voi adormi pe unii până când ne vom stabili în Colorado. Aș vrea să-i spui Serenei că vei avea nevoie ca ea să rămână acasă între timp. Anunț-o că poate fi de ajutor pentru fiecare dintre noi, în acest fel.

Cu un zâmbet, Zâna pleacă.

Chemându-mă înapoi în față, Norma urmărește cum fața se transformă de la chipul liniștit la consternarea plină de frică.

– Voi avea nevoie de ajutorul tău în această mutare, spune Norma.

– Voi face orice ai nevoie, Mamă.

– Bine. Următoarele trei săptămâni vor fi foarte încărcate pentru mine. Trebuie să rezolv niște lucruri de ultimă oră cu ceilalți clienți ai mei, precum și să împachetez casa. Voi avea nevoie ca tu să-ți împachetezi lucrurile, astfel încât, atunci când vine Garret, să poată încărca cu ușurință camioneta pentru mutat de la U-Haul.

– Da, dar ai spus că ai nevoie de ajutorul meu. Cu ce te pot ajuta?

– Voi avea nevoie să rămâi la tine și să ai grijă de tine. Nu voi putea lucra cu tine așa cum am făcut-o în ultimele luni, dar Zâna m-a asigurat că ne va ajuta pe amândouă încetinind lucrurile în interior. Cum te simți în legătură cu toate astea?

– De câte ori pot veni într-o săptămână? întreb neliniștită, ținându-mi respirația.

– În acest moment nu pot răspunde la asta. Chiar am nevoie de ajutorul tău, ca să pot fi în stare să rezolv toate lucrurile în următoarele trei săptămâni. Ai putea să rămâi deschisă și să descoperi ce se va întâmpla? Știu că nu îți place răspunsul ăsta, dar acesta este tot ce pot face în acest moment.

Sunt de acord, în ciuda faptului că nu-mi place asta.

– Bine. Aceasta poate fi o aventură pentru amândouă, dacă permiți asta. Acum, înainte să te conduc acasă, i-am promis lui Toby că voi petrece niște timp cu el. Vrei să mergi să-l aduci, te rog?

Aplecându-mă, o îmbrățișez repede înainte de a dispărea înăuntru.

– Avem ceva timp să petrecem împreună? întreabă fericit Toby.

– Da, scumpule, dar m-ai auzit vorbind cu Serena despre mutare?

– Nu, dar Zâna mi-a spus despre asta. Ne vom muta cu un camion mare, nu-i așa?

Ridicându-și sprâncenele spre ea, zâmbește fericit.

– Da, vom conduce un camion mare spre noua casă din Colorado. Voi avea nevoie de ajutorul tău pentru mutare. Poți face asta?

– Oh, da! răspunde el.

Cu ochii licărind, visează să stea în cabina înaltă, lângă Norma.

– Toby, ce ți-ar plăcea să faci înainte să te duc acasă?

– Ți-am spus. Vreau să fiu cu tine!

– Bine. Trebuie să iau niște cutii pentru Serena, ca să înceapă să-și împacheteze toate lucrurile. Ai vrea să mă ajuți să găsesc niște cutii?

Alergând spre ușă, strigă:

– Voi găsi cutii cu tine!

– Toby, am nevoie de cooperarea ta, afirmă clar Norma. Asta înseamnă că trebuie să rămâi lângă mine şi să nu alergi. Înţelegi?

– Bine!

Apucând clanţa uşii, o zgâlţâie nerăbdător, aşteptând-o să-şi ia poşeta.

– Asta o să fie distractiv!

*****

Cutiile sunt stivuite una peste alta, aglomerând cea mai mare parte a spaţiului meu de locuit. Mobila este împinsă pe peretele din spate, fix sub fereastră. Totul se află într-o singură cameră pentru a-i fi mai uşor lui Garret să încarce camioneta de la U-Haul, atunci când va veni.

M-am îngrijorat că Petunia şi Chin-Chin vor sta împreună pe drumul lung spre Colorado, dar Mama nu este îngrijorată. Îmi spune că, dacă voi rămâne prezentă şi voi lăsa spiritul să ne călăuzească, voi putea fi surprinsă de întorsătura lucrurilor.

*****

Încărcatul lucrurilor mele în camionetă a durat mai puţin de o oră. Cu Petunia în poală, ne oprim în faţa casei lui Norma şi a lui Garret. O găsesc pe Mama în bucătărie şi ea îmi zâmbeşte.

– Pune-o pe Petunia într-una din camere înainte de a-l întreba pe Garret cum poţi fi de ajutor, îmi spune ea.

Găsindu-l pe Garret în interiorul unuia dintre camioane, îl chem:

– Ce vrei să fac?

– Adu afară cutiile care mai sunt în casă și pune-le aproape de camion. Trebuie să-ți rearanjez bagajele, astfel încât totul să încapă.

Mergând din cameră în cameră, scot foarte multe cutii. După mai multe drumuri, observ că obosesc.

Nu te opri, trebuie să continui să ajuți.

Ei te iau cu ei. Arată-le că meriți asta!

Ridicând o cutie mare la piept, mi se înmoaie picioarele. Împing cutia deoparte, îmi șterg sudoarea de pe față cu cămașa și mă sprijin de peretele casei. Închid ochii, suspin cu satisfacție, pe măsură ce răcoarea de pe perete se scurge prin cămașa și pielea mea. Aici mă găsește Mama.

– Îți asculți corpul sau mintea, Serena? Dacă trebuie să am grijă de tine pentru că te-ai epuizat, asta nu mă va ajuta deloc. Întreab-o pe Zână ce ar vrea să faci, te rog.

Fără să aștepte răspunsul meu, iese afară și se alătură celorlalți.

Mergând în interior, o aud pe Zână spunând:

– Corpul tău este epuizat. Odihnește-te și lasă-i pe ei să termine treaba. Ți-ai făcut partea ta de treabă. Respiră cu mine și rămâi liniștită.

Nu asta am vrut să aud. Fără tragere de inimă, mă opresc și inspir și, făcând asta, simt impulsul să mă ridic și să mă mișc. Știind că Zâna mi-a cerut să rămân liniștită, respir intenționat încă o dată. Îmi așez palma pe burtă, îmi închid ochii și încerc să mă concentrez. Simțind neliniște, mă opresc și ascult țipetele care vin din interior.

– Copiii sunt supărați pe răvășirea casei, informează Zâna. Îi voi ajuta să nu le fie teamă. Sunt mândră de tine că te-ai oprit să respiri, chiar dacă nu ai vrut să faci asta.

Făcându-mi timp să respir a ajutat cu adevărat. Mă simt împrospătată. Plimbându-mă prin casă, adun lucruri care par să fi fost uitate. Îmi dau seama că am descoperit ceva ce pot face fără prea mult efort, să adun ultimele obiecte rămase și să le pun într-o cutie. Mă hotărăsc să curăț bucătăria, să frec blaturile și chiuveta cu detergent. Se simte bine să ajuți. Complet absorbită de ceea ce fac, tresar când Mama vorbește:

– Mulțumesc, Serena. Apreciez foarte mult modul în care ne-ai ajutat. Dar este timpul să plecăm acum. Ia-o pe Petunia și ne întâlnim în camion.

Urcând scările două câte două, năvălesc în dormitorul pentru musafiri și o găsesc pe Petunia întinsă la soare pe pervazul ferestrei. Îi scot lesa din punga de plastic și o fixez în jurul mijlocului ei. Coborând pe scări, mă opresc la jumătatea drumului și mă uit în jurul meu. *Aceasta este ultima dată când voi coborî aceste scări.*

– Serena, strigă Norma, te rog să urci în camion. Voi fi acolo imediat. Chin-Chin este deja acolo.

Urcându-mă în cabină, o pun pe Petunia jos, lângă Chin-Chin. Recunoscând-o după miros, el închide ochii și adoarme la loc.

Norma urcă și spune:

– Trebuie să vorbim înainte să încep să conduc.

Întorcându-se cu fața spre mine, continuă:

– Nu am condus niciodată un camion ca acesta, așa că va trebui să rămân concentrată. Garret își face griji pentru binele nostru, așa că am nevoie de întreaga ta cooperare. Poți face asta rămânând conștientă?

Auzind cât de serioasă este, dau din cap aprobator.

– De ce Garret este atât de îngrijorat?

Făcând o pauză, este atentă la modul în care îmi răspunde.

– Am un câine și o pisică în cabină cu tine și cu mine. Nu știu cum vor fi Chin-Chin și Petunia după câteva ore de mers pe drum. În plus, trebuie să manevrez acest vehicul și să fiu conștientă de ceilalți șoferi. Sunt o mulțime de lucruri care se petrec. Poți să vezi de ce ar fi îngrijorat Garret?

– Uau, nu știam asta.

– Știu. De aceea am nevoie de ajutorul tău. Aceasta poate fi o aventură distractivă, dar am nevoie să rămâi conștientă. Dacă începi să te simți neliniștită, să-mi spui. Voi avea nevoie de o promisiune din partea Zânei că nimeni nu va încerca să sară din camion în timpul mersului. Am nevoie ca voi toți să fiți implicați în această mutare, așa că respiră o clipă și vezi dacă Zâna vrea să adauge ceva.

Închizând ochii, transmit cuvânt cu cuvânt ce spune Zâna:

– Promit că nimeni nu va încerca să sară din cabină. Copiii autodistructivi au fost adormiți. Voi lucra cu orice va ieși la suprafață din sistem.

Zâmbind, îmi deschid ochii.

– Va fi distractiv, nu-i așa Mamă?

– Există această posibilitate, scumpo.

Apăsând ușor claxonul, îi face semn lui Garret că suntem gata de plecare.

Capitolul 16: **NOUA MEA CASĂ**

Am ajuns cu toții în siguranță în Colorado. Locuiesc în noua mea casă de șase săptămâni. Are doar cinci zeci și trei de metri pătrați, iar de pe stradă arată ca o casă de turtă dulce, cu fațada albă și obloane verzi ca pădurea. Mama vine la mine acasă șapte zile pe săptămână să lucrăm. Regulile pe care le-am adoptat în California sunt încă valabile. Nu pare să se fi schimbat nimic în afară de adresa mea.

*****

– Trezesc copiii pe care i-am adormit în California, spune Zâna. Deschid creierul, astfel încât să putem începe o altă etapă a muncii noastre. Deocamdată, am nevoie ca Serena să renunțe la a fi în față atât de mult cât este acum. Trezesc părțile esențiale ale copilului autentic, care vor aduce o mai mare simțire a sinelui din sistem. Odată cu această trezire, Serena va începe să știe că trupul îi aparține ei. Va crede că va pierde teren, dar o va ajuta să înțeleagă că aceasta este o parte crucială a integrării sale.

Întinsă pe spate pe masa de masaj, mă uit la fața Mamei și zâmbesc. Nu sunt conștientă de conversația care tocmai a avut loc. Îmi frec fruntea și rămân tăcută.

– Ia-ți câteva clipe și respiră cu mine, Serena. Așază-ți palma pe burtă și simte mișcarea ei pe măsură ce urcă și coboară odată cu respirația ta.

În timp ce privesc mişcarea palmei, ascult cadenţa vocii Mamei, relaxându-mă mai profund în corpul meu. Dintr-o dată, un val de anxietate trece prin mine şi mă schimb.

– Te aşteptam. Ştiam că eşti acolo. Numele meu este Norma. Care e numele tău?

Scuturând capul înainte şi înapoi, copilul rămâne tăcut.

– Pot să stau lângă tine?

Trăgând un scaun astfel încât să fim cu ochii pe acelaşi nivel, Norma întreabă:

– Ai un nume, scumpo?

Dând din cap da, copilul rămâne tăcut.

– Poţi să-mi spui care este?

– Jennifer, şopteşte copilul.

– Oh, îmi place acest nume. Ţie îţi place acest nume?

Dând din umeri, copilul se uită în altă parte. Îşi bagă capul în piept şi plânge în tăcere.

– Pot să te îmbrăţişez, scumpo?

Întinzându-şi braţele, Norma aşteaptă ca Jennifer să facă o mişcare.

Tot atât de încet, ea îşi întinde braţele şi îi permite Normei să o ţină în braţe. Mângâind-o cu tandreţe pe păr, Norma aşteaptă ca suspinele copilului să se potolească. Chemându-mă înapoi în faţă, Norma spune:

– Este prea tânără ca să-mi spună ce o doare. Vrei să o laşi să-ţi arate ţie?

Închizându-mi ochii, văd imagini care prind contur.

– Jennifer stă într-un scaun înalt, pentru copii. Plânge și tot plânge.

– Câți ani are?

– Nu cred că are nici doi ani. Lois este în bucătărie, stând cu spatele la Jennifer, iar Jennifer țipă de furie. Hei, nu există mâncare în fața ei!

– Serena, nu-ți poți permite să te superi. Îl ajuți pe acest copil spunându-i povestea. Vrei să rămâi aici și să fii adultul? Poți alege să o ajuți sau nu. Depinde de tine.

– Oh, bine... răspund cu reticență, înainte să-mi închid ochii din nou. Așa cum am spus, ea plânge. Lois se duce la aragaz și amestecă ceva în tigaie. Mirosul face ca foamea lui Jennifer să crească, plus că scutecul ei este ud și fundulețul îi arde.

– Serena, te descurci minunat. Acum simte: unde este energia lui Jennifer?

– Este sus aproape de tavan, răspund eu.

– De cât timp stă Jennifer în scaunul înalt?

– Stă acolo de câteva ore și este extrem de obosită. Să fii ignorată este mult mai rău decât să nu fii hrănită, Mamă!

– Ai dreptate, Serena. De aceea te-am rugat să observi unde este energia lui Jennifer. Așa că mergi puțin înapoi. Când Jennifer a fost pusă în scaun, ce făcea Lois?

În timp ce o observ pe Lois punând-o pe Jennifer în scaunul înalt, o văd făcând intenționat un pas înapoi.

– Oh, Mamă, arată deplorabil!

– Da. Acum, respiră, Serena. Aminteşte-ţi, acest lucru s-a întâmplat deja. Suntem aici pentru a ajuta acest copil. Acum priveşte şi simte: când Lois o pune pe Jennifer în scaunul înalt, ce încearcă Jennifer să facă?

– Ce? Eu nu...

– Te rog, opreşte-te o clipă. Nu te certa cu mine. Simte: ce încearcă să facă energia lui Jennifer? Nu vei vedea asta cu ochii minţii. Dă-ţi voie să simţi cu Zâna.

Simţind compasiunea necondiţionată a Mamei, care curge peste mine, îmi dă curajul să mă las să simt. Şi făcând asta, văd clar ce s-a întâmplat.

– Oh, ea a încercat să se mute energetic în Lois, dar a fost ca şi cum s-ar izbi de un perete de cărămidă, pentru că Lois era închisă faţă de Jennifer.

– Da, Serena! Deci ce a făcut Jennifer în acel moment?

– Şi-a părăsit corpul şi s-a dus sus pe tavan.

– Te descurci minunat. Poţi realiza conexiunea că nu este prima dată când se întâmplă acest lucru? Aminteşte-ţi, aceasta se întâmpla non-stop, în fiecare zi şi în fiecare noapte. Ai dori să te laşi să simţi ceea ce spun? Ştiu că nu-ţi place adevărul, dar pentru Jennifer nu a existat timp în care să nu fie brutalizată. Aceasta a fost o experienţă continuă, de douăzeci şi patru de ore pe zi. Acum continuă să simţi, în timp ce pluteşte sus în tavan: ce vrea să facă?

– Nu trebuie să simt! strig supărată. Vrea să moară!

– Ştiu că asta nu e ceva uşor, dar nu-ţi poţi permite să te superi. Copilul acesta are nevoie de tine, Serena. O vei ajuta?

Dând din cap da, inspir clătinându-mă, în timp ce îmi adun toată tăria.

– Deci, ce se întâmplă în continuare?

– Lois spune că nu-i plac fetele rele ca Jennifer, dar o spune cu așa o voce scăzută și gravă. Apoi se încruntă și se uită direct la Jennifer. Parcă ar fi pe scenă, Mamă!

– Nu te lăsa distrasă. Rămâi aici și spune-mi ce se petrece în continuare.

– Apoi începe să vorbească cu o voce mieroasă și ascuțită, declarând că iubește fetițele cuminți cum ar fi Lucy Belle. Tot timpul se uită în jurul camerei, căutând-o pe Lucy Belle. O privește dinadins pe Jennifer și inspiră dramatic, în timp ce o întreabă dacă este Lucy Belle a ei... Stai puțin! Lois a antrenat-o pe Jennifer să fie o personalitate multiplă?

Fără să aștept ca Mama să-mi răspundă, strig supărată:

– Asta este prea mult!

Îmi prind stomacul strâns și încep să mă legăn înainte și înapoi pentru a atenua o parte din durerea pe care o simt.

– Respiră, Serena! Sunt chiar aici. Vreau să o întrebi pe Zână ceea ce tocmai m-ai întrebat pe mine și să-ți dai voie să auzi adevărul.

Mă simt copleșită. Mintea mea aleargă țipând că e o minciună, dar, peste toată gălăgia, o aud pe Zână zicând:

– A trebuit să te lăsăm să afli adevărul, cu blândețe. Părinții tăi au folosit diferite nume când îi vorbeau lui Jennifer, cu singurul scop de a crea mai multe personalități. Ai vrut să crezi că era doar Jack, dar acesta nu este adevărul. Respiră și lasă-te să simți adevărul. Astfel îi vei ajuta pe copiii care ascultă.

Sunt uluită.

– Acest lucru nu poate fi adevărat!

– Serena, vrei să te ajuți sau să te rănești? Trebuie să decizi, spune Norma.

Ridicând vocea, continuă:

– Nu-ţi place adevărul şi asta te menţine în închipuire. Vrei să respiri cu mine? Este singurul mod în care îi putem ajuta pe aceşti copii.

După câteva minute de respiraţie focusată, spun cu tristeţe:

– Este adevărat, nu-i aşa?

– Da. Este nevoie de curaj să rămâi şi să te uiţi la cum ţi-a fost viaţa. Sunt uimită de cât de curajoasă eşti.

Luându-mă de mână, o strânge uşor.

– Acum, hai să vedem unde vrea Zâna să ajungă cu asta.

– Vezi ce face Jennifer în timp ce Lois o întreabă dacă ea este Lucy Belle a ei. Urmăreşte cât de creativă a fost pentru a rămâne în viaţă, sugerează Zâna. Adu-ţi aminte, ei îi este foame şi frig. Stă în scutece umede, cu funduleţul arzând de ore întregi. Peste toate astea, să fie neglijată a traumatizat-o profund.

Închizându-mi ochii, o văd pe Jennifer dând din cap că da, la întrebarea lui Lois şi, instantaneu, se naşte un alt copil. Lucy Belle îşi ridică privirea spre faţa zâmbitoare a lui Lois, ridică braţele şi spune: „Mama". Au dispărut sentimentele de foame, durere şi disperare, şi în locul lor se naşte un copil nou, care aşteaptă să fie imprimat. Pe măsură ce adevărul acestei descoperiri mă loveşte, mă înfior, devorată de o tristeţe inexplicabilă.

– Respiră, Serena. Ajută-i pe aceşti copii să vină acasă. Nu îţi poţi permite să rămâi în această durere. Adu-o acasă.

– Asta fac, dar doare!

– Ştiu. Nu minimizez acest lucru, dar respiră pentru a continua să se mişte. Sunt aici.

Respirând și plângând, îmi încolăcesc brațele în jurul taliei, sperând că acest lucru îmi va oferi ceva confort. Nivelul de brutalitate trăit de Jennifer este de nedescris. Pe măsură ce continui să respir, lacrimile încep să dispară în cele din urmă.

– Vrei să o lași pe Jennifer să se întoarcă ca să o pot ajuta? Dacă poți, te rog să asculți, astfel încât acest lucru să te poată ajuta și pe tine.

– Vreau Mamă, dar...

– Îți cer doar să alegi. Dacă nu vei putea să o auzi, e în regulă. Nu te judec. Poți să ții minte asta?

Închizându-mi ochii, mă strecor în spate, făcându-i loc lui Jennifer să vină în față. Auzind că Mama o convinge pe Jennifer să vină în față, respir, știind că alegerea mea, combinată cu compasiunea Mamei, vor ajuta să o scoată la suprafață pe Jennifer. După câteva minute, Jennifer își freacă fața, urmărind-o în tăcere pe Norma.

– Invit-o să locuiască aici. Spune-i că aceasta este noua ei casă, spune liniștit Zâna. Ea face parte din esența copilului, începutul, care este crucial pentru conectarea cu corpul. Voi ajuta, având grijă de ea, dar și Serena va trebui să fie implicată de asemenea. Voi ghida acest lucru pas cu pas.

– Bună, scumpo, cum te simți?

Zâmbind ușor, Norma își respiră compasiunea în jurul lui Jennifer, învăluind-o.

Fără să răspundă, copilul își lasă capul în jos.

– Mă bucur că te-ai întors. Te așteptăm de foarte mult timp. O poți vedea pe îngeriță? Stă lângă tine.

În timp ce își ridică capul, ochii lui Jennifer cutreieră întreaga cameră, mișcându-se pe furiș din loc în loc, până când o vede pe îngeriță. Încet, un zâmbet îi transformă fața tulburată. Privind în spatele Normei, ea dă din cap da, în timp ce arată cu degetul.

– Bine. Îngerița te-a adus aici să locuiești cu ea și cu doamna, Serena. Ele vor avea grijă de tine. Poți să-o auzi pe îngerița vorbind cu tine?

Dând din cap da, Jennifer își închide ochii.

– Este epuizată, spune Zâna, și are nevoie de odihnă. Este important ca Jennifer și unii dintre ceilalți să înceapă să simtă că aceasta este experiența lor. Serena, știu că mă poți auzi. Te rog, să-i lași pe acești copii să experimenteze corpul. Pregătește mesele și lasă-i să mănânce mâncarea. Fă-ți băile în cadă și permite-le să simtă căldura apei. Invită-i intenționat să fie aici. Știu că unele lucruri se vor simți ciudate pentru tine, dar niciunul dintre copiii interni nu a ajuns vreodată să știe cum se simte să fii în siguranță și într-un corp în același timp. Tu poți face această conexiune pentru ei. Ești dispusă să faci asta?

Auzind cuvintele Zânei , mă întorc spre Norma:

– Nu înțeleg, Mamă.

– Ce nu înțelegi?

– Am crezut că ar trebui să rămân prezentă și să fiu în față. Acum, sunt rugată...

– De ce îți este frică? Nu știi că Zâna te-a ținut în siguranță toată viața? Ea vrea doar să te ajute. Te roagă să lași aceste părți ale copilului inițial să fie de asemenea aici. Ea este înțelepciunea care călăuzește această aventură. Poți continua să urmezi îndrumarea ei?

Simțindu-mă vinovată că mă îndoiesc de Zână, îmi dau acordul în silă.

– Știu că asta nu este cum ți-ai fi dorit tu să fie, dar dacă o lași pe Zână să conducă, vei descoperi un dar în asta.

Capitolul 17: **CONEXIUNI**

– Nu-mi place că acești copii esențiali sunt aici!

– Nu ai avut nicio problemă când Robbie și Toby au fost aici. Ce e diferit la acești copii? întreabă Mama.

– Nu știu, răspund iritată.

– Nu mă voi lupta cu tine, Serena. Întreab-o pe Zână de ce te simți atât de nervoasă.

Știu că Mama are dreptate. Sunt supărată fără niciun motiv aparent. Mergând înăuntru, o rog pe Zână să mă ajute.

– Nu-ți place să vezi cât de tare au fost răniți acești copii principali, îmi spune Zâna.

– Înțelegi ce spune?

– Da, dar tu nu înțelegi! Când îi văd, sufăr fizic! Simt că dacă aș înceta să mă lupt, aș putea...

Inspir tremurând.

– Înțeleg, Serena. Furia pe care o simți ne permite amândurora să aflăm că se petrece altceva. Înainte de a merge mai departe, vreau să te scufunzi mai adânc în burtica ta și să respiri.

– Ai vrea să-ţi dai voie să-i vezi pe aceşti copii prin ochii Zânei? Nu gândi răspunsul. Dă-ţi voie să-ţi simţi răspunsul.

Dând din cap da, îi dau voie experienţei din noaptea trecută să revină şi, făcând asta, îmi dau seama mai mult cât de catastrofică a fost lumea lui Jennifer. Compasiunea mă umple în timp ce o văd pe ea tremurând în cadă.

– Când ai spus că nimic nu a fost lăsat la întâmplare, că totul a fost distorsionat de instruire, la asta te-ai referit, nu-i aşa? Chiar şi o simplă baie a fost infuzată cu cruzime.

– Da, fiecare moment din viaţa lui Jennifer a fost distorsionat. Ea nu putea mânca, dormi, să meargă la baie, să se joace afară, să aibă relaţii sau să facă o baie fără să fie terorizată permanent. Te rog, respiră acest adevăr în tine, Serena. Când înfrunţi adevărul, devii poarta pentru ca aceşti copii să vină acasă. Dar mi-ar plăcea să te duc un pas mai departe. Ai vrea să vezi de ce Jennifer reacţionează aşa de violent în cadă?

Închizându-mi ochii, las ca amintirea să iasă la suprafaţă.

– Lois îi freacă atât de tare pielea lui Jennifer... Oh, Mamă.

Plângând în hohote de nestăpânit, îmi deschid ochii şi mă uit în jurul camerei. Voi face tot ce e necesar pentru a rămâne prezentă, dar durerea pe care o simt este insuportabilă. Luându-mi următoarele câteva minute pentru a respira, îmi permite să continui.

– Jennifer ţipă şi ţipă, şi apa e roşie cu sângele ei.

– Te descurci grozav, Serena. De unde vine sângele? întreabă Mama.

– Este vaginul ei...

Apucând perna de pe canapea, mi-o apăs pe stomac.

– Şi câţi ani are Jennifer?

– Are aproape trei... e atât de micuță.

Strângându-mi maxilarul, sunt copleșită de emoțiile care continuă să mă inunde.

– Respiră, Serena!

– Nu înțelegi! Jack tocmai a violat-o, și Lois e supărată pe ea pentru că a făcut sex cu el! E nebună sau ce?

Fără să aștept un răspuns, mă înfior pe măsură ce imaginile continuă să-mi inunde conștientizarea mea.

– Jennifer a leșinat, chiar acolo în cadă!

Sărind de pe canapea, alerg la baie și trântesc ușa. Legănându-mă înainte și înapoi pe capacul de toaletă, încerc să fac față la ce simt.

– Serena, sunt chiar aici. Respiră cu mine, scumpo.

Auzind bunătatea din vocea ei, mă face să plâng chiar mai tare.

– Am fost rănită atât de rău!

Respir profund și încerc să reiau controlul. Mintea se simte neclară, iar corpul țipă de durere. Deschid ușa și cad în brațele Mamei.

– Nu știu de ce mă deranjează atât de mult. Am văzut lucruri mult mai rele decât ăsta. (Abilitatea de a se separa în diferite personalități pentru a crea intensitate disociativă nu era așa de dezvoltată când Jennifer avea trei ani, ca în anii ulteriori, așa că abuzul s-a simțit mai pe deplin.)

– Uită-te la mine, spune Mama, ținându-mi fața cu palmele. Când judeci și încerci să-ți explici, nu te ajuți. Adevărul este că această amintire doare. Poți accepta asta și să respiri?

Mergând înapoi la canapea mă zbat să rămân prezentă. Fac niște respirații clare și mă așez energetic mai profund în burtica mea, înainte de a mă deschide din nou amintirii.

– Lois îi spală vaginul lui Jennifer, spunându-i că dacă era o fetiță cuminte, aceasta nu i s-ar fi întâmplat. O urăsc pe Lois! strig nervoasă.

– Înțeleg, Serena, dar observă: ce face Jennifer?

– Vrea să moară! Pot simți această energie care o ademenește.

– Spune-mi despre asta, sugerează liniștit Mama.

– Este calmă și întunecoasă, se simte cumva familiară...

În timp ce vocea devine tărăgănată, amorțeala îmi umple corpul.

– Mă bucur că îți dai voie să simți energia, dar nu intra în ea. Alege să rămâi aici, Serena.

Spunându-mi numele cu voce tare, ea mă invită să revin în această realitate.

Clipesc și îmi frec ochii, inspir profund și încerc să dau afară simțirea pe care mi-a dat-o întunericul.

– Poți simți despre ce era acea energie? Ce i-a permis lui Jennifer să facă?

– S-a simțit liniștită și părea că i-a luat durerea.

– Întreab-o pe Zână ce era acea energie.

– A fost energia morții, spune Zâna. Când Jennifer a împlinit trei ani, ea și-a dorit moartea mai mult decât orice altceva.

– Cu adevărat lasă-te să simți adevărul a ceea ce Zâna tocmai a zis. Jennifer și-a dorit moartea mai mult decât orice altceva.

Afirmând acest lucru liniştit, Norma adaugă:

– Îţi dai voie să simţi asta?

Inspirând uşor, mă deschid intenţionat spre adevăr, şi pe măsură ce fac asta, energia morţii mă umple din nou. Simţind o amorţeală plăcută, mă uit în gol spre Mama.

– Respiră mai profund şi las-o să vină acasă, la Zână. Ştiu că se simte confortabil, dar dacă vrei cu adevărat să te vindeci, nu îţi poţi permite să te joci în această energie.

Spunându-mi pe nume, ea continuă:

– Nu este prietena ta, Serena! Respiră şi las-o pe Zână să o primească!

Respir profund şi o las să se mişte spre Zână. După mai multe minute de respiraţie, mă simt mai uşoară.

– Ce ar trebui să înţeleg din toate astea, Mamă?

– Ai spus că nu ţi-a plăcut să o vezi pe Jennifer rănită, dar faptul că ei sunt răniţi este adevărul. Aceşti copii esenţiali au fost răniţi de nenumărate ori şi ei nu au încredere în tine. Ei îţi simt furia. M-ai urmărit pe mine acceptându-i necondiţionat, dar ei au nevoie de asta şi din partea ta. Îmi spui că vrei să te integrezi, dar când devine dificil, fugi. Auzi ce îţi spun?

Vreau să plec atât de tare, dar nu mă las să cad în asta. În schimb, respir până când impulsul dispare.

– Ce altceva te deranjează la aceşti copii, Serena?

– Nu înţelegi. Mă doare fizic când îi văd.

– Înţeleg asta, dar nu este durerea ta. Cu cât stai mai aproape de Zână, cu atât durerea te va afecta mai puţin. Nu spun că nu te va durea, dar intensitatea va fi temperată de iubirea Zânei . Vrei să-ți dai voie să simți iubirea Zânei pentru tine?

De bunăvoie, mă deschid spre Zână și simt o căldură confortabilă care mă umple din interior spre exterior. Este ca mierea caldă, netedă și groasă. Îmi închid ochii și continui să respir. Mă scufund mai adânc pe perna de pe canapea și suspin mulțumită.

După multe minute de tăcere, Mama vorbește:

– Poți avea această dulceață oricând dorești. Zâna este întotdeauna aici, oferindu-ți asta. Te iubește mai mult decât poți tu înțelege. Îți dorești acest fel de iubire, Serena?

– Firește că da.

– Tu ești singura care poate să-ți oferi asta. Dacă ai merge la Zână, în loc să fugi, ai putea avea un rezultat diferit. Acum întreab-o pe Zână dacă mai e ceva cu care ar vrea să lucrăm.

– Vreau să începem să lucrăm cu energiile de copil care au fost create de trauma din primele câteva luni de viață ale lui Jennifer, spune Zâna. Nu a existat niciodată vreo șansă pentru Jennifer să se conecteze cu corpul într-un mod normal, așa că Serena experimentează corpul ca și cum ar aparține altcuiva. Prin a face activități specifice pe care bebelușii normali le experimentează, vom începe procesul de a o ajuta pe Serena să se simtă mai conectată cu corpul. Voi avea nevoie de întreaga ei cooperare. Înainte de a începe, aș vrea să-ți explic câteva lucruri de bază despre corp și ce intenționăm să facem.

Scoțând un pix și o hârtie din poșeta ei, Mama desenează un bebeluș din linii, cu un nor atârnând deasupra lui.

Râzând, arăt cu degetul spre desenul ei și întreb:

– Se presupune că acesta e un nor?

– Ştiu, răspunde Mama. Nu sunt cea mai bună artistă, dar ai prins ideea. Când un bebeluş se naşte, primul lucru pe care îl face este să plângă. Bebeluşul inspiră, aducându-şi puţin din energia propriului Spirit în corp.

Arătând spre norul mare, circular, de deasupra bebeluşului, Norma continuă:

– Energia Spiritului vine în corpul bebeluşului cu fiecare respiraţie pe care o face. M-ai înţeles până aici?

Scanându-mi faţa pentru a găsi indicaţii despre cât am înţeles, ea aşteaptă.

– Nu ştiam asta!

– De aceea purtăm această conversaţie, spune Mama chicotind. Într-o familie iubitoare, mama şi tata îşi ţin în braţe noul născut. Când bebeluşul plânge de foame, nu primeşte doar căldura atingerii părinţilor, ci simte de asemenea...

Norma ridică vocea cu emfază:

– Laptele venind în stomăcelul lui şi umplându-l. Plânsul lui nu trece neobservat. În schimb, plânsul lui se întâlneşte cu un răspuns iubitor. Nu intra în minte, Serena, ci lasă-te să simţi: cum ar răspunde copilul la această experienţă?

Privind vizual ceea ce ea a descris, mă uit cum bebeluşul imaginar este ridicat şi hrănit de mama lui.

Întrerupându-şi şirul gândurilor, Mama mă invită să simt cum s-ar putea simţi burtica când e caldă şi plină cu lapte.

Îmi creez intenţionat o simţire de căldură în burta mea, de la un lapte imaginat, şi exclam:

– Uau, bebeluşul se simte bine. Ea inspiră, primindu-şi Spiritul, pentru că simte căldură şi siguranţă, nu-i aşa?

– Da, ea răspunde experienței în mod natural, în acest fel venind în corpul ei și în viața ei, fără luptă. Bebelușul experimentează încrederea, prin simțirea cu corpul. El nu are nevoie să se gândească la simțirile de a fi în siguranță sau iubit, el doar este. Dar părinții tăi nu au permis realizarea acestei conexiuni naturale; a fost distorsionată intenționat. De aceea Zâna ne roagă, pe tine și pe mine, să-i ajutăm pe acești micuți.

– Bineînțeles că voi ajuta, Mamă.

– Bine. Atunci întreab-o pe Zână ce vrea ca noi să facem.

– Zâna spune că vrea ca tu să mă învelești într-o pătură. Spune că vei știi ce să faci după asta.

– Vrei să stai în spatele acestor energii de copii, astfel încât nu le vei perturba? întreabă Mama.

Dând din cap da cu entuziasm, mă ridic, pregătită să fac tot ce pot.

– Vino și așază-te pe podea și respiră, în timp ce merg să scot o pătură din dulap. Zâna îi va aduce în față. Tu doar dă-ți voie să cazi înapoi în corp, astfel încât ei să poată să vină la suprafață.

Stând pe podea cu picioarele încrucișate, îmi închid ochii și îmi dau voie să alunec spre spatele coloanei vertebrale. În acel moment simt o altă energie cum vine în fața mea; ea este foarte mică, nu cred că are mai mult de o lună. Corpul ei este lipsit de viață.

Venind înapoi în cameră, Mama spune:

– Întinde-te pe jos, în mijlocul păturii, Serena.

Învelindu-mi corpul ca la bebeluși, ea mă înfășoară bine în pătură, ca pe un burrito. Zâmbindu-mi în față, ea vorbește încetișor:

– Vă pot vedea, micuților. E în regulă. Sunt aici.

Compasiunea ei emană dintr-o linişte adâncă din interiorul ei. E calmă. Cu un ritm născut din intuiție, ea răspunde dintr-un loc de dincolo de minte. Fredonând încet, în timp ce atinge fața corpului şi brațele, ea îi invită pe copii să vină acasă la Sufletul meu.

Lucrăm de mai bine de o oră. Simt admirație pentru ceea ce facem şi ştiu că participarea mea face o mare diferență în propria mea integrare.

Capitolul 18: **DEVENIND AUTENTICĂ**

Abia pot să respir şi inima îmi bate atât de repede încât mă doare pieptul. Mă legăn înainte şi înapoi, încercând să mă simt măcar puţin confortabilă. Ce voi face? Mama va fi acasă abia peste trei zile! Frec canapeaua şi mă concentrez pe cât de reală se simte ţesătura, dar sentimentele de teroare nu se diminuează. În timp ce un alt ţipăt de copil mă sfâşie în interior, strig la Zână să mă ajute:

– Sunt aici, Serena, respiră cu mine.

Aşezându-mă mai dreaptă, mă concentrez intenţionat pe respiraţia mea. Am făcut asta de suficient timp încât să ştiu că, dacă rămân în teroare, nu voi fi capabilă să mă ajut. În cele din urmă, după minute lungi de respiraţie hotărâtă, simt compasiunea Zânei cum mă umple.

– Dă-mi amintirea mie, Serena. Nu lăsa nici una să rămână. O voi ţine în siguranţă până când se întoarce Mama acasă.

*****

Mama a venit acasă noaptea trecută şi de-abia aştept să o văd!

În timp ce mă uitam la maşinile care treceau podul, cu greu îmi stăpâneam entuziasmul. Ar trebui să fie aici imediat! *Aia e maşina ei? De ce merge atât de încet?* Când Jaguarul ei negru a intrat pe alee, deschid uşa şi îi trimit salutări.

Intrând în bucătărie, Mama spune:

– Lasă-mă să pun bagajele jos. Apoi pot să-ți dau o îmbrățișare adevărată.

Așezând pungile de cumpărături pe podea, ea zâmbește, înainte să mă ia
în brațe.

Oftez ușurată, stau nemișcată și las ca iubirea ei să mă umple. În cele din
urmă, fac un pas înapoi și o inspectez de la cap până la degetele de la picioare.

– Arăți drăguț, Mamă!

Îmbrăcată în pantaloni și o bluză albastră înflorată, arăta minunat pentru
mine.

– Ai mâncat deja prânzul?

– Nu, te-am așteptat, răspund eu.

– Voi face niște sandvișuri, în timp ce tu vei pune cumpărăturile la locul
lor. Avem multe de povestit, pun pariu.

– Avem. Chiar avem!

Câteva minute mai târziu, în timp ce stăm una lângă alta pe canapea,
Mama spune:

– Ți-am adus ceva.

Îmi pune în față o punguță de hârtie și zâmbește.

Emoționată, pun deoparte hârtia de împachetat roz strălucitor și găsesc
un lănțișor de aur, cu medalion cu pietre colorate variate, cuibărit pe fundul unui
săculeț. Mi-l pun la gât și ating cu admirație pietrele.

– L-am văzut în Sidney și știam că ți-ar plăcea.

Îmbrățișând-o cu entuziasm, exclam:

– Îl ador, Mamă. Este fix la fel ca bijuteriile tale. Mulțumesc!

Înghit ultima bucățică din sandvişul meu, îmi ridic privirea cu nerăbdare şi întreb:

– Eşti gata de lucru?

– Întreab-o pe Zână de unde vrea să începem, sugerează Mama.

– Te rog, citeşte-ţi întreaga listă, mai întâi, cere Zâna.

– Ce? Asta nu are niciun sens.

– Serena, te rog, nu începe să te cerţi, spune Mama. Ai vrea să ai încredere în Zână şi să-ţi citeşti lista? S-a descurcat destul de bine până acum.

Chicotind uşor, îmi face semn să încep.

– De ce râzi? Nu cred că e distractiv, Mamă.

– Zâna are cel mai dulce simţ al umorului şi eu pot să-i aud râsul câteodată, asta e tot. Nu râd de tine, Serena. Noi amândouă te iubim şi onorăm cât de minunat te descurci. Există un motiv pentru care Zâna îţi cere să faci asta, aşa că te rog, citeşte-ţi lista.

În timp ce citesc lista cu voce tare, gândurile mele încep să umble. *Ce face Zâna? Am nevoie să vorbesc cu Mama despre fiecare din aceste lucruri. Sunt importante.*

Simţind-o pe Mamă atingându-mi braţul, îmi ridic privirea surprinsă.

– M-ai auzit, Serena?

– Ce?

– Te-am întrebat de trei ori, dacă poţi vedea un numitor comun în ceea ce ai scris.

Mă uit în jos pe hârtia mea, mă încrunt confuză și încerc să găsesc firul comun despre care vorbește. Pentru mine, par să fie probleme diferite, fără nicio legătură.

– Întreab-o pe Zână ce vrea să ne arate, da?

– Dar am nevoie să vorbesc cu tine despre fiecare din aceste lucruri. Te-am așteptat...

– Înțeleg, Serena, dar Zâna te-a condus până acum. Ai vrea să ai încredere în ea cu asta?

Dau din cap da și ezit pentru că știu că nu poate fi un lucru bun. Cerându-i Zânei îndrumare, repet cuvintele ei Mamei:

– Serena are probleme să se descurce cu lucrurile deoarece ea pretinde că este mai în vârstă decât este. Știu că înțelegi unde vreau să ajung cu asta. Atâta timp cât i se permite să pretindă asta, suntem blocate. Înțelegi ce vorbesc?

– Da, așa că de unde vrei să încep? întreabă Mama.

– Cu adevărul, te rog. Voi interveni ori de câte ori este nevoie. Cere-i Serenei să fie deschisă și să nu lupte unde vom ajunge cu asta. Este crucial pentru integrarea ei.

Luându-mi mâna, Mama se trage mai aproape de mine.

– Îți amintești când am descoperit monștri în peșteră?

– Da.

– Și când am găsit monștri, ce credeau ei că sunt?

– Ce?

– Ei credeau că sunt monștri? întreabă cu blândețe Mama.

– Oh... da! Îmi amintesc că Zâna i-a ajutat să-şi dezbrace costumele. Atunci am descoperit că ei erau doar nişte copilaşi!

Sunt uşurată de această serie de întrebări. La început, m-am simţit ameninţată de ceea ce a întrebat Zâna, dar e uşor!

– Bine, şi când copiii au descoperit că nu erau monştri, îţi aminteşti cum s-au simţit?

Îmi scutur capul în semn că nu şi rămân tăcută.

– Mă gândeam eu că nu-ţi vei aminti. La început le era frică. Costumele lor păreau să-i ţină în siguranţă şi departe de durere. Să se dezbrace de costumele lor a necesitat curaj, nu-i aşa?

Uh-oh, mă simt anxioasă din nou. Nu-mi place unde duce asta.

– Nu am un costum pe mine! neg eu nervoasă.

– Ai vrea să rămâi cu mine şi să nu te grăbeşti să intri în minte?

Anxietatea mea a crescut de zece ori şi corpul mă doare. Reprimându-mi dorinţa de a lupta, inspir uşor, în timp ce aleg să ascult.

– Poţi simţi curajul de care a fost nevoie pentru ca ei să-şi poată da jos costumele?

– Nu ştiam că a fost nevoie de curaj, răspund eu liniştit.

– Ştiu că nu ai ştiut. Ce simţi că le-a permis să facă acest lucru curajos?

Ştiind răspunsul, răspund fără ezitare:

– A fost Zâna, nu-i aşa?

– Da. Şi simte: de ce crezi că Zâna ar aduce asta la suprafaţă acum?

Simţindu-mă în defensivă, ridic din umeri. Simt întunericul cum mă cheamă.

– Serena! comandă Mama, nu pleca! După tot acest timp, nu ai încredere în Zână şi în mine?

Mă simt ambivalentă, mă uit la Mama printr-un nor de ceață, în timp ce vorbeşte cu Zâna.

– E în regulă, spune Zâna. Fie că îi place sau nu, aceasta trebuie înfruntată, altfel nu putem merge mai departe. Voi susține un spațiu astfel încât să nu poată pleca.

Mă simt încolțită şi observ că simțirile mele nu mai sunt dezactivate. Mama e prea aproape. Sunt înspăimântată şi simt furie şi nu doresc să am nimic de-a face cu această conversație.

– Tu mi-ai spus mie că vrei să te integrezi, dar când ți se cere să priveşti adevărul, te retragi.

Ridicând puțin vocea, Mama întreabă:

– Ce alegi, Serena?

Zvârcolindu-mă incomod, îmi încleştez maxilarul şi decid ce să fac. Sunt obosită să fiu în durere în fiecare zi, dar lucrul acesta continuă să fie tot mai greu. Nu mi-am imaginat niciodată cât mă va solicita, dar nu pot renunța acum! Strâng marginile canapelei, mă uit direct la Mama şi spun:

– O voi face orice ar fi!

Zâmbind, Mama se apleacă şi întreabă cu blândețe:

– Am făcut Zâna sau eu ceva vreodată care să te rănească?

Simt lacrimile curgându-mi pe față şi îmi scutur capul în semn că nu.

– Dă-ți voie să simți asta, vrei? Respiră cu mine şi simte cât de mult te iubim amândouă.

În timp ce îmi sprijin spatele pe pernă, Mama mă îndrumă în respirație. Încurajându-mă să mă așez mai profund în corpul meu, îmi amintește cât de dulce poate fi respirația mea. Pe măsură ce determinarea mea se predă păcii, respirația mea devine singurul lucru conștient și știu fără reținere că orice mi-ar cere să fac va fi perfect pentru mine. Îmi deschid ochii și mă uit la Mama cu recunoștință.

– Sunt bine acum.

Mângâindu-mă ușor pe mână, ea îmi zâmbește cu căldură înainte de a continua.

– Știu cât de curajoasă ești; am văzut asta. Nu am lucrat niciodată cu cineva care să fie atât de dedicat în vindecarea sa, așa cum ești tu. Deci, spune-mi ce ai înțeles până acum.

– Am înțeles că monștri din peșteră nu erau cu adevărat monștri. De fapt, erau copii care se ascundeau în costume ca să-i țină în siguranță.

– Bine, dar acum vreau să faci un pas mai departe. Lasă-te să simți cu adevărat cât de mult au crezut ei că erau monștri. Au crezut asta cu tot ceea ce erau. Nu ar fi funcționat altfel. Poți să-ți dai voie să înțelegi ceea ce-ți spun?

Aducându-mi aminte de monstrul care a oprit-o pe Mama la intrarea în peșteră, pot simți cât de mare și amenințător era. Acesta nu era un joc pentru el. El știa clar care era serviciul său. Ar fi oprit-o dacă venea mai aproape. Relatându-i asta Mamei, simt o alarmă care începe să se acumuleze. Îi strâng mâna Mamei și scrâșnesc dinții. Simt unde duce conversația asta și nu-mi place deloc.

– Chiar dacă copilul a purtat costum, el nu s-a gândit niciodată că nu ar fi real, nu-i așa?

– Spune doar ce ai de gând să spui! strig eu anxioasă.

– E în regulă. Este pregătită pentru ce va urma, intervine Zâna.

– Da, Serena, tu porți un fel de costum. Îți vei da voie să simți adevărul acestui lucru sau vei lupta, amânând inevitabilul?

Îmi strâng buzele și dau din cap da în tăcere.

– Costumul pe care îl porți este cel al unui adult. Am descoperit în nenumărate rânduri că fiecare adult din sistem era doar un copil care încerca să mențină curgerea vieții, pretinzând că știe cum să se descurce. Îți aduci aminte de asta?

– Da, îmi amintesc, Mamă... *Știu că ce spune ea este adevărat, dar cum ar trebui să continui această lucrare dacă sunt copil?*

Pierdută în gânduri, nu aud ce spune Mama.

– Vrei să repeți, te rog?

– Atât timp cât continui să pretinzi că ești adult, te minți singură. Nu poți fi niciodată complet integrată atâta timp cât rămâi un copil în maturitate. Așa că simte cu mine: ce înseamnă să fii copil?

Reprimând furia care creștea în mine, mă concentrez pe chipul Mamei. Îi studiez ochii și număr fiecare rid care îi înconjoară, sperând să mă pot distrage suficient de mult pentru a menține furia la distanță. Cu buzele strânse, răspund neutru:

– Chiar nu știu, Mamă.

– Știu că nu știi. Atunci întreabă-ți mintea ce înseamnă să fii adult.

– Asta știu! Înseamnă să acționezi matur și să ai răspunsuri pentru probleme și să ai grijă de tine...

– Da... așa că respiră cu mine o clipă și nu judeca!

Ridicându-și vocea, Mama se uită ferm la mine.

– Tu ai grijă de tine?

Tăcută, clatin din cap nu.

– Te rog, lasă compasiunea Zânei să te umple. Nu am spus asta cu judecată. Este pentru a te ajuta să te vindeci și să permiți integrarea completă. Îți poți aminti asta?

Dând din cap da, respir, rugând-o pe Zână să mă ajute să înfrunt adevărul.

– Și când apare o problemă, știi cum să o rezolvi sau ți-e frică și te retragi?

Luându-mă de mână, Mama îmi zâmbește și așteaptă.

– Mi-e frică.

– Poți simți de ce îți este frică?

Clătinând din cap nu, sunt tăcută. Sunt copleșită și mă simt învinsă. Refuz să cedez emoțiilor mele și inspir profund.

Stând cu spatele sprijinit, Mama îmi zâmbește din nou înainte de a continua.

– Nu ai nicio experiență la care să recurgi. Dacă toți cei din sistem fugeau ori de câte ori le era greu, cum ar fi putut cineva să crească? Nu există nici o vastă experiență care pur și simplu stă acolo pentru conștientizarea ta. Poți simți cum funcționează acest lucru?

Fără să aștepte vreun răspuns, Mama continuă:

– Când eu eram copil, am avut experiențe. Aceste experiențe s-au așezat în straturi, una peste alta. Pe măsură ce am devenit adult, am experimentat succese și eșecuri prin care am trecut și la care am putut recurge pentru viitoarele evenimente. Mă înțelegi până acum? Spune-mi ce înțelegi, înainte să mergem mai departe.

Simt o greutate în piept și încerc să exprim ceea ce am înțeles până acum.

— Am priceput că, datorită faptului că ai crescut fără să fugi, ai devenit un adult?

Nesigură de răspunsul meu, ridic din umeri și îmi scutur capul cu tristețe.

— Acesta este un exemplu perfect, Serena! Ești gata să renunți și să te ascunzi, pentru că acest lucru ți se pare prea greu. Te-ai prefăcut că ești un adult, când de fapt tu reacționai la majoritatea situațiilor ca un copil mic. Poți să simți acest adevăr fără să te judeci?

Bazându-mă pe curajul pe care știu că îl are Zâna, respir, în timp ce mă las să pricep pe deplin ceea ce spune Mama. Încet, lucrurile încep să se conecteze.

— Oh... de aceea mi-e teamă când tu pleci într-o călătorie! Nu înseamnă că greșesc, pur și simplu nu am experiențe pe care să mă bazez, nu-i așa? Nu am încredere că pot avea grijă de mine!

— Da, răspunde fericită Mama. Este pentru că te simți în siguranță când sunt acasă. Ești suficient de curajoasă să renunți la ideile tale pentru a descoperi un mod de a trăi care vine din adevăr?

Auzind doar fragmente din ceea ce spune Mama, mă străduiesc să rămân acolo. Trăgându-mă deoparte de vocile care mă avertizează despre nenorocire, respir profund și răspund:

— Deci, ce ai vrea să fac? Sunt un copil care trăiește într-un corp de adult, repet papagalicește.

— Da. Simte această afirmație fără nicio judecată. Este doar un adevăr.

Spunând asta cu ușurință, ea se așază cu fața spre mine într-o deplină seninătate.

— Întreab-o, te rog, pe Zână cum ar dori ca noi să continuăm cu acest lucru.

– Întreab-o pe Serena, spune Zâna, dacă ar vrea să respire cu noi şi să dea drumul; să nu aibă nici o idee, nici un plan, doar să aibă încredere în noi mai mult decât în frica ce o avertizează să menţină totul.

În timp ce inspir, îmi cobor conştient umerii, eliberând o parte din anxietatea pe care o simţeam. Concentrându-mă pe vocea Mamei şi nimic altceva, permit vârtejului de teamă din mintea mea să se domolească. Pe măsură ce inspir şi expir, respiraţia mea devine mai lentă. Încep să simt o vibraţie dulce, ritmică, care pulsează foarte blând în degetele de la mâini şi de la picioare. În timp ce inspir din nou, corpul mi se încălzeşte. Mă simt în siguranţă, fără nici o grijă.

– Serena, poţi simţi căldura corpului tău în timp ce respiri? Nu trebuie să-mi răspunzi. Doar deschide-te potirului dulce care v-a ţinut pe toţi în viaţă în aceşti mulţi ani. În ciuda faptului că corpul tău a continuat să crească, fiecare copil a rămas blocat. Permite ca acest adevăr să te umple.

După câteva momente, ea adaugă:

– Ai vrea să o întrebi pe Zână câţi ani ai de fapt?

Dând aprobator din cap, fără să-mi deschid ochii, o aud pe Zână spunându-mi că am doar trei sau patru ani.

Şoptind asta cu voce tare, cu ochii închişi, o privesc pe Zână zâmbindu-mi. Simt forţa ei cum mă cuprinde. Ştiind că integrarea şi vindecarea completă este ceea ce îmi doresc mai mult decât orice altceva, continui să respir.

– Scumpo, sunt fix aici. Întreab-o, te rog, pe Zână ce ar dori să facem.

– Las-o să simtă asta mai întâi, înainte de a merge mai departe, spune Zâna. Aceasta este cheia care ne va permite să descoperim persoana autentică încuiată în spatele faţadei.

Îmi deschid ochii şi întreb:

– Ce înseamnă închisă în spatele faţadei?

– Mai întâi, lasă-te să simți adevărul. Maturitatea ta este cea a unui copil de trei, poate patru ani. Cum se simte asta?

– Se simte îngrozitor! strig eu.

– Trebuie să alegi, avertizează Mama. Vei rămâne să judeci sau vei înfrunta adevărul? Zâna nu te-a mințit niciodată.

Puterea plină de compasiune a Mamei mă inspiră. Închizându-mi ochii, respir mai adânc, în timp ce mă deschid către adevărul că sunt un copil într-un corp de adult. (Să fii crescută într-un mediu de teroare însemna că personalitățile erau întotdeauna în gardă, urmărind oamenii din jurul lor pentru a găsi indicii despre cum să acționeze sau ce să spună. Viața noastră a fost trăită din minte. Nimeni din sistem nu se simțea în siguranță sau nu avea o conexiune autentică cu corpul. Fiecare personalitate avea o treabă specifică pentru a menține curgerea vieții, astfel încât lumea exterioară să ne vadă pe „noi" ca fiind normali. Sunt invitată să trăiesc viața într-un mod diferit, prin simțire și conectare autentică cu corpul. Dar asta poate fi făcută doar din adevăr și nu din minte.)

– Roag-o pe Zână să te ajute să simți asta, Serena.

Simt adevărul că am fost un copil jucând un joc de adult. Ce mod istovitor de a trăi! Știind că nu pot face asta singură, îi cer ajutorul Zânei . În timp ce respir adânc și lent, o conștientizare mă inundă. Mintea mea nu mai este cea care controlează. Am senzația că sunt mică în acest corp mare. Dar fix în clipa următoare, simt prezența Zânei într-un mod pe care nu l-am mai simțit până acum... atât de intim, atât de aproape. Nu sunt singură.

Mama mă invită să vorbesc din acest loc nou.

– Mă simt ciudat.

Auzindu-mi vocea care semăna cu a unui copil mic, îmi închid gura cu palma, surprinsă.

– Mă simt diferit și nu pot spune cum.

Pronunția mea este incorectă, dar simt ceva greu de descris. Sunt mai solidă și mintea mea, care de obicei e puternică în a face acuzații crude, este neobișnuit de liniștită.

Văd lacrimi sclipind în ochii Mamei.

– Cum de plângi? întreb eu.

– Curajul tău mă impresionează, scumpo. Întreab-o pe Zână unde vrea să mergem cu asta.

– Este important ca ea să înceapă să se conecteze cu această simțire autentică, spune Zâna. Până nu vom reuși ca Serena să se conecteze cu această simțire, nu vom avea integrare completă. Când îi vorbești și ea răspunde cu o voce de adult, acest lucru îți va spune că a pășit înapoi în fațada ei familiară. Invit-o să respire și să elibereze prefăcătoria. Ea trebuie să fie un copil tot timpul. Asta înseamnă din toate punctele de vedere. Cu cât se predă mai mult sinelui ei autentic, cu atât poate avea loc această transformare. Asta nu este ca un bebeluș care se naște și crește zi de zi. Acest lucru se va face diferit, din interior spre exterior. Cu cât Serena se predă mai mult în acest spațiu, cu atât îmi pot face mai mult treaba din interior. Simți ceea ce spun?

– Da.

– Atunci fii foarte clară cu ea, subliniază Zâna. Din toate punctele de vedere ea trebuie să fie un copil autentic.

– Ai auzit ceea ce a spus Zâna?

Dând din cap da, rămân tăcută. Aș prefera să nu vorbesc atunci când mă simt nesigură pe mine.

– Ce simți despre ceea ce a spus Zâna?

Mă întreb cum naiba voi fi un copil singur în această casă. Nu cred că ea înțelege. Nu e nimeni aici să gătească și să facă curat.

– Serena, m-ai auzit? Ce simți despre ce te-a rugat Zâna să faci?

Îmi aud vocea de adult răspunzând tare și clar:

– Nu cred că va funcționa. Nu înțelegi...

– Nu, tu ești cea care nu înțelege. Cu Zâna, totul e posibil. Ea poate avea grijă de tine, dar tu trebuie să fii dispusă să dai drumul controlului și să descoperi ce înseamnă să fii autentică. Înțelegi de ce te-a rugat asta?

Scuturându-mi capul în semn că nu, mintea mea se ambalează cu gânduri pline de frică și furie. Într-o clipă mă simt în pace și în următoarea, mă panichez. Vreau să fiu integrată ca să pot avea o viață, dar asta e prea mult! În timp ce panica mea crește, strig cu o voce de adult:

– Nu pot face asta!

– Știu, Serena. Îți amintești când Zâna ne-a spus că această călătorie ar putea fi mai grea decât orice ne-am putea imagina noi? Ai spus că vei face orice va fi nevoie. Nimeni nu te poate obliga să te integrezi. Poți renunța chiar acum, dacă asta este ceea ce-ți dorești cu adevărat să faci. Respiră și decide. Eu te voi iubi indiferent de ce alegi. Nu am nevoie să te schimbi. Aceasta este decizia ta.

– Nu pot să renunț, dar ceea ce-mi ceri să fac este imposibil! strig furioasă.

– Pe cine asculți? Zâna nu ne-a condus niciodată într-o direcție greșită. Crezi că am știut cum va funcționa această integrare? Nu am știut, dar am avut încredere totală în Zână. Vrei să respiri cu mine și să-ți dai voie să simți pacea autentică în care te roagă Zâna să stai? Eu sunt fix aici, nu voi pleca nicăieri.

Aș face orice să mă integrez, așa că dacă mi s-a cerut să fac asta, o voi face. În timp ce ascult vocea Mamei care mă conduce în respirație, tensiunea se scurge și pacea mea revine.

– Dă-ţi voie să simţi diferenţa dintre cum se simte adultul şi cum este să fii copilul autentic, Serena.

Oftând fericită, remarc:

– Îmi place cum se simte asta.

– Poţi avea asta oricând doreşti, spune Mama. Întreab-o pe Zână dacă mai e vreo părticică pe care nu ai priceput-o.

– Simţirile tale vor fi ghidul tău, spune Zâna.

– Ce? întreb eu. Se pare că odată cu această schimbare, chiar şi raţionamentul meu este limitat.

– Înseamnă că dacă te simţi anxioasă, declară Mama, sau încerci să-ţi dai seama ce să faci, îţi asculţi mintea şi nu eşti autentică. Şi dacă nu eşti sigură, vorbeşte cu voce tare şi ascultă ce-ţi spui ţie. În minutul în care te auzi vorbind cu o voce de adult vei şti că nu eşti autentică. Dacă îi ceri îndrumare Zânei, poţi avea un rezultat diferit.

– Acum... ştiu că vrei să fiu aici toată ziua, dar în această dimineaţă m-a sunat o clientă cu o urgenţă. Era foarte supărată, aşa că mi-am făcut timp pentru ea. Ştiu că eşti dezamăgită, dar vrei să accepţi că trebuie să plec mai devreme decât ţi-ar plăcea ţie?

Fără să aştepte un răspuns, continuă:

– Este important ca tu să-i ceri Zânei să te ajute la gătitul meselor. Las-o pe Zână să fie în faţa corpului cât de mult e posibil. Când te uiţi la televizor, trebuie să priveşti doar emisiuni potrivite vârstei. Aceasta îţi va ajuta mintea să rămână liniştită. Dacă priveşti o emisiune făcută pentru adulţi, asta îţi va alimenta mintea şi nu va fi pentru binele tău cel mai înalt. Mă înţelegi?

Mă simt supărată şi puţin copleşită. Mă aplec înainte şi o îmbrăţişez pe Mama.

– Voi face orice e nevoie, răspund eu.

Lăsându-se pe spate, astfel încât să-mi poată vedea fața, Mama zâmbeşte şi sugerează blând:

– Fă asta pentru că te iubeşti, Serena.

Capitolul 19: **MOMENTE DE REALĂ FERICIRE**

Simțindu-mă neliniștită, dau printre canalele TV, în speranța că voi găsi ceva care ar putea fi mai interesant decât desenele animate.

– E plictisitor! strig.

Surprinsă să-mi aud vocea de adult, realizez că mă amăgesc din nou. Îmi frec fruntea, închid televizorul și încerc să respir, dar după câteva clipe, renunț.

Ești un caz de boală mentală!

Ai patruzeci și nouă de ani! Asta nu e copil!

Ea nu te va găsi niciodată dacă pleci acum. Ai o valiză; împachetează-ți lucrurile ca să putem pleca!

Privesc fix la ușa de intrare și mă imaginez mergând pe stradă cu valiza în mână. Cum aș face asta? Un străin ar trebui să mă ia în mașină, dar asta ar putea fi periculos. M-ar putea răni și din moment ce Mama plătește pentru tot, de unde aș putea să fac rost de bani? Plus... e frig afară și e zăpadă pe jos. Îngrozită de idee, îi cer ajutorul Zânei.

– Respiră cu mine, zice Zâna. Sunt chiar aici. Observă cum te simți în timp ce pretinzi că ești un adult. Cum se simte corpul tău?

– Mă simt anxioasă și mă doare stomacul și spatele. Capul îmi zvâcnește și simt ca și cum aș ieși din pielea mea!

– Respiră, Serena. Meriți asta!

Auzindu-i vocea ei amplă și liniștitoare, inspir, eliberând o parte din frică.

– Așa. Respiră profund în abdomen.

Îmi încetinesc intenționat respirația, dar durează mult timp până să mă simt mai puțin înfricoșată. Lacrimile îmi alunecă pe față în timp ce tremur frustrată. Sunt tentată să renunț, dar Zâna mă încurajează să merg mai departe.

– Concentrează-te cu mine și lasă acele simțiri să se miște. Nu te ține de nimic.

Pe măsură ce vorbește, vocea ei devine mai înceată... și mai puternică.

– Lasă totul să vină la mine. Așa. Sunt aici. Nu te voi părăsi niciodată, Serena.

Mă așez pe pernele canapelei cu hotărâre. Concentrându-mă doar pe respirație, asta permite corpului meu să se liniștească. Sunt atât de obosită. Capul îmi cade înainte, sunt aproape adormită când o aud pe Zână că îmi cere să vorbesc cu voce tare.

– Ce vrei să spun? întreb cu o voce de copil.

– Descrie cum te simți și spune asta cu voce tare, te rog.

– Mă simt mai calmă și caldă, murmur eu.

– Bine, observă unde e anxietatea?

– A plecat, răspund eu.

– Simte cu mine. Ce este diferit în legătură cu ceea ce simți acum, comparativ cu ce ai simțit în corp mai devreme?

– În corpul meu? întreb eu.

Cu cât mă chestionează mai mult, cu atât mă simt mai obosită.

– Nu merge în minte, Serena. Simte ce e diferit. Unde e energia ta? E sus în umerii tăi sau jos în burtica ta?

Dorindu-mi să fiu aici mai deplin, răspund cu încredere:

– Sunt în burtica mea.

– Da, mintea ta e mai liniștită pentru că ți-ai permis să cazi în corpul tău în timp ce ai respirat. Acesta este darul respirației. Când te ajuți pe tine, îi ajuți și pe ceilalți copii să se simtă în siguranță de asemenea. Acum, continuă să simți... și descrie cum se simte restul corpului tău.

– Mă simt mai solidă, ca și cum corpul e mai plin.

– Astăzi, pe măsură ce ți se derulează ziua, fi atentă la cum se simte corpul tău. Va fi semnalul tău care îți va arăta dacă ești autentică sau nu. Înțelegi ce ți-am spus?

– Da.

– Bine. Atunci spune-mi ce te-am rugat să faci, te rog.

Suspin frustrată și instantaneu mă simt prost și vreau să mă retrag.

Tot ce spune ea vreodată este să fiu atentă!

Ascultând-o pe Zână, repet exact ce mi-a spus.

– Încearcă din nou, spune ea imediat, în timp ce râde blând. Ai observat că nu ești autentică? Respiră și vino în burtica ta. Așa... respiră.

După câteva minute sunt capabilă să încerc din nou.

– Spune-o cu cuvintele tale, mă impulsionează Zâna.

– Tu vrei să observ ce îmi spune corpul, corect?

– Da... Cu cât conectezi mai mult simțirile din corp asociate cu pe cine asculți, cu atât mai mult vei fi capabilă să te ajuți. Observă unde e energia în corpul tău. Ești sus în umeri, simțindu-te anxioasă sau ești ancorată în burtica ta, simțindu-te mai solidă și plină, așa cum ai descris mai înainte? Vorbește tare pentru a ajuta să le conectezi pe cele două. Eu sunt mereu aici. Poți să mă simți?

Îmi închid ochii și o caut pe Zână.

– Nu, nu mă căuta în felul acesta. În schimb... simte-mă.

În timp ce vocea ei devine dulce cu compasiune, simt o căldură care mă umple.

– Îmi vei permite să mă apropii mai mult, Serena?

Mă relaxez si dau drumul la tot, fără nicio idee despre ce se va întâmpla. Pe măsură ce respir, simt o vibrație energetică care îmi umple întregul corp, împachetându-mă într-un cocon de iubire. Nimic nu e mai important ca asta. Inspir într-o fericire pură și răspund:

– E așa de...

– Șșșș... Nu merge în minte. Doar respiră și permite-mi să te umplu.

Dar nu am stat cu asta. În schimb, am ridicat telefonul să împărtășesc experiența cu Mama și la fel de repede am părăsit îmbrățișarea dulce a Sufletului meu ca să intru în minte. Când Mama nu a răspuns, anxietatea mea s-a întors. Scuturându-mi capul frustrată, vorbesc tare și desigur că vocea mea de adult se întoarce. Dar nu o las să mă împiedice. Îmi aduc energia înapoi în burtică, în timp ce inspir lent pe nas și după lungi momente de respirație, într-un final, anxietatea mea dispare. Iar apoi când vorbesc cu voce tare, vocea mea de copil s-a reîntors!

– Sunt mândră de tine, Serena! Nu ai renunțat. Va fi mai ușor, îți promit!

Cuvintele de încurajare ale Zânei mă motivează să continui să încerc. Voci furioase mă avertizează să o las în pace. Ele spun că nu ar trebui să am încredere, dar simt ceva care e diferit. Nu înțeleg asta încă... dar când sunt copil, mă simt mult mai reală. Decid să am încredere în Mama și în Zână și să ignor avertizările celorlalți.

*****

Observ că Mama arată puțin obosită. O întreb ce mai face.

Zâmbind amabil, ea răspunde:

– Voi pleca într-o călătorie peste patru zile, așa că va trebui să facem o listă cu lucrurile pe care ți le dorești.

Menținându-și vocea ușoară intenționat, ea adaugă:

– Adu-mi calendarul tău să putem marca zilele călătoriei mele pe el.

– Cât timp vei pleca de data aceasta și unde mergi? întreb eu supărată.

– Ai observat că nu ești autentică?

Acesta este ultimul lucru pe care vreau să îl aud. În schimb, răspund nu, și ascultătoare încep să respir. Dar cumințenia mea nu dă roade. Sunt nervoasă. Îmi înclestez falca și întreb:

– Cât timp vei fi plecată?

Încercând să-mi reprim emoția din glas, încerc să o conving că sunt autentică, dar nu poate fi păcălită.

Rămânând netulburată, Mama spune:

– Ai de ales, Serena. Pot merge acasă și putem lucra în altă zi sau poți respira astfel încât să putem lucra acum. Depinde de tine.

Rămâne calmă și așteaptă răspunsul meu.

În locul răspunsului, îmi închid ochii. Nu vreau ca ea să plece acasă, așa că încep să respir și, după zece minute sau cam așa, mă echilibrez. Nu mai sunt supărată deloc. Chiar când am vrut să deschid ochii, Zâna îmi cere să continui să respir.

Urmându-i sugestia, simt o schimbare în interiorul meu. În locul conștientizării goale pe care am simțit-o acum un moment, o pace veritabilă îmi umple întregul corp, făcându-mă involuntar să tremur cu ușurare. Când îmi deschid ochii, zâmbesc:

— Acum sunt pregătită să lucrez.

— Nu am venit aici să lupt, Serena.

Aplecându-se, Norma își împreunează mâinile înainte de a continua:

— Nu merg în călătorii ca să-ți creez supărare. Este o parte a vieții noastre și când vei putea accepta asta vei fi mai fericită. Acum, unde e calendarul tău?

Scoțându-l de după canapea, i-l înmânez Mamei astfel încât să poată marca zilele în care va fi plecată.

— Întreab-o pe Zână ce putem face noi ca să te ajutăm, în timp ce eu sunt plecată. Știu că desenele animate nu te interesează foarte mult, așa că aș vrea niște sugestii din partea ei.

Auzind răspunsul Zânei, relatez că meșteșugurile și filmele potrivite ar fi de ajutor. Simțindu-mă entuziasmată, îmi amintesc că filmul *Elf* tocmai a apărut pe DVD.

— Crezi că ai putea să-l închiriezi, Mamă?

— Voi vedea ce pot face. Nu te distrage. Întreab-o, te rog, pe Zână ce fel de meșteșuguri i-ar plăcea să faci.

— Dacă își poate folosi mâinile pentru a crea ceva, asta o va ajuta să stea mai mult în prezent, spune Zâna.

– În regulă. Atunci voi aduce ce pot găsi când vom lucra vineri. Voi avea nevoie de asemenea de o listă de cumpărături, din moment ce vom pleca foarte devreme sâmbătă dimineață. Va trebui să acopere cel puțin două săptămâni jumate.

Spunând asta, Norma așteaptă să vadă cum voi reacționa.

Simțindu-mă copleșită, mă pișc de piele cu nervozitate. Nu vreau ca ea să fie plecată atât de mult timp. Respir, fac o alegere nouă și cad profund în burtica mea, alegând să stau în pacea pe care am simțit-o.

– Deci, cât timp avem să lucrăm azi?

– Avem atât de mult timp cât ai tu nevoie, scumpo.

*****

Ziua de vineri a venit prea repede. Vreau să vină Mama pentru că mi-e dor de ea, dar în același timp vreau să stea departe ca să nu plece.

Văzând-o cum intră pe alee, deschid ușa și urlu:

– Bună!

În timp ce mă uit la ea scoțând din portbagaj pungi după pungi cu cumpărături, sunt copleșită de vinovăție. *Cum poate cheltui așa mulți bani pe mine?*

Observând că m-am retras, Mama mă prinde de braț cu amabilitate și îmi sugerează să încep să pun lucrurile refrigerate deoparte.

– Ai servit prânzul azi? întreabă ea.

Îmi scutur capul în semn de nu și rămân tăcută.

– Serena! strigă Mama. Unde ai plecat? Pe cine asculți?

– Ha? Nu ştiu.

– Ai de ales. Te vei ajuta sau îţi vei face rău? Te rog, pune lucrurile refrigerate la locul lor, în timp ce eu o să pregătesc ceva să mâncăm. Ce fel de sandviş vrei?

– Vreau cu unt de arahide şi jeleu, răspund eu neutru.

– Ia-ţi un pahar cu apă şi du-te să stai pe canapea. Ia-ţi acest timp să respiri pentru tine, te rog.

Aşezându-mă pe canapea, respir şi îmi aşez palma pe stomac. Sunt aşa de supărată, pielea mea ţipă. Mă concentrez doar pe respiraţie şi stau cu ea până când Mama vine în sufragerie.

– Te simţi mai bine?

Dând aprobator din cap, absentă, răspund:

– Nu ştiu ce s-a întâmplat.

– E în regulă. Acum eşti aici. Mănâncă-ţi sandvişul ca să te poţi simţi mai împământată.

– De ce totul e atât de greu, Mamă?

Simţindu-mă furioasă pe mine, aştept, în speranţa că ea îmi poate da un răspuns rezonabil.

Mama îmi ignoră întrebarea şi îmi pune propria ei întrebare:

– Când respiri şi simţi pacea care te umple, e asta ceva ce ţi-ar plăcea mai mult?

– Bineînţeles că da. Nu ştii asta?

– Poţi avea acel lucru dacă rămâi conştientă şi nu te lupţi.

– Nu m-am luptat. Ţi-am pus o întrebare, răspund eu defensiv.

Hotărând să nu meargă cu asta mai departe, Mama mă invită să mă apropii de Zână. După câteva momente, mă întreabă:

— De unde vrea Zâna să începem, Serena?

— Spune că vrea să revizuim regulile când vei fi plecată.

— Bine atunci.

Aplecându-se, Norma spune:

— Tu înțelegi că nu trebuie să ieși afară din niciun motiv sau să deschizi ușa, nici să răspunzi la telefon nimănui în afară de mine? Și să te uiți la televizor doar la emisiunile care Zâna zice că sunt în regulă?

— Da, știu asta, răspund eu. Asta nu e ceva nou.

— Când Zâna mi-a cerut să ne uităm la reguli, există un motiv bun pentru asta. Când le ignori, nu ești în siguranță.

Uitasem că am fost tentată cu câteva zile înainte să umplu un geamantan și să plec.

— Te aud, Mamă. Promit că voi fi atentă.

— Asta e tot ce îți cer. Nu încerc să fiu dificilă, dar când Zâna spune, noi trebuie să ne uităm la acel ceva. Eu știu și am încredere în ea și implicit nu trebuie să o întreb despre motivele ei. Dacă ai rămâne conștientă și nu ai începe să te lupți, asta ar putea face să ne fie mult mai ușor la amândouă.

Lăsându-se pe spate, Norma își încrucișează mâinile.

— Acum, întreab-o pe Zână dacă mai e și altceva ce ar dori ca noi să discutăm.

— Ea spune că trebuie să fiu autentică mai întâi. Apoi vrea ca noi să vorbim despre a lucra cu mâinile.

– Atunci respiră, ca să poți fi tu cea autentică.

Dau din cap aprobator și încep să respir din nou. Sunt ca o jucărie Yo-Yo, care merge înainte și înapoi de la fațada Serena la autentica Serena fără nicio consistență. După minute lungi, simt că m-am schimbat pe măsură ce stresul îmi părăsește corpul.

– Deci, la ce s-a referit Zâna când a spus „a lucra cu mâinile"?

– Nu te uita la mine pentru răspuns, spune Mama. Du-te în interior și întreab-o pe Zână ce înseamnă.

Închizându-mi ochii, aud clar cuvintele Zânei. Repetându-le textual, spun:

– Dacă Serena creează lucruri care să-i aducă bucurie, îi va fi mai ușor să rămână mai mult timp autentică.

Auzind ultimele cuvinte, Mama se ridică și aduce pungile cu cumpărături din bucătărie. Simțind greutatea sentimentului că nu merit cum mă umple din nou, schimb înapoi în pretinsul adult.

– Vei primi acestea fără așteptări? șoptește Zâna.

Așezând pungile de cumpărături jos, în fața mea, Mama pășește înapoi, zâmbind fericită.

– Am rugat-o pe doamna de la magazin dacă ar putea să mă ajute să găsesc ceva de meșteșugit care ar putea fi distractiv pentru tine și asta este ceea ce mi-a arătat!

Scoțând o cutie de plastic plină cu chestii colorate în roz strălucitor, mi-o întinde și se așază jos.

– Ce e asta? întreb entuziasmată.

Examinând fotografia de pe fața cutiei, observ că sunt o varietate de lucruri diferite care pot fi făcute cu acest material din cutie.

– Se numește Floam. Evident, poți face lucruri din el și, când se usucă, devine ușor și poți să te joci cu el.

– Oh, asta e așa mișto, Mamă!

Am schimbat înapoi în a fi copilul autentic. Aruncând pachetele pe podea descopăr că vin în verde, albastru, galben, roz și alb. Citesc eticheta cu voce tare, chinuindu-mă să pronunț unele cuvinte.

– Se spune că Floam este o chestie lipicioasă amestecată cu bucăți de polistiren care se poate modela în orice vreau să fac!

Vocea se ridică în anticipare și eu înșfac altă pungă, chicotind:

– E super. De-abia aștept să mă joc cu el.

Scoțând niște mingi tari de polistiren, mă uit întrebător la Mama.

– Le-am cumpărat pe acelea în cazul în care ai putea să le folosești cu Floam-ul.

– Ce idee minunată, Mamă!

Sărind în sus, o îmbrățișez strâns.

– Știu că atunci când merg într-o călătorie, e greu pentru tine. De aceea sunt fericită că am găsit ceva ce pare că va fi distractiv. Vrei să o inviți pe Zână să facă aceste lucruri cu tine?

Fără să aștepte răspunsul meu, ea continuă:

– Aștept cu nerăbdare să văd ce vei crea. Acum mai am un cadou pentru tine.

Scoțând un mic pachețel din poșeta ei, râde bucuroasă.

– L-ai găsit!

Scoțând DVD-ul din carcasă, îl ating cu tandrețe. Filmul Elf este al meu!

– Oh, uau! E minunat! Mă voi uita la el de multe ori.

Simțind că voi izbucni de bucurie, mă legăn înainte și înapoi pe canapea, de-abia putând să-mi rețin entuziasmul.

– Pune pungile deoparte. Așază-te înapoi și respiră cu mine ca să te poți calma.

Conducându-mă în respirație, vocea calmă și dulce a Mamei mă calmează.

– Acum întreab-o pe Zână despre ce vrea să vorbim.

Răspunsul Zânei vine ușor:

– Este important ca atunci când tu ești plecată, ea să-și permită să descopere cum e să te distrezi. Trăirea doar în amintire creează dureri de cap. Știu că înțelegi unde vreau să ajung cu asta.

– Ai auzit ce a spus Zâna? întreabă Mama.

– Da, dar nu înțeleg.

– Ești conștientă la ce anume te gândești în majoritatea timpului? Ți-e frică, gândindu-te la ce s-a întâmplat? Sau ți-e teamă, când te gândești la ce se va întâmpla mâine? Cât timp petreci în momentul prezent?

– Ce?

Simțindu-mă vinovată, mă retrag, replicând:

– Nu înțeleg ce m-ai întrebat.

– Observa, Serena, te lupți cu mine. Așa că respiră și așază-te mai profund în corpul tău. Ești autentică sau îți asculți mintea?

Știu că trebuie să nu mai fiu condusă de minte. Pe măsură ce minutele trec și continui să respir, în cele din urmă anxietatea se diminuează.

– Bine... Voi repeta, spune Mama. Stai în momentul prezent? Privește în jurul tău. Acest acum este singurul lucru care se întâmplă în viața ta. Ești tu, sunt eu și este Petunia la capătul canapelei. Nu mai e nimeni altcineva în această casă în afară de noi trei.

– Bine?

Mama știe că nu-i înțeleg exemplul, așa că încearcă o abordare diferită:

– Astăzi, ți-am cumpărat diferite lucruri cu care să te joci, nu-i așa?

– Da.

– În timp ce te joci și te distrezi, vrei să observi cât din acest timp ți-l petreci în frică?

Zâmbindu-mi, ea continuă:

– Doar observă, fără să judeci și după aceea roag-o pe Zână să te ajute să te întorci și să fii în momentul prezent. Respiră și simte ce faci. Dă-ți voie să te bucuri de ceea ce creezi. Observă: ești în minte ascultându-i pe ceilalți sau ești profund în burtica ta, fiind autentică? Cu cât rămâi mai mult în fiecare moment, simțind în mod autentic, cu atât vei începe să simți mai multă bucurie. Ți-ar plăcea asta?

– Bineînțeles că mi-ar plăcea, răspund cu seriozitate.

– Aici poți alege, Serena. E viața ta și a nimănui altcuiva. Când ți-e teamă și apoi faci o alegere diferită, tu câștigi. Zâna te va ajuta cu asta. Poți începe să devii conștientă?

– Voi încerca, Mamă.

– Asta e tot ce îți cer. Acum, trebuie să plec. Sper să te distrezi bine cu Floam și aștept cu nerăbdare să văd ce creezi.

– Oh, Mamă, știu că trebuie să pleci, dar vrei să mă ții în brațe puțin?

Simțind năvala inevitabilei singurătăți, sunt anxioasă să o mai îmbrățișez o dată înainte de a pleca.

– Desigur, scumpo.

Ridicându-se, se așază lângă mine pe canapea și își înfășoară brațele în jurul meu.

Oftez fericită și răspund:

– Mulțumesc, Mamă, pentru tot ce faci pentru mine. Apreciez.

– Știu asta. Te iubesc, Serena. Tu contezi pentru mine.

*****

Tăind pachetul cu foarfeca, mă străduiesc să deschid cutia Floam. Frec o bucată mică între degete și chicotesc de plăcere. Se simte atât de moale, dar nu mi se lipește de degete. *Mă întreb cum aș putea face mai multe culori.*

– Zână, cum pot face mai multe culori?

– Încearcă să folosești colorant alimentar, dar utilizează doar o bucățică din Floam, astfel încât, dacă nu funcționează, să poți încerca altceva.

– E o idee grozavă!

Uitându-mă în dulap, găsesc cutia cu colorant alimentar în spatele făinii de ovăz. Scoțând mai puțin de o linguriță de Floam într-un castron, adaug o picătură mică de colorant roșu și instantaneu devine roz! Încet, mai adaug o picătură și Floam devine roșu vișiniu.

Entuziasmată de descoperirea mea, scot bucățile de Floam din pachetele lor și aduc din dulapul de la bucătărie castroane și încep să le amestec. Mă simt ca un vrăjitor și fac un pas înapoi pentru a-mi vedea creația. Uau, am făcut nouă culori diferite!

– Vrei să observi cum te simți? sugerează Zâna.

Simțindu-mă nerăbdătoare și dorind să mă întorc la jocul meu Floam, răspund repede:

– Mă simt bine, Zână.

Cu răbdare, ea întreabă:

– Și ce înseamnă asta „te simți bine”?

– De ce pui întrebări atât de ciudate?

– Este important să începi să te conectezi la felul în care te simți. În acest moment, ești încântată să te joci cu Floam, nu-i așa?

– Da...

– Atunci, simte-ți corpul și spune-mi ce simți.

Observ că brațele și picioarele mele sunt liniștite și fără anxietate. Stomacul meu se simte relaxat, chiar și umerii, care de obicei sunt tensionați, nu mă dor.

– Pe măsură ce te joci cu Floam, te-ai putea opri la fiecare jumătate de oră să simți ceea ce-ți spune corpul tău. Aceasta te va ajuta să devii mai conștientă.

Dând din cap da, promit Zânei că voi face ceea ce mi-a cerut.

Scot din geantă bilele tari din polistiren și examinez diferitele dimensiuni și forme. Uitându-mă printre vederile din vacanțe pe care le-am adunat de-a lungul anilor, mă simt inspirată. Adun folie de aluminiu, scobitori, sârmă și sclipici lichid și încep.

*****

Ce-a zburat timpul. Mâine vine Mama acasă ! Ornamente de Crăciun în formă de reni, oameni de zăpadă, porumbei și bastonașe dulci atârnă de abajururi și de spătarele scaunelor. Mă bucură să admir ceea ce am făcut!

M-am uitat la filmul *Elf*, iar atunci când elful Buddy a decupat fulgi de zăpadă din hârtie pentru a decora magazinul, am reluat acea scenă de peste zece ori pentru a învăța cum să fac și eu. Am făcut peste patruzeci de fulgi de zăpadă și i-am decorat cu sclipici. Apoi le-am pus o agățătoare fiecăruia și i-am atârnat de tavanul bucătăriei și sufrageriei. Ori de câte ori o rafală de căldură izbucnește prin conductele de aer, fulgii de zăpadă din hârtie sclipesc și se răsucesc. De asemenea, am făcut ghirlande din hârtie, pe care le-am agățat de fiecare colț al sufrageriei. Casa mea arată ca un tărâm al minunilor de iarna și îmi place!

Râzând cu bucurie, o aud pe Zână spunând:

— Știi ce este chiar mai important decât toate acestea? Îți dai voie... să te creezi. Ai avut mai multe momente consecutive în care ai fost aici fără a te schimba. Pe măsură ce fiecare din aceste momente trecea în următorul, asta ți-a permis să simți și să fii aici într-un mod nou. Aceste momente adunate creează acel nou tu autentic și acesta este adevăratul miracol, Serena.

*****

Pe măsură ce am rămas în corpul meu și am simțit cum a fost să fiu autentică, m-a ajutat să mă conectez cu adevărul într-un mod cu totul nou. Adevărul fusese întotdeauna o idee în mintea mea, fără nicio consistență conectată la el. Pe măsură ce simțeam adevărul rezonând în mine, asta m-a ajutat să încep să fac diferența dintre persoana instruită și cea autentică în devenire. Această practică s-a potrivit procesului meu de integrare mai mult decât orice altceva am făcut până în acest punct. Pe măsură ce treceau săptămânile, nevoia mea de a vorbi și de a acționa ca un copil a dispărut treptat.

Capitolul 20: **EU SUNT POARTA DE INTRARE**

– Tu realizezi cât de lungă este o zi? întreb anxioasă.

Zâmbindu-mi, Mama răspunde:

– Da... de ce întrebi, Serena?

– Pentru că o zi pare să continue pentru totdeauna! Nu glumesc, Mamă!

– Oh, Serena, știu că vorbești serios, dar e o muzică pentru urechile mele să te aud că spui asta.

Râzând veselă, Mama adaugă:

– Tu nu ai experimentat niciodată cum se simte o zi plină pentru că tu mereu te schimbai în alte personalități. Sărbătoresc această conștientizare. Tu nu?

– Nu am privit asta în acest fel, Mamă.

– Știu. Ai mers în mintea ta plină de frică, care ți-a spus că ceva era greșit. Conștientizarea ta ne arată amândurora cât de mult te-ai schimbat. Poți să accepți ca a fi diferită este în regulă?

– Desigur că pot.

– Minunat.

Strângându-mi mâna, mă îndeamnă:

– Atunci întreab-o pe Zână de unde vrea să începem.

– Zâna vrea ca noi să vorbim despre energia de luptă, răspund eu.

– Minunat, deci ce înseamnă cuvântul „luptă" pentru tine, Serena?

– Înseamnă să ai pumnul ridicat.

– Da, aceasta este o descriere perfectă. Te rog, întreab-o pe Zână de ce vrea ca noi să vorbim despre asta.

Ascult și repet exact cuvintele ei:

– Serena întotdeauna merge mai întâi spre energiile de luptă.

– Dar aceasta nu poate fi adevărat, resping eu nervoasă.

– Aceasta nu a fost spusă acuzator, Serena. Reacția ta de chiar acum a fost din energia de luptă. Zâna ne-a cerut să vorbim despre asta pentru a te ajuta să te deschizi spre o nouă conștientizare. Acum, fă o respirație și spune-mi cum se simte corpul tău în acest moment.

– Umerii și gâtul mă dor, capul îmi pulsează și stomacul meu e plin de noduri.

– Da. Și ai putea spune că, corpul tău este o reprezentare a ceea ce înseamnă pumnul tău strâns?

Dau din cap da, în tăcere. Mi-e teamă să spun ceva pentru că s-ar putea să răbufnesc.

– De ce ți-e atât de teamă, scumpo?

Compasiunea ei mă invită să mă deschid, dar anxietatea mea pulsează atât de intens încât de-abia pot respira.

– Mă simt foarte amenințată de această discuție! Știu că e irațional, dar vreau să țip la tine să mă lași în pace!

— Tu nu ești energia luptei, Serena. Vorbim despre asta ca tu să poți deveni conștientă. Mi-ai spus că umerii tăi și gâtul plâng. Acea durere ești tu... lovindu-te.

În timp ce spune asta, ea începe să se lovească ușor în umăr, pentru efect.

— Vreau să ridici cutia de șervețele și să începi să te lovești cu ea.

— Ce? Nu pot să fac asta!

Simțindu-mă conștientă de mine, rezist sugestiei ei.

— Ai vrea să fii suficient de curajoasă să descoperi ceva ce o să-ți cer să observi?

Mă aplec, iau cutia de șervețele care era pe podea și, ușor, încep să mă lovesc pe partea de sus a brațului. După ce fac asta de câteva ori, o întreb dacă mă pot opri.

— Nu. Continuă să te lovești. Vreau să observi ceva.

Lăsându-se pe spate în fotoliu, mă privește în liniște cum mă lovesc din nou și din nou. După a nu-știu-câta oară în care îmi fac asta, strig nervoasă:

— Nu voi mai face asta!

Trântesc cutia de podea și mă uit supărată spre ea.

— Cine ți-a dat permisiunea să încetezi să te mai lovești? întreabă ea calm.

— Eu! Nu îmi place să mă lovesc! Se simte îngrozitor!

— Sper, răspunde ea calm. Pentru că în fiecare zi, în fiecare oră, pumnul tău e ridicat și te lovește. Fie că faci asta din gândurile tale, fie prin lovirea energică a corpului tău, tu îți faci asta ție.

— Oare nu exagerezi? întrerup eu nervoasă. Nu se întâmplă în fiecare zi, cât e ziua de lungă.

– Observă: te lupți cu mine chiar și acum. Nu poți să te integrezi și să te și lupți în același timp. Cele două nu pot coexista. Măcar simți ce îți spun?

Știu că reacționez excesiv, dar mă simt foarte amenințată. Îmi închid ochii, respir, concentrându-mă pe ritmul respirației mele. După minute lungi, încep să simt mai puțină teamă.

– Știu că acest lucru e dificil, Serena, dar când aduc în discuție un subiect și tu te lupți cu mine cu acest nivel de rezistență, este greu pentru amândouă. Acum, vreau să-ți pun o întrebare și poate o să pară pe lângă subiect, dar vreau ca tu să fii deschisă. Poți face asta?

– Da, pot.

– Atunci simte: cine este Zâna cu adevărat?

– Vrei să-ți spun cine este Zâna?

– Da, și în loc să mergi în minte pentru răspuns, de ce nu o întrebi pe ea?

Închizându-mi ochii, o văd la stânga mea, scăldată într-o frumoasă lumină albă.

– Deci, cine ești tu cu adevărat?

– Simte cu mine, dragă. Eu sunt Inima ta. Eu sunt iubirea care ești tu cu adevărat, spune Zâna.

Deschizându-mi ochii, repet cuvintele exact cum le-a spus.

– Ea spune că este Inima mea și că ea este iubirea care sunt eu cu adevărat? Nu înțeleg ce spune.

– Oprește-te o clipă și respiră. Simte... Zâna e propria ta Inimă, care te îndrumă și te iubește... întrebându-te dacă poate veni mai aproape de tine decât oricând înainte. Ai crezut că Zâna era în afara ta, că era o entitate separată care a venit să te îndrume. Nu ai fost deschisă adevărului că Zâna era cu adevărat propria ta Inimă, care te îndrumă în fiecare clipă. Nu vorbim despre organul din pieptul tău care îți pompează sângele. Vorbim despre energia Sufletului tău, Serena.

Aplecându-se spre mine, Mama adaugă:

— Ai crezut că erai energia fricii total și asta te-a ținut blocată. Acum îți spunem că tu ești energia iubirii. Cum se simte asta pentru tine?

Nu răspund imediat. În schimb, simt ce mi-a spus Mama.

— Pot simți că ceea ce mi-ai spus este adevărat. Îți amintești când m-ai învățat că iubirea nu e durere? Am crezut mereu că pentru a fi iubită însemna că ar trebui să fiu rănită. Dar tu m-ai ajutat să mă conectez cu felul în care se simțea să fiu iubită de tine și asta s-a simțit bine. Am simțit acel sentiment chiar aici.

Punându-mi palma pe piept, continui:

— Acum îmi spui că Zâna este cu adevărat energia Inimii mele și pot simți că e adevărat. Nu înțeleg asta de aici, spun arătând cu degetul spre cap, ci de aici, spun arătând cu degetul spre piept.

Lacrimi îi umplu ochii Normei.

— Ne-a luat mult timp să ajungem în acest loc unde să poți avea încredere suficientă în Inima ta, pentru a te lăsa să te conectezi la acest adevăr, Serena.

Ridicându-se, ea vine spre mine cu brațele deschise. Stând în mijlocul sufrageriei, ne îmbrățișăm strâns, înainte de a ne relua locurile.

— Acum, înainte de a părăsi acest subiect, întreabă-ți Inima dacă mai e ceva ce vrea să adauge.

— Întoarce-te la subiectul de luptă, spune Inima și, ajut-o pe Serena să se conecteze cu simțirea: de ce luptă tot timpul.

– Ai vrea să înfrunți adevărul că tu te lupți pentru că ți-e frică tot timpul? întreabă Mama.

Făcând o respirație profundă, îmi închid ochii și devin dispusă să simt adevărul. Prin compasiunea Inimii mele, conștientizarea începe să se deschidă, arătându-mi cât de înfricoșată sunt cu adevărat. Întregul meu corp radiază teroare, cerându-mi să fug. Doar prin puterea compasiunii Inimii mele sunt capabilă să stau liniștită.

– Repetă aceste cuvinte exact cum le spun, îmi cere Inima.

– Multiplicitatea ta a funcționat deoarece tu ai fost deconectată de la adevărul a ceea ce se petrecea cu adevărat. Fiecare eveniment traumatic a fost conținut în multe părți de-ale tale, astfel încât tu să nu fii copleșită de enormitatea a ceea ce se întâmpla cu viața ta.

– Înțelegi ce îți spune Inima? întreabă Mama.

– Mai mult ca niciodată, Mamă.

– În hotărârea ta de a nu fugi, tu permiți acestor părți ale tale să vină acasă la Inima ta. Imaginează-ți un șirag de perle rupt, căzând pe podea în toate direcțiile. Ai fost ca acel șirag de perle, Serena. Pe măsură ce rezolvam amintiri și ascultam fiecare copil împărtășindu-și povestea, îi invitam să vină acasă la Inima ta. Și pe măsură ce fiecare copil venea acasă, noi adăugam altă perlă șiragului numit tu. Dă-ți voie să simți, să simți cu adevărat, că ce am făcut noi este înșirat împreună pe un nou șirag de perle numit Serena, această persoană autentică cu care vorbesc astăzi.

– Chiar dacă această muncă e grea, răspund eu, darurile pe care le primesc depășesc cu mult disconfortul prin care trec.

– Vreau să o întreb pe Inimă ceva. Vrei să iei loc și să-i dai voie, te rog?

Așteptându-mă o clipă să mă conformez, Norma întreabă:

– Rezistența ei în fața adevărului este o parte a negării ei sau este ceva mai mult?

– Amândouă. Putem aborda asta doar cu câte o respirație pe rând. Când ea începe să realizeze cât de des se luptă și că asta o rănește, o va împuternici, făcând o altă crăpătură în peretele negării ei.

Rechemându-mă în fața corpului, Norma întreabă dacă am vreo întrebare.

Simțindu-mă un pic tulbure, îmi clatin capul în semn că nu.

– Dacă vei observa cât de des te lupți și începi să te conectezi cu faptul că ești tu rănindu-te pe tine, atunci noi toți vom reuși. Acum, trebuie să plec. Știu că nu am avut mult timp așa cum ți-ar fi plăcut, dar trebuie să decizi: vei lupta sau vei sta cu Inima? Te voi suna în seara asta mai târziu.

Urmând-o pe Mama până la ușă, îmi iau rămas bun.

*****

Câteva zile mai târziu, stau în poziție verticală pe un scaun cu spătar drept, lovindu-mă ușor cu cutia de șervețele. Partea inferioară a spatelui doare și Inima spune că durerea pe care o simt vine din furia pe care o simt că vine înspre mine. Dar eu nu simt nicio furie, așa că mă lovesc cu cutia de șervețele. Mă simt stupid, dar nu mă opresc.

– Îmi fac asta mie, spun cu voce tare, pentru că sunt așaaa de nebună.

Mă opresc, încerc să simt furia, dar nu simt nimic.

– Ai vrea să observi că tu blochezi furia și să-i dai drumul? sugerează Inima mea. Doar fii dispusă și voi face eu restul.

Dând din cap aprobator, fac alegerea să dau drumul blocajului și, instantaneu, simt o scânteie de furie care se aprinde în mine.

– De ce ești furioasă pe tine? întrebă Inima.

– Pentru că... urăsc să fiu în viață!

Plângând, îmi simt furia care explodează spre exterior.

– Nu-ți fie frică. Sunt aici. Furia ta nu e mai mare decât tine și cu mine. Lasă copilul care ține furia să-ți spună de ce urăște să fie în viață.

– Am suferit atât de mult. Nu mă auzi?

Angoasa copilului mă înjunghie cu durere, dar nu renunț. Continui să respir și pe măsură ce respir, asta permite diferiților copii să vină în față și să-și împărtășească poveștile cu mine. Pe fundal, aud Inima reamintindu-mi că eu sunt poarta de intrare pentru ca ei să vină acasă. În cele din urmă, după vreo oră sau cam așa, lucrurile încep să se liniștească și durerea mea dispare complet.

– Este pentru prima dată când tu i-ai ajutat pe acești copii interiori, când Mama nu a fost aici. Sunt mândră de tine pentru că ai rămas aici. Ai putea să simți de ce erau ei atât de furioși?

– Aveau nevoie de mine să-i aud, nu-i așa?

– Da, și nu contează cât de mult i-ai ignorat, ei tot n-au plecat. Data viitoare când simți durere, fă-ți timp să-i asculți. Acesta va fi un dar pe care ți-l vei da ție.

Capitolul 21: **VISUL**

Norma mă ajută să procesez un vis terifiant, pe care l-am avut noaptea trecută.

— Te rog, întreabă-ți Inima ce parte a visului este conectată cu vreo amintire, sugerează Mama.

Ridicându-și cana, ea îmi zâmbește, luând o înghițitură din ceaiul ei fierbinte de ghimbir.

— Inima spune că vrea să vorbim despre partea din vis în care mă înecam.

— În regulă. Atunci respiră și amintește-ți: poți împărtăși cum s-a simțit visul fără să intri în el, îmi face observație Mama, cu amabilitate.

— Așa... am fost pe plajă, să caut ceva. Oh, da, eram oarbă. Nu puteam vedea decât dacă îmi forțam ochii să stea deschiși. Încercam să găsesc ceva în nisip, când, dintr-o dată, am fost luată de un val imens! Apa mă sufoca!

— Serena, revino în acest moment prezent, spune Mama cu pasiune. Privește în jurul tău! Visul nu e real!

Respirând încet pe nas, studiez împrejurimile, în timp ce frec stofa canapelei. Mă concentrez intenționat să-mi simt respirația în timp ce intră și iese din corp și, încet, sentimentul de teroare scade. Dar de îndată ce am început să împărtășesc din nou, emoțiile m-au lovit cu o forță reînnoită.

— Nu înțelegi cât de greu este!

– Înțeleg, Serena, dar e în alegerea ta să rămâi aici, astfel încât să se producă adevărata vindecare. Când alegi să permiți ca sentimentele să te copleșească, este pentru că nu vrei să descoperi adevărul.

Făcând câteva respirații profunde, încep din nou.

– Bine. Deci, sunt pe plajă și un val uriaș mă ia pe sus. Oh... Inima mi-a cerut să mă deschid senzației de cum se simte să mă înec în visul meu.

Strâmbându-mă, respir cu curaj.

– S-a simțit ca și cum nu aveam corp, plus că nu respiram!

Strigând ultimele cuvinte, mă înfior de teroare.

– Inima ți-a cerut să-ți dai voie să-ți amintești simțirile pe care le-ai avut, pentru că acele simțiri sunt conectate la o anumită amintire, Serena. Invit-o să fie aici și, nu uita, mă admonestează ea cu blândețe, aceasta este o amintire!

Bine, Inimă, sunt pregătită să văd amintirea.

– Sunt aici, ținându-te strâns, șoptește Inima.

Fac o respirație adâncă, îmi închid ochii și privesc tabloul interior care prinde contur.

– Deschide-ți ochii, Serena, ca să-ți poți aminti că ești în acest moment prezent, în siguranță, în casa ta.

Deschizându-mi ochii, îmi dau voie să văd ambele lumi simultan.

– O văd pe Jennifer. E cu oamenii guvernului. E în acel depozit uriaș... îți amintești, Mamă... locul acela suficient de larg încât încăpea un avion?

– Da, Serena.

– Este târâtă de brațe, pe sus, pe aceste trepte...

– Și câți ani pare să aibă Jennifer?

– Are cinci ani.

– În regulă. Continuă.

– Ea îi imploră pe oameni să nu o ducă acolo! exclam eu.

– Descrie ce vezi, Serena.

Cu ezitare, privesc acea monstruozitate oribilă. Este enormă.

– Are o formă alungită și a fost întoarsă pe o parte. Sunt patru bărbați în halate albe de laborator și câțiva militari care stau pe o platformă lângă acest lucru.

Simțindu-mă anxioasă, mă concentrez pe fața Mamei pentru a mă ajuta să rămân prezentă, înainte de a admite:

– Simt frică, Mamă.

– Înțeleg, Serena. Oricui i-ar fi frică, dar nu se întâmplă acum; poți încerca să-ți amintești asta?

Zâmbetul ei îmi dă curaj să merg mai departe.

– Jennifer este târâtă sus, pe scări, la platformă. Lor nu le pasă că este îngrozită! exclam eu isteric.

– Ai vrea să te oprești un moment și să auzi ce tocmai ai spus? îmi cere Mama.

– Ce?

– Ai spus că oamenilor nu le păsa că lui Jennifer îi era frică, spune Mama. Tu crezi că în acest punct al experimentelor lor, lor ar fi început să le pese de ea?

– Nu, dar...

– Serena, fii sinceră. Nu-mi da răspunsul pe care crezi că vreau să îl aud, simte: crezi că după tot acest timp, le-ar fi păsat? Acești oameni sunt atât de deconectați de sinele lor autentic și pot face lucruri oribile unui copil, fără sentimente. Ești de acord?

– Niciodată nu m-am gândit la asta în acest fel.

– De aceea îți cer să observi. Este important pentru tine să ai conștientizarea conectată, Serena. Acum, continuă să privești. Te descurci minunat!

În timp ce corpul meu se cutremură de frică, privesc amintirea cum se desfășoară.

– Oh, Mamă, acel lucru imens se deschide! Are zăvoare pe lateral. E de alamă, cred. Doi bărbați îl deschid și alți doi atașează electrozi pe Jennifer. Oh! gem eu. Nu vreau să mai fac asta niciodată. Pur și simplu nu!

Legănându-mă înainte și înapoi, sunt înghițită de teroare.

– Uită-te la mine, Serena! Adu-ți respirația profund în burtica ta. Asta îi va spune corpului tău că rămâi aici! Poți să-i ajuți pe toți, făcând asta?

Îmi scrâșnesc dinții și sunt hotărâtă să nu mă schimb. După minute lungi, sunt capabilă să continui.

– Vorbesc între ei ca și cum Jennifer nu ar fi acolo.

Repet conversația oamenilor cuvânt cu cuvânt.

– *Cum poți fi sigur, domnule, că ea nu se va îneca?*

– *Asta nu e treaba ta! latră ofițerul. Tu trebuie să execuți ordinele.*

– *Înțeleg asta, domnule, dar când se umple cu apă... se îndoiește tânărul.*

– *Vei executa ordinele. S-a înțeles?*

– *Da, domnule.*

– Tânărul era supărat! exclam eu.

– Da, Serena. El nu era deconectat de sinele lui autentic atât de mult cum erau ceilalți bărbați. Dar, te rog: rămâi în amintire, astfel încât să putem continua să te ajutăm. Ce fac bărbații acum?

– Pun electrozi pe capul și pe fața ei, precum și pe picioarele și brațele sale.

– Și îi dau vreo instrucțiune, Serena?

– Ei îi spun că depinde de ea dacă rămâne în viață. Ce lucru rău să spui asta.

– Nu, Serena, e sincer, spune Mama calmă. Acești oameni nu au sentimente. Ei își fac treaba. Acum privește ce urmează.

Consolată de cuvintele ei, continui să privesc.

– Ei o ridică într-un container și în tot acest timp, ea lovește și țipă. Este poate un metru și jumătate de apă în partea de jos. Nu e nimic de care să se apuce; lateralele sunt netede, Mamă!

Făcând o respirație cu această realizare, mă înfior de emoțiile care ies la suprafață.

– Au închis capacul peste ea. Interiorul este întunecat, cu excepția a două mici ferestre de pe partea cealaltă a închiderii. Oh, Mamă. Umplu asta cu mai multă apă!

– Serena, uită-te la mine. Rămâi aici, în timp ce îmi spui ce se întâmplă.

Scâncind, continui:

– Se umple cu apă. Jennifer este mai mult decât speriată. Nu știu cum să descriu ce simte.

– Se zbate sau e întinsă pe spate?

– Se zbate, Mamă.

– Aminteşte-ţi, Jennifer nu s-a înecat, pentru că tu eşti aici.

– Oh!

Râzând, îi zâmbesc Mamei, simţindu-mă uşurată.

– Deci, rezervorul se umple cu apă, punctează Mama.

– Da. Aproape că nu mai este aer pentru respirat. Jennifer pluteşte. Cred că e inconştientă.

– Cum o ajută Inima pe Jennifer să rămână în viaţă?

Simţind, mă deschid intuitiv amintirii.

– La început e isterică, în timp ce ţipă şi e aruncată în apă, dar pe măsură ce rezervorul continuă să se umple, pare că îşi pierde cunoştinţa, dar nu...

– Continuă să simţi, Serena. Ce s-a întâmplat în schimb?

– Oh, ea se schimbă! Inima vine în corp pe deplin. Apoi energia ei iese din corp şi devine mai mare decât rezervorul în care pluteşte. Corpul este într-o pace profundă, în care respiraţia pare să fie absentă.

Vorbind în şoaptă, continui:

– Inima nu mai este doar a corpului. Ea a devenit una cu apa şi energia ei se potriveşte cu vibraţia apei.

Privind în sus, sunt surprinsă de propria mea conştientizare. Simt adevărul acestui fapt rezonând profund în interiorul meu.

– Te descurci minunat, Serena. Ai spus că Inima este atât de liniştită astfel încât ea aproape nu respiră. Simte: ce înseamnă asta cu adevărat?

– Respirația este încetinită intenționat... În timp ce respirația încetinește, la fel face și mintea. Doar prezența Inimii este acolo în rezervor.

Mama e tăcută, permițându-mi să împărtășesc.

– Inima ține corpul într-un loc de moarte vie. Nu știu alt cuvânt să descriu de ce sunt conștientă, spun eu.

– Este o descriere puternică, Serena. Continuă să simți: cum a ținut-o energia Inimii pe Jennifer în viață?

– Energia a ținut corpul nemișcat, ca Jennifer să nu se înece. Inima ei încetinește, la fel și respirația ei. Este ca și cum experiența de a avea un corp dispare și ea devine una cu apa... și cu rezervorul.

Simt conștientizarea acelui moment umplându-mă. Văd amintirea dintr-un loc de dincolo de mintea mea limitată.

– Energia dulce a Inimii ține corpul nemișcat, Mamă.

– Da.

– Electrozii sunt acum inactivi, reflect eu în liniște.

– Când mergi în Inimă pentru răspuns, spune Mama, posibilitățile sunt nesfârșite.

Simt un sentiment fericit de pace și mintea mea e liniștită. Știu că motivul pentru care sunt în viață este pentru că Inima a intervenit.

– Întreabă Inima dacă este ceva ce vrea să adauge la asta, sugerează Mama.

– Ea spune că atunci când tu mi-ai amintit că oamenilor nu le păsa, vrea ca noi să fim mai clari cu ceea ce se întâmpla. Putem face asta? întreb eu.

– Deci, ce ai înțeles până acum?

– Ştiu că a fost un alt experiment, dar în ce scop?

– Simte, Serena: nu merge în mintea ta. Ce făcusera ei tot timpul cu Jennifer?

– Au rănit-o şi i-au făcut viaţa un iad pe pământ!

Instantaneu, furioasă, strig:

– Au făcut asta ca să o controleze!

– Şi de ce doreau ei să o controleze? întreabă Mama în linişte.

Fără să gândesc, arunc:

– Pentru că nu puteau!

– Da.

Chicotind cu cât de sinceră tocmai fusesem, Mama îmi zâmbeşte, încurajându-mă să continui.

– Uau, ei nu puteau să o controleze, nu-i aşa?

– Nu, nu puteau. Acum observă: Jennifer are cinci ani, nu-i aşa?

– Da... răspund eu.

– Şi oamenii făcusera experimente pe ea de mult timp, nu-i aşa?

– Da?! răspund eu cu ezitare.

– Iar Jennifer continuă să fie capabilă şi să îndeplinească orice aruncau spre ea. Acest test a avut un scop anume. Poţi simţi care a fost acela?

– Nu.

– Serena, tu nu eşti proastă! Permite-ţi să te conectezi la conştientizare, vrei?

Închizându-mi ochii, privesc întreaga experiență de la început la sfârșit. Știu că oamenii au făcut multe teste pe ea înainte. Mama și cu mine am lucrat deja cu acele amintiri. Acesta era doar încă un experiment, dar era ceva diferit la el. Exprimând acel gând cu voce tare, continui:

– Acest experiment ar fi putut să o omoare.

– Da, dar și alte teste au avut acest potențial de asemenea.

Aplecându-se înainte, Norma continuă:

– Amintește-ți, ei nu gândesc în termenii spiritului ca și noi. Ei căutau să vadă cum răspunde mintea ei.

Mintea mea pare să fie foarte încețoșată.

– Nu poți pur și simplu să-mi spui, Mamă?

– Ei urmăreau să vadă cum Jennifer trecea dintr-o sferă a realității în alta. Ei doreau să o controleze, dar până acum nu erau în stare. Vrei să fii dispusă să simți ce s-a întâmplat cu adevărat? Inima ta îți va arăta, dacă dorești.

Lăsându-mă pe spate, respir și aleg să las ceața să plece. Inspirând profund, mă deschid intuitiv și simt teroarea inimaginabilă în care era Jennifer. Respir pe nas și îmi reamintesc mie că aceasta s-a întâmplat deja. În timp ce expir, încep să-i relatez Mamei ceea ce văd.

– Inima preia. Mintea nu mai este implicată. Inima se mută în afară, energetic, atingând pereții rezervorului. Complet scufundat, corpul plutește aproape de vârf, unde este o bulă de oxigen. Pe măsură ce Inima se predă și mai mult experienței, ea își ajustează vibrația corpului la cea a apei, încetinind-o până când cele două sunt ca și una. Aceasta este moartea vie despre care am vorbit mai devreme.

Nu există niciun dialog intern ca să mă distragă de la conştientizarea pe care o am. În schimb, fiinţa mea rezonează cu un simţ chiar mai profund, despre ce s-a întâmplat cu adevărat.

Ascultând, din când în când Mama murmură da.

Când am terminat, liniştea umple camera.

Minutele trec, apoi Mama vorbeşte:

– Aceasta a fost uimitor, Serena. Când încerci să mă convingi că eşti proastă, nu dau doi bani pe asta. Am văzut cine eşti cu adevărat. Fă o respiraţie şi simte ce spun. Eşti atât de rapidă să-mi spui că nu ştii. În locul acestui răspuns automat, ai putea începe să-ţi dai voie să simţi mai departe adevărul mai mare despre cine eşti tu? E în tine, dacă ai vrea să fii dispusă să te conectezi cu el.

– Da... vreau.

– Bine. Când mergi în mintea ta pentru răspuns, rămâi limitată. Această amintire îţi arată ce poate face Inima în parteneriat cu tine. Sunt mândră de tine pentru că îţi dai voie să vezi asta atât de clar.

Ridicându-se în picioare, mă îmbrăţişează.

– Am lucrat mult astăzi şi vreau să te odihneşti. Sună-mă oricând ai nevoie şi dacă nu răspund, lasă un mesaj.

Conducând-o pe Norma până la uşă, îmi iau rămas bun, în timp ce ea conduce maşina până iese din raza mea vizuală. Ceva s-a schimbat pentru mine. Simt un nou sentiment de tărie.

– Sunt cu adevărat o persoană puternică, nu-i aşa, Inimă?

– Într-o zi, şopteşte ea liniştit, vei şti cine eşti cu adevărat.

Capitolul 22: **NOI LIBERTĂŢI**

Am trăit în Colorado în ultimii şase ani, fără a avea contact cu cineva, cu excepţia Mamei. A fost o călătorie lungă şi dificilă, dar a meritat. Sunt mai împământată în corpul meu şi am momente de bucurie autentică. Am încredere în Inima mea mai mult ca niciodată şi primesc unele dintre propriile mele răspunsuri fără să trebuiască să o întreb pe Mama. Ştiu că mă fac mai bine, ceea ce mă face să continui să merg înainte, indiferent cât este de greu acest proces de integrare.

Am început să mă plimb nesupravegheată pe străzile din jurul casei mele, în primăvara lui 2007. Este pentru prima dată în ani de zile, când am ieşit afară pe cont propriu. Cu foarfeci şi pungi de cumpărături în mână, tai flori sălbatice de oriunde le pot găsi. În timp ce mă plimb de-a lungul străzilor cu pungile debordând de flori, şoferii claxonează şi îmi fac cu mâna fericiţi. Îmi place cum se simt muşchii mei după aceste plimbări. Sunt plini de viaţă, cu senzaţii pe care nu le-am mai simţit înainte. Mă dor, dar este un fel nou de durere, născută din mişcare şi nu din amintiri. Aceste plimbări îmi permit să descopăr că pot avea mai multă încredere în mine şi aceasta este un adevărat dar pentru mine.

*****

Neliniştea pe care o simt este amplificată de faptul că azi este 4 iulie, o sărbătoare naţională. Oamenii sunt afară, distrându-se şi sărbătorind, în timp ce eu sunt înăuntru, uitându-mă din nou la televizor. Mergând dintr-o cameră în alta, de-abia îmi potolesc anxietatea. Mă așez pe canapea, îmi închid ochii și îi cer Inimii ajutorul.

– Ai vrea să respiri cu mine? mă invită ea cu dragoste.

Mă concentrez numai pe respirație, dar oricat de mult încerc, anxietatea continuă să crească.

– Am obosit să trăiesc în felul ăsta. Arată-mi ce să fac, Inimă!

– Privește-mă în ochi în timp ce respiri, Serena.

Ridicându-și vocea, Inima adaugă:

– Nu te uita în altă parte. Continuă să te uiți la mine, indiferent de ce se petrece!

Pe măsură ce simt dulceața calmului care mă umple, mă las și mai profund în respirație și când fac asta, ceva începe să se întâmple. Simt asta în Inima mea. Este o vibrație care începe să crească.

– Nu-ți fie frică, Serena.

Sentimentul se intensifică pe măsură ce continui să respir și în timp ce crește, corpul meu începe să tremure.

– Sunt aici, Serena. Nu-ți fie frică.

Continui să privesc în ochii Inimii și să respir. Nu știu cât timp am respirat în felul acesta, dar nu contează. Corpul meu tremură puternic; de-abia pot sta așezată pe canapea.

– Schimbăm polaritatea corpului tău, de la frică la iubire. Continuă să respiri, Serena. Totul e în regulă.

Am încredere în Inimă, chiar dacă corpul îmi tremură foarte puternic. Ochii ei mă susțin, asigurându-mă că totul este bine.

– Proclam acest corp să fie un vas de iubire, din acest moment înainte, declară Inima.

Chiar dacă corpul meu se cutremură, nu simt nicio frică. În schimb sunt conştientă că ceva miraculos se petrece în interiorul meu. După vreo douăzeci de minute, corpul începe să se liniştească.

– Intră în cadă şi lasă căldura apei să te ajute. Respiră, Serena. Este important ca tu să stai liniştită. Vreau să continui să lucrez din interior. Îţi mulţumesc că ai încredere în mine.

– Pot să-ţi pun o întrebare înainte de a merge să fac baie?

– Desigur că poţi, răspunde Inima.

– La ce te-ai referit când ai spus că schimbăm polaritatea de la frică la iubire?

– Tu ştii ce înseamnă polaritate?

Fără să-mi vină ceva în minte, îmi clatin capul în semn că nu.

– Polaritate înseamnă două energii contrastante din interiorul unui corp, care produce efecte inegale. Eşti de acord că Jennifer era plină de frică aproape tot timpul?

– Da.

– Jennifer a experimentat frica aproape tot timpul, dar din când în când a experimentat bucurie extremă. Bucuria autentică este energia pură de a fi în viaţă. Bucuria ei a fost experimentată la extrem, ceea ce i-a impactat corpul într-un mod periculos. Ea ar fi putut deveni catatonică. Ştii ce înseamnă „catatonic”?

– Cred că ştiu. Înseamnă doar să stai acolo şi să priveşti în gol.

– Nu tocmai. Înseamnă că, corpul este aproape de moarte. Nimeni din corpul tău nu dorea să trăiască, aşa că, corpul tău a fost golit de energiile lui până la un asemenea punct extrem, când a devenit fără reacție. Când Jennifer avea patru ani, i-am spus că ar putea să renunțe și să moară, dar ea a refuzat. Pentru ca eu să țin corpul în viață, a trebuit să-i adorm bucuria lui Jennifer.

– Munca pe care am făcut-o în acești câțiva ani a permis această schimbare de astăzi. Tu nu vei mai fi un vas al fricii. Iubirea are permisiunea să fie aici acum, dar nu te lăsa păcălită: nu am terminat! Mintea va încerca să te convingă de asta, dar este o minciună. Acesta este doar încă un pas în călătoria noastră. Respiră cu mine și simte gratitudinea pentru ceea ce am realizat astăzi, pentru că este un pas miraculos în integrarea ta.

Capitolul 23: **REÎNTOARCEREA LA SERVICIU**

– Serena, suntem într-un loc remarcabil în munca noastră. Sufletul tău îţi spune că e timpul să-ţi iei o slujbă, astfel încât să poţi descoperi mai mult despre tine.

– Ce? întreb eu neîncrezătoare.

– Nu e vorba de a face bani ca să te întreţii. Este despre a descoperi cine eşti tu în lumea de afară. Poţi rămâne autentică? Te poţi simţi în siguranţă? Acest următor pas în călătoria noastră este cu adevărat o binecuvântare, spune Mama. Nu am ştiut dacă vom ajunge vreodată aici.

– Da, dar ce voi face? Unde voi merge? întreb eu anxioasă.

– Întreabă Inima şi ea îţi va arăta.

Îmi închid ochii şi respir.

– Eşti în siguranţă, fredonează încet Inima. Simte o clipă: ce îţi place să faci, ceva care să-ţi aducă bucurie?

Relatându-i Mamei cuvintele Inimii, răspund cu teamă:

– Nu ştiu.

– Serena, replică Mama. Nu am de gând să mă cert cu tine. Ai vrea să respiri? Priveşte-mă. Ai încredere în mintea ta care îţi spune că nu poţi, dar Inima şi eu îţi spunem că poţi. În cine vrei să ai încredere?

Hotărând să am încredere în Inimă şi în Mama, respir mai sincer, înainte să-mi închid ochii. Gândurile mele aleargă. *Sunt încă în proces de schimbare. Ce cred ele? Nu pot să fac asta.* Întorcându-mi atenţia spre Inimă, mă uit în ochii ei şi mai fac o respiraţie. *Ce mi-ar plăcea să fac?* Nu îmi vine ce şi atunci aud Inima şoptind:

– Îţi place să coci prăjituri, nu-i aşa?

– Oh... e adevărat. Îmi place să coc prăjituri! răspund fericită, dar bucuria mea este instantaneu înlocuită de frică.

– Poate fi coacerea prăjiturilor o slujbă reală?

Aplecându-se spre mine, Mama răspunde serioasă:

– Din ziua în care te-ai născut, Inima te-a ţinut în siguranţă. Indiferent de ce s-a întâmplat în viaţa ta, ea a fost acolo. Dacă coacerea prăjiturilor este ceea ce îţi place să faci, atunci ai încredere şi descoperă unde te va conduce Inima. Crezi că atunci când Sebrina m-a rugat să o ajut să se integreze, aveam vreo idee despre ce să fac?

Fără să aştepte răspunsul meu, Mama continuă:

– Bineînţeles că nu ştiam. Am avut încredere în Sufletul meu că mă va îndruma... şi uite unde suntem. Vorbim despre reîntoarcerea ta la serviciu.

Zâmbind, continuă:

– Poţi avea încredere că dacă nu erai pregătită, Inima nu te-ar fi îndrumat în această direcţie?

Hotărăsc să am încredere în Inimă. Schimbările pe care le-am făcut în ultimii ani au venit gradual, nu am realizat cât de mult m-am schimbat. Am rămas mai prezentă ca niciodată şi când mă comut, cel mai des sunt co-conştientă. Există vreun risc? Desigur, dar Inima promite că va fi acolo la fiecare pas.

*****

Coacerea prăjiturilor la magazinul alimentar este foarte diferită de coacerea lor acasă. Sute de prăjituri se fac repede. Ele vin congelate, gata pentru copt. Tot ce fac este să le așez pe hârtia de copt și să le introduc în cuptor.

Facem de asemenea și diferite feluri de pâine. Eu le pun în tăvi pentru a se dezgheța și odată ce sunt coapte și răcite, le învelesc în celofan și apoi le pun pe tejghea pentru clienți.

Lucrez la magazinul alimentar doar de două luni, dar sunt gata să îmi dau demisia. Este același lucru zi de zi. Lucrul important este că încrederea mea a crescut fantastic de mult, până la punctul în care sunt pregătită să încerc ceva nou.

*****

– Unde vrei să merg, Inimă?

Stând la un colț de stradă din partea veche a orașului, mă așteptam ca ea să-mi spună exact.

– Coboară pe stradă și fii deschisă la ce descoperi.

Am crezut că atunci când Inima mă îndrumă, îmi va spune ce să fac. Evident, nu este cazul. Fac o respirație, intru într-un birou imobiliar și întreb dacă au vreo slujbă cu jumătate de normă disponibilă. Auzind cuvântul nu pentru a nu-știu-câta oară, plec neperturbată.

Mergând în sus pe autostradă, opresc la un alt centru de afaceri. Mergând de la un sediu de firmă la altul, întreb dacă au vreo slujbă disponibilă. Din nou, mi se spune nu. Urcând pe stradă, trec de magazinul alimentar unde am copt prăjituri și intru în bancă. Merg la casier, zâmbesc și întreb:

– Ştiţi dacă aici ar putea să fie disponibilă vreo slujbă cu jumătate de normă?

– Nu există nici una în această filială, dar ştiţi filiala de pe autostradă? Ei au câteva disponibile, dar trebuie să aplicaţi online.

Entuziasmată, mă întorc acasă şi încep procesul de aplicare.

*****

Ajungând cu zece minute mai devreme decât programarea, mă uit în jur, în interiorul băncii. Ferestrele largi de pe peretele cu faţa spre nord fac camera luminoasă. Este o femeie vizavi de mine care scrie la computer. Casierii vorbesc încet cu clientela. Mă simt în siguranţă. Îmi aşez palma pe stomac şi inspir uşor. Am emoţii legat de interviu.

O tânără se apropie de mine, întinzându-mi mâna:

– Bună, eu sunt Alice, asistent manager. Jeanette întârzie. Vino în sala de conferinţe.

Luăm scaune şi ne aşezăm faţă în faţă, dar înainte de a începe, intră managerul filialei.

– Aţi avut ocazia să începeţi? întreabă Jeanette.

– Nu, de-abia ne-am aşezat, spune Alice.

– Îţi mulţumesc că ai venit, Serena. Ce te-ar interesa? întreabă Jeanette. Avem un post cu jumătate de normă şi unul cu normă întreagă disponibile.

– Mă interesează postul cu jumătate de normă, răspund eu calm.

Sper că par matură. Aşa cum eu şi Mama am repetat, le spun că nu conduc o maşină şi că voi lua autobuzul. Nu dau explicaţii şi nu-mi cer scuze. În schimb, continui să respir, chiar dacă stomacul meu e plin cu noduri.

332

– De ce vrei să lucrezi la bancă? Am observat din CV-ul tău că ai lucrat în vânzări înainte, întreabă Alice.

– Am făcut ani de zile vânzări pe teren şi am trăit din comision, ceea ce a fost greu. Sunt interesată să lucrez la bancă şi să încerc ceva nou.

Ele îmi mai pun câteva întrebări şi eu mă descurc să răspund cât de bine pot. În cele din urmă, întreb:

– Credeţi că sunt potrivită pentru slujbă?

– Avem încă patru aplicanţi de intervievat, răspunde Jeanette. După aceea te voi anunţa. Îi voi intervieva săptămâna aceasta, deci ar trebui să te sun până la începutul săptămânii viitoare.

*****

Am primit slujba! Încep în prima zi de luni, din ianuarie.

*****

Sunt două filiale în oraş şi prin înţelepciunea Inimii, eu lucrez la cea mai mică. Sunt una din cei şase angajaţi, dintre care cinci suntem femei. Mă simt mai în siguranţă cu femeile, aşa că această slujbă e minunată pentru mine.

Niciodată nu am văzut aşa mulţi bani într-un singur loc. Când primim transportul săptămânal de la Loomis, mii de dolari stau aşezaţi în stive în faţa mea. Toţi sunt foarte obişnuiţi cu asta, aşa că mă iau după ei şi pretind că sunt şi eu la fel de obişnuită ca şi ei cu banii.

Sunt una dintre cei trei casieri şi când oamenii trebuie să aştepte, sunt copleşită. Mă grăbesc cu orice am de făcut pentru persoana din faţa mea, pentru ca cea care aşteaptă la rând să nu trebuiască să stea prea mult. Toată această grabă mă face să fac greșeli, așa că la sfârșitul zilei, de obicei sunt pe minus în sertarul de bani. Jeanette mi-a reamintit cu amabilitate de mai multe ori că nu suntem un restaurant fast-food, dar asta nu mă ajută. Încă mă panichez când cineva trebuie să aștepte mai mult de un minut.

Ieri, un domn mai în vârstă a venit la ghișeul meu și nu am putut să mă abțin să nu mă holbez la sprâncenele lui. Erau albe și stufoase și atârnau deasupra ochilor ca niște copertine. Fără să-mi dau seama, m-am auzit spunându-i că sprâncenele lui sunt cele mai fantastice chestii pe care le-am văzut vreodată. În timp ce domnul râdea cu o adevărată încântare, eu am fost îngrozită. Știam că un copil a venit în față să vorbească. Punându-mi palma peste gură, mi-am cerut scuze cu ardoare, dar pe el nu părea să-l deranjeze. În schimb, a continuat să râdă.

Simt că nu mă pot adapta, în cea mai mare parte a timpului. Colegii mei de serviciu par așa normali. Mă simt ca și cum merg pe o frânghie, balansând două lumi foarte diferite, simultan: lumea exterioară, unde merg la bancă și pretind că sunt normală și cealaltă viață a mea, în care sunt o personalitate multiplă ce lucrează pentru a deveni integrată. Nu știu cum să contopesc cele două lumi, așa că încerc să fiu și să fac totul cât de bine pot.

*****

Am o zi liberă și Mama trebuie să sosească să lucreze cu mine.

Punându-și haina pe scaun, Mama se așază în fotoliu vizavi de mine.

– Ce mai faci? întreabă ea.

– Inima vrea să încep cu vicepreședintele regional, care stătea în spatele meu la serviciu, spun eu. Numele lui este Carl.

Întrerupându-mă, Norma întreabă:

– Când tu stăteai acolo și Carl a venit să te vadă, te-ai dus într-o poveste în minte ori ai rămas prezentă și l-ai privit pe acest bărbat ca atare? Aici este momentul în care alegerea contează, Serena. Tu ești cea care alege, dar asta cere practică. Ce îți cer să faci este să fii atentă la ceea ce se întâmplă cu adevărat.

Lacrimile îmi alunecă pe obraz în liniște, în timp ce dau din cap aprobator.

– De ce ești atât de supărată, scumpo?

– Nu cred că înțelegi.

– Atunci spune-mi. Vreau să aud de la tine.

Cutremurată de intensitatea a ceea ce simt, mi-e dificil să exprim asta în cuvinte.

– Atât de multe se întâmplă, toate în același timp; iar apoi el s-a așezat în spatele meu să ia notițe pe un clipboard.

– Da, zice Norma, întreabă acel copil ce înseamnă când el stă acolo cu un clipboard? Serena, te rog, ascultă răspunsul. Asta te va ajuta. Nu eu am nevoie de răspuns, ci tu.

De-abia îmi stăpânesc emoțiile și întreb copilul ce înseamnă. Cu un val de emoții, aud copilul suspinând:

– Nu sunt în siguranță, nu sunt în siguranță!

– Așa te poți ajuta, Serena. Tu ești singura care poți să-i auzi pe acești copii. Eu nu sunt la serviciu cu tine. Când emoțiile tale devin intense, atunci ai nevoie să iei o pauză. Du-te la baie și respiră, în timp ce îți pui mâinile sub apă. Pune-ți acest tip de întrebări, așa încât să te poți ajuta. Vreau să asculți în timp ce eu vorbesc cu acest copil.

Făcând o pauză, vocea Normei se umple cu compasiune, în timp ce spune:

– Ei au ținut mult timp clipboard-uri în fața și în spatele tău, nu-i așa?

– Da! țipă ea.

– Spune-mi despre asta.

– Ei luau notițe mereu. Scriau lucruri tot timpul. Nu sunt în siguranță! Sunt un nimic pentru ei. Nu sunt nici măcar în viață pentru ei!

– Pot să aud cât de furioasă ești. E în regulă. Serena, poți acum să simți de ce ești atât de supărată la serviciu? De aici poți începe să te ajuți.

Fără să facă pauză, Norma își întoarce atenția la copil.

– Ai văzut vreodată ce scriau?

Clătinându-și capul în semn de nu, copilul este tăcut.

– Deci, spune-mi, de ce sunt ei șefii tăi?

– Pentru că îmi spun ce să fac. Îmi spun cum să mă simt și unde să merg și nu le pasă de mine deloc.

– Poți să vezi îngerița care stă lângă tine, scumpo?

– Da, o văd.

– Poți merge cu ea. Ea nu va lăsa niciodată un șef să te rănească din nou. Ți-ar plăcea asta?

Copilul nu răspunde, dar eu îmi simt corpul cum se schimbă vizibil, în timp ce ea se topește în brațele îngeriței. Pe măsură ce respir, Mama îi invită pe toți ceilalți copii cărora le e teamă, să vină acasă, să plece cu îngerița. Pe măsură ce minutele trec, încep să mă simt mai bine.

– Hai să ne luăm un moment să respirăm împreună, ai vrea?

Zâmbindu-mi, Mama își închide ochii și mă îndrumă în respirație.

– Cu adevărat am avut nevoie de asta. Mulțumesc, Mamă.

– Desigur. Poți întotdeauna să-mi spui când îți dorești să respiri cu mine. Așa te poți ajuta. Acum, întreabă Inima despre ce altceva ar dori să vorbim.

– Ea spune că ideea banilor mă deranjează, răspund eu.

– Fă o respirație și simte: ce sunt banii?

– Ce? Mă întrebi ce sunt banii?

– Observă, Serena, ai început să te lupți, în loc să rămâi cu mine.

Spunând asta, Mama se lasă pe spate și așteaptă.

Mă lupt din nou, la naiba! Îmi frec fruntea, îmi închid ochii și mai fac o respirație. Se pare că asta e tot ce fac. Întrebându-mă ce sunt banii, aud o explozie de răspunsuri venind din toate direcțiile. Luând-o pas cu pas, relatez răspunsurile pe care le aud:

– Banii sunt răi, banii sunt putere, banii sunt corupți, banii te fac o persoana rea...

– Sunt acestea răspunsurile Inimii, Serena?

– Nu, Mamă. Sunt răspunsurile pe care le-am auzit.

– Bine. Este important să fii conștientă de răspunsurile minții tale. Acum, întreabă Inima ce sunt banii?

– Spune că banii sunt un instrument, ca și ciocanul sau furculița. Ce vrea să spună prin asta?

– Serena, nu stai cu Inima și asta este un deserviciu pentru tine. Întreab-o ce a vrut să spună, rămâi aici și ascultă răspunsul ei.

Îmi închid ochii și ascult ce are Inima de zis.

– Banii sunt un instrument, ca şi furculiţa. O furculiţă ridică mâncarea şi o duce în gura ta. E un instrument. Banii sunt un instrument pe care oamenii îl folosesc pentru a le permite să aibă libertate.

În timp ce repet cuvintele cu voce tare, simt adevărul lor, care nu are nimic de a face cu mintea mea.

– Deci, banii îmi dau lucruri şi asta e bine?

– Observă, spune Norma, când mergi spre ideea de bine, eşti în judecată, ceea ce înseamnă că eşti în minte. Noi discutăm despre bani, din conştienţa Sufletului. Banii nu sunt un lucru bun sau rău. Banii sunt hârtie şi metal, nimic altceva. Poţi simţi ce spun?

– Dar toată lumea spune că banii corup...

– Când am început să alegem să urmăm ceea ce spun toţi ceilalţi? Vrei să fii prizoniera vechilor tale credinţe sau vrei să descoperi un drum nou? Eu iubesc banii. Sunt o uşă spre libertate pentru mine. Îmi permit să fac ce vreau, când vreau. Tu ai această libertate, Serena?

– Nu... nu o am.

– Ţi-ar plăcea să ai libertatea de a face ce vrei?

– Da, mi-ar plăcea.

– Atunci observă cât de repede mintea ta spune nu. Vreau să te joci cu noţiunea de bani. Când îi numeri, observă: au putere? Pot să-ţi facă ceva? Sau sunt doar hârtii cu numere pe ele? Trebuie să decizi, Serena. Aceasta este viaţa ta.

– Când sunt în seif, număr mii de dolari şi e ciudat.

– De ce e ciudat? întreabă Mama răbdătoare.

– Pentru că sunt atât de mulţi bani şi pur şi simplu stau acolo. Pot fi cincizeci de mii de dolari care doar stau acolo pe tejghea.

– Ştiu. Sufletul tău are un minunat simţ al umorului. Întreab-o de ce râde?

– Râde pentru că eu sunt surprinsă şi e încântată de cum mă va ajuta slujba asta să învăţ şi să cresc. Vrea să mă joc cu conştienţa asupra banilor şi să observ dacă banii au putere în interiorul şi în exteriorul lor. Ea spune că putem să mai vorbim despre asta, dar deocamdată acest joc mă va ajuta să descopăr adevărul.

– Şi aşa facem, nu, scumpo?

Capitolul 24: **LUPTA NU FUNCŢIONEAZĂ NICIODATĂ**

Astăzi am de prezentat un raport la serviciu, privind conturile cu dobânzi. Mi-e atât de teamă – de-abia pot să respir. Uitându-mă pe notiţele mele, încerc să mă concentrez.

– Serena, eşti pregătită? întreabă Jeanette.

Faţa mi-e amorţită şi vocea îmi tremură de anxietate. Inima îmi bate atât de tare că mă întreb dacă ceilalţi o pot auzi peste vocea mea. Aşezându-mă în timp ce vorbesc, încerc să câştig controlul din panica în care sunt. În mod discret îmi aşez palma pe burtă, mă concentrez cât de bine pot, dar panica nu se atenuează. Mă scuz încet şi mă duc spre camera de relaxare să o sun pe Mama.

– Mamă! şoptesc cu frenezie, tocmai mi-am prezentat discursul, dar am fost atât de speriată că de-abia puteam respira.

– Dar l-ai spus?

– Da...

– Şi ai fost conştientă de frica ta şi totuşi ai continuat să respiri?

– Da?!

– Ţi-ai dat un dar cu această experienţă, Serena. Chiar dacă ţi-a fost frică, ai continuat. Nu te-ai retras în frică. Poţi vedea această experienţă din judecata minţii şi la fel, poţi să o vezi din compasiune. Pe care o alegi?

Făcând mai multe respirații conștiente, răspund:

– O voi vedea din compasiune.

– Bine, răspunde Mama. Ai ales să te ajuți, iar asta e minunat.

– Dar eram atât de speriată când am vorbit.

– Nu aceasta este problema, Serena. Înțelegi asta?

– Ai dreptate, Mamă, m-am concentrat pe respirație pentru că asta mi-am dorit!

– Da, tăria alegerii tale este ceea ce contează. Acum, alege să mergi mai profund în interiorul corpului tău. Ascultă sunetul vocii mele și lasă-l să te ajute.

După ce am respirat împreună câteva minute, sunt capabilă să mă întorc la ședință.

– Mulțumesc, Mamă.

– Mă bucur că ai sunat. Când termini programul?

– Autobuzul mă ia fix la ora 17, așa că ar trebui să fiu acasă până la 17.30.

– Bine. Atunci voi veni ca să putem lucra puțin. Ți-ar plăcea asta?

Ușurată, răspund da.

*****

Ajungând acasă puțin după ora 17.30, o găsesc pe Mama așteptând pe alee.

– Haide să bem o cană de ceai înainte de a începe, sugerează Mama.

– Sună bine.

Merg la bucătărie și pun o oală cu apă la fiert.

Așezându-ne pe canapea câteva minute mai târziu, ne punem cănile fierbinți pe covor ca să putem vorbi.

— De ce nu pot să fiu normală ca toți ceilalți? M-am speriat atât de mult când mi-am rostit discursul azi dimineață. S-a simțit ca și cum eram pe punctul de a leșina. Ce e în neregulă cu mine? întreb nervoasă.

— Ai auzit ce ai spus? Ți-am cerut să asculți ceea ce spui, răspunde Norma cu un oftat. Spui lucruri atât de nemiloase despre tine. Unde îți este compasiunea, Serena?

În loc să simt compasiune, simt furie. Știu că Mama e aici să mă ajute și ultimul lucru pe care l-aș face este să o atac. Mă întorc în interior, fac o respirație și ignor apăsarea minții mele. După câteva minute de respirație în tăcere, în cele din urmă îmi simt furia că se retrage.

— Îmi pare rău, Mamă. Inima vrea să repet cuvânt cu cuvânt ce spune. Spune că eu am un plan despre cum ar trebui să fiu. Spune că eu cred în acest plan atât de deplin, încât nu sunt atentă când mă împinge să lupt.

— Și care e acel plan, Serena?

— Că ar trebui să fiu normală ca și toți ceilalți!

Pe măsură ce rostesc cuvintele, devin instantaneu furioasă din nou.

— Ar fi trebuit să fiu mai bine până acum!

— Poți auzi furia pe care o ai față de tine?

— Da! Sunt furioasă! Ar trebui...

— Te auzi cum repeți ce îți spune mintea despre ce ar trebui să fii? Îți spune Inima că ar trebui să fii mai bine sau diferită?

— Nu, dar...

– Da, știu. Te lupți cu mine din nou. Ce ar fi dacă nu ai avea cu ce să te lupți? Stai liniștită o clipă și simte: cum ar fi dacă nu ai avea nimic cu care să te lupți?

Ridicându-și vocea cu emfază, întreabă:

– Ce ai face?

– Ar fi minunat! replic eu nervoasă.

– Nu voi sta aici să mă lupt cu tine. Vorbesc serios; voi pleca dacă vrei să te lupți.

Rămâne tăcută un minut, înainte de a continua, și spune:

– Nu simți impulsul care strigă la tine să fii normală? Oare nu vrea acesta să-ți spună ceva?

– Da?

– Vrei să te scufunzi mai adânc în Inima ta și să-ți întrebi mintea ce înseamnă „normal"?

Repet:

– Normal înseamnă ca toți ceilalți.

– Și dacă nu știi cum sunt toți ceilalți, cum poți fi normală? Nu simți că aici este o împingere și mai mare? Simți disperarea care îți spune că trebuie să fii normală? Treci de ea și simte: ce este ceea ce vrei cu adevărat?

Lăsându-se pe spate, pe scaun, Mama așteaptă, știind că depinde de mine dacă voi merge mai departe cu asta.

Inspir, îmi închid ochii și simt despre ce este cu adevărat disperarea.

– Este pregătirea guvernamentală. Pot simți că trebuie să fiu ca toți ceilalți, să nu fiu diferită... altfel e grav!

– Da, şi cine îţi spune asta? întrebă calmă Mama.

– Jack şi oamenii din guvern se apleacă peste faţa lui Jennifer, ţipând la ea. Ei o ameninţă că trebuie să se integreze mai bine şi să nu atragă atenţia, indiferent de situaţie!

În timp ce spun cuvintele, anxietatea pulsează prin corpul meu.

– Serena, spui cuvintele, dar stai o clipă şi simte cât de reală a fost această ameninţare. Ai vrea să respiri şi să o integrezi? Tu eşti singura care poate face asta. Ignori când eşti provocată din interior. Acei copii ştiu că nu a fost o ameninţare inutilă. Ai vrea să-ţi iei timp să fii acolo pentru ei şi apoi să integrezi credinţa?

– Spui că ignor impulsul, dar în majoritatea timpului nici măcar nu îl simt.

– Îl ignori pentru că eşti atât de bună la asta. Ai spus întreaga ta viaţă că dacă ceva nu ţi-a plăcut, atunci nu exista.

Ridicându-şi vocea, continuă:

– Acest lucru nu va dispărea. Trebuie să dai atenţie la cum te simţi, tot timpul, ceea ce înseamnă să fii conştientă, iar atunci când simţi o provocare, să ştii că este o amintire care are nevoie să-i dai atenţie.

– Nu am ştiut că va fi aşa de greu. Am crezut că pur şi simplu voi fi normală.

– Aceasta este o parte a maturizării. Întreaga ta viaţă a fost petrecută ca fiind copil. Când accepţi ceea ce este, fără să te lupţi, vom face un pas uriaş înainte.

Zâmbindu-mi, continuă:

– Nu te judec, Serena, dar atâta vreme cât vrei să lupţi mai mult decât îţi doreşti să trăieşti, vei rămâne blocată. Tu eşti singura care poate face asta. Eu te pot încuraja de pe margine, dar în cele din urmă depinde de tine. Acum întreabă Inima la ce altceva şi-ar dori să ne adresăm.

– Vrea să vorbesc despre discursul pe care l-am ţinut astăzi. Spune că am fost nemiloasă cu mine.

– Ştii despre ce vorbeşte Inima?

Fără să-i răspund, replic furioasă:

– Nu e aşa mare scofală să vorbeşti cinci minute în faţa a câtorva oameni.

– Serena, realizezi de unde vine frica asta? Când Jennifer a fost forţată să stea în faţa oamenilor din cult, ea a fost torturată şi umilită. Crezi că să fii în faţa unui grup de oameni este chiar aşa o experienţă banală? Nu îţi cer să trăieşti în trecut, dar când ai acea mare reacţie, nişte copii din interior strigă să fie auziţi.

Aplecându-se spre mine, adaugă:

– După toţi aceşti ani, încă alegi frica în defavoarea Sufletului tău. Aceasta este o insultă pentru mine. Ai încredere în mintea ta mai presus decât orice îţi spune Inima sau eu.

– Asta nu este adevărat!

– Nu voi sta aici să mă lupt cu tine.

Ridicându-se în picioare, se apleacă aproape de faţa mea şi spune:

– Tu eşti singura care poate opri acest joc. Până când nu te saturi de asta, nu pot face nimic. Fii cu acel adevăr. Trebuie să plec acum.

– Dar, Mamă...

– Nu mai este nimic de spus. Te iubesc, Serena, dar până tu nu decizi să te iubeşti pe tine, nu putem merge mai departe cu integrarea ta.

Sunt înmărmurită, în timp ce o privesc cum închide uşa în spatele ei.

– Te iubește atât de mult încât dorește să fie sinceră cu tine, chiar dacă ție nu-ți place asta, spune Inima. Nu te poate face să integrezi ura de sine. Asta depinde de tine. Simte ce îți spun, Serena. Alegi să crezi poveștile minții, în loc să mă întrebi pe mine. Simte și fii cu acest adevăr, care nu se poate schimba până când tu nu îl admiți fără să judeci.

Știind că ar ajuta dacă m-aș băga în cadă, mă dezbrac, în timp ce sunt profund obsedată dacă ar trebui să o sun pe Mama. Vreau să repar ce s-a întâmplat mai devreme. Știind că acesta nu e răspunsul, fac o respirație și strig:

– Te rog, Inimă, ajută-mă! Nu pot face această integrare pentru Mama, dar adevărul este: îmi doresc iubirea Mamei mai mult decât orice altceva. Când ea spune că nu poate face asta pentru mine, știu că e adevărat!

Plângând frustrată, mă opresc și fac o respirație, pentru că plânsul e o mare pierdere de vreme. Intrând în cadă, mă afund în apa fierbinte și implor:

– Inimă, umple-mă cu dorința de a face această muncă de integrare doar pentru mine. Eu nu pot să mă fac să simt asta, dar tu poți.

– Nu te poți iubi din minte, Serena. Respiră cu mine și descoperă.

Dispusă să fac orice pentru a schimba cum mă simt, respir și, încet, mintea mea tace. Simt prezența Inimii cu mine.

– De ce este asta atât de greu, Inimă?

– Te rog, ascultă fără să judeci. Iubești să lupți. Nu este bine sau rău; este doar adevărul. Lasă-te să simți cum această dragoste pentru luptă te rănește.

Îmi închid ochii, mă las pe spate pe perna de baie și respir.

– Bine, Inimă, sunt dispusă să simt asta. Ce trebuie să fac?

– Respiră și dă-ți voie să simți energia luptei. Nu-ți fie frică. Nu o voi lăsa să devină atât de mare ca să te rănească.

Relaxându-mă, permit energiei luptei să crească în mine. Mă simt impenetrabilă și îmi place cum se simte asta. Aud cuvintele:

– Nimeni nu mă poate răni acum.

Declarația este absolută și emoțiile rezultate mă fac să mă simt în siguranță. În timp ce continui să respir, privesc corpul fiind violat în mod repetat, în timp ce are loc schimbare după schimbare. Pe măsură ce fiecare nou copil se trezește, conștientizarea violului anterior dispare. Apoi devin conștientă de altă prezență, de copilul care șoptește:

– Nimeni nu poate să mă rănească.

Ea privește de la distanță, crezând că este altcineva care este violat. Crede că a scăpat. *Uau... așa a funcționat multiplicitatea mea!* Făcând o respirație, mă las să simt adevărul că a fost doar un singur corp care a îndurat totul.

– Te rog, Inimă, știu că nu pot face asta fără tine. Ajută-mă să simt că lupta nu a funcționat niciodată!

Respirând lent, devin conștientă că o schimbare se produce în interiorul meu. Simțirile închipuite pleacă și simt... cu adevărat simt... că indiferent ce poveste și-a spus Jennifer, coșmarul i s-a întâmplat doar ei.

– Poți lăsa aceste aspecte ale amintirii să vină acasă la mine, Serena?

– Oh, da, Inimă!

Respirația mea, împreună cu intenția mea permit fiecărei amintiri să vină acasă la Inimă.

– Ce altceva ți-ar plăcea să-mi arăți?

– Vrei să simţi cât de mult iubeşti această energie? Fără judecată. Este important să fii sinceră. Obişnuinţa de a lupta este doar atât, o obişnuinţă. Te-a ajutat să rămâi în viaţă, dar nu mai ai nevoie de ea. Simte că eşti în siguranţă! Nu mai eşti în cult sau instruită de guvern, dar tu te comporţi ca şi cum ai fi, fiind în gardă şi gata să lupţi în orice moment. Eşti încă în gardă, după toţi aceşti ani. Nu mai ai nevoie să trăieşti în felul acesta niciodată.

Vocea Inimii devine blândă, în timp ce adaugă:

– Eşti liberă. Vrei să te laşi să simţi asta?

Respirând în tăcere, simt conştientizarea că sunt liberă înflorind în mine.

– Nu te preface, Serena. Iubirea ta pentru luptă nu s-a terminat încă, dar ai făcut un pas important în integrarea ta astăzi.

Simţindu-mă recunoscătoare pentru ceea ce am realizat, îmi dau seama că impulsul de a o suna pe Mama a dispărut complet, iar în locul lui simt pace.

Capitolul 25: CE ESTE SUFLETUL?

– Ce faci? întreabă Mama, când răspunde la telefon.

– Nu am putut dormi prea bine, din cauza urletului vântului, care mi-a amintit de cineva care țipă.

– Și ce ai făcut?

– I-am cerut Inimii să mă ajute.

– Când spui că i-ai cerut Inimii ajutorul, ce înseamnă?

– Înseamnă că i-am cerut Inimii îndrumare.

– Mă bucur că ai ales să te ajuți noaptea trecută, dar vrei să te joci cu mine un moment? Cine simți că este Inima?

– Este Sufletul meu, Mamă.

– Și îți simți Sufletul în corp?

– Da... îmi simt Sufletul în burtică și în piept.

– Acum, fă o respirație și rămâi deschisă. Deci, unde ești tu în corpul tău? întreabă Mama, în timp ce chicotește ușor.

Răspunzând cu aceeași monedă, râd, pentru că știu că discutăm despre altă credință deformată pe care o am.

– Sunt conştientă că Sufletul meu este în burtica şi pieptul meu şi de aceea şi eu sunt aici... dar nu ştiu în care parte a corpului meu sunt eu.

– Încă insişti că eşti separată, ceea ce este o gândire multiplă. Vrei să fii sinceră şi să-ţi dai voie să vezi Inima aşa cum crezi tu cu adevărat că arată?

– Da...

Închizându-mi ochii, relatez ce văd:

– Faţa ei străluceşte cu o radianţă ce nu este din lumea asta. Ochii ei mă invită să vin acasă, oricând privesc în ei. E frumoasă dincolo de orice descriere şi când îi aud vocea, mă simt confortabil. Simt căldura care mă umple, oricând sunt aproape de ea.

Fac o pauză şi suspin fericită.

Râzând cu bucurie, Mama spune:

– Când eşti dispusă să fii sinceră, amândouă câştigăm. Continuă să simţi: este Inima... cu adevărat Sufletul? Nu-mi da un răspuns rapid, dă-ţi voie să simţi adevărul. Voi aştepta.

Respirând lent, îmi dau voie să simt energia Inimii. Ea este prietena mea de drum; întotdeauna e cu mine şi cunoaşte toate lucrurile. Ea îmi dă indicaţii ori de câte ori am nevoie. Nu ştiu dacă sunt pregătită să renunţ la Inimă pentru ceva mai puţin tangibil.

– Adevărul, Mamă, este că îmi place cum mă simt cu Inima şi ştiu că e o gândire multiplă, dar conceptul de Suflet nu se conectează pentru mine în acelaşi fel.

– Asta este pentru că tu ai creat un pachet psihic în jurul cuvântului „Inimă". Nu sunt aici să te forţez, Serena. Dacă vrei să păstrezi lucrurile aşa cum sunt, e ok pentru mine.

Păstrând percepția despre Inima în vechiul mod este un alt fel de a rămâne blocată și doar îndrumarea Mamei mă poate conduce spre libertate.

– Vreau asta, Mamă. Continuă.

– Îți amintești cât de mult credeai și simțeai că Robbie era real?

– Oh... da.

Zâmbind, îmi amintesc fața lui dulce și pistruiată. Știu că nu era real, dar imaginile vii încă rămân.

– Bine. Ai vrea să-ți dai voie să simți ce ai experimentat cu Inima?

Permițându-mi să mă deschid spre Inimă, simt căldura care mă inundă și sunt umplută de o senzație de siguranță.

– Îmi place această simțire, Mamă.

– Înțeleg, Serena. Este un miracol că ți-ai dat voie să primești atât de mult, dar ai fi dispusă să afli adevărul?

– Da.

– Ridică-ți mâna și uită-te la ea. E acolo? Trebuie să te concentrezi pe ea pentru a o ține aici?

Râzând, pentru că nu este prima dată când îmi sunt adresate astfel de întrebări ciudate, răspund:

– Bineînțeles că nu!

– Bine. Acum respiră și dă-ți voie să simți că Sufletul e aici, la fel ca și mâna ta. Nu trebuie să te concentrezi ca să ai Sufletul aici. A fost întotdeauna cu tine. A fost cu tine prin fiecare experiență și e cu tine acum, la fel ca și mâna ta.

Rămân tăcută și mă gândesc la ce a spus Mama, dar mă simt deconectată de asta.

– Ai vrea să-mi spui ce este Sufletul cu adevărat?

– Desigur, dar vrei să simți ce-ți spun, în loc să-ți asculți mintea?

– Da.

Făcând o respirație, mă scufund mai adânc în burtica mea.

– Sufletul este chiar viața fiecărei ființe umane. Dă-ți voie să simți asta mai întâi. Viața, cu care am lucrat atât de greu să o aducem în corpul tău prin respirația ta, este Sufletul. Cum se simte asta?

– Îmi place asta. Se simte adevărat.

– Când eu respir cu Sufletul meu, declară Mama, sunt în conştiinţa că totul e bine. Această alegere alimentează cu energie vie corpul meu, umplându-mă cu un sentiment de bunăstare și gratitudine.

– Fiecare organ al corpului are o funcţionalitate specifică. Ficatul filtrează sângele, curățând corpul de impurități. Creierul controlează vorbirea, mișcarea brațelor și a picioarelor noastre și funcționarea multor organe din corpul nostru. Creierul tău este un organ fizic în corpul tău, Serena. Pentru majoritatea oamenilor creierul este o unealtă minunată. Înmagazinează date și este antrenat să aibă funcții specifice, cum ar fi vorbitul și scrisul.

– Când deschidem computerul, electricitatea este o scânteie de energie care îi permite să-și îndeplinească funcțiile.

Ridicându-și vocea, Mama subliniază:

– Computerul nu este viu de la sine. Ai înțeles cu adevărat asta, Serena?

– Da... cred că da.

– Opreşte-mă dacă nu mă înțelegi, bine?

Dând din cap da, rămân tăcută. *Ce are asta de-a face cu Sufletul?*

– Mintea este acolo unde gândurile şi emoţiile, credinţele şi imaginaţia sunt depozitate. Dar mintea ta este diferită, Serena. A fost programată chiar de la începutul vieţii tale. În fiecare zi ai experimentat abuzuri, care ţi-au programat mintea cu sisteme de credinţe specifice. Tu şi cu mine am dezmembrat aceste credinţe încet-încet. Mintea ta a memorat regulile şi a devenit paznicul lor rigid. Dacă te opuneai regulilor pe care guvernul şi cultul le-au creat, erai rănită, de multe ori de propria ta persoană. Îţi aminteşti cum obişnuiai să te arzi, ori de câte ori îţi călcai hainele sau foloseai cuptorul? Mult timp ai crezut că a fost un accident, dar după o vreme ai început să te deschizi la posibilitatea că era un copil programat să facă o anumită treabă. Fiecare treabă s-a prezentat ca un copil diferit şi aceşti copii au fost antrenaţi să păstreze secretele cu orice preţ. Ei te ardeau pentru că tu nu ai păstrat secretele. Doar prin integrarea copiilor care au fost programaţi să te ardă, ai fost tu capabilă să te opreşti din a te răni. De aceea am subliniat că nu îţi poţi permite să te înfurii. Tu nu eşti ca alţi oameni. Ai fost instruită să duci furia la extrem, cu intenţia de a te răni. Are sens asta până acum?

– Da, ca niciodată până acum!

– Bine, pentru că atunci când lucrăm cu adevărul, te eliberăm.

– Dar ce legătură are asta cu înţelegerea mea despre ce este Sufletul? întreb eu nerăbdătoare.

– Te rog, Serena, rămâi cu mine. Totul se leagă. Deci... tu ai crezut întotdeauna că vocile din mintea ta sunt vii, pentru că aşa ai fost instruită. Ai trăit atât pe deplin din mintea instruită, că nu ştiai altă cale. Numai prin lucrarea noastră cu fiecare dintre aceste credinţe ai descoperit adevărul şi asta facem şi acum.

– Niciodată nu mi-am dat seama cât de conectate au fost toate, remarc eu.

Chicotind, Norma replică:

– De aceea avem această discuție. Acum... scufundă-te profund în Inima ta și simte: conștientizarea care este în afara programării minții tale, este Sufletul tău. Oprește-te un moment și dă-ți voie să simți ce tocmai am spus.

Vorbind lent, Mama repetă declarația.

– Sufletul este conștientizarea din afara minții tale, Serena.

Respirând liniștită, simt asta.

– Este o cunoaștere, nu-i așa, Mamă?

– Da. Această cunoaștere este propria noastră înțelepciune interioară, scânteia care ne poate îndruma în fiecare moment din fiecare zi. Simți ce spun?

– Da, chiar simt.

Conștientizarea care mă umple nu are nevoie de cuvinte.

– Te rog, Mamă, continuă.

– Când un copil se naște, mintea sa creează anxietate, ca rezultat al noilor experiențe. Poate fi ceva foarte simplu, ca atunci când bebelușul vede o față nouă sau aude un sunet mai puternic. Sperând să calmeze plânsetele bebelușului, părintele va pune o suzetă în gura lui. În timp ce bebelușul suge, eliberează endorfine în corp, creând astfel începutul jocului pe care fiecare om îl joacă până se trezește.

– Cauți să creezi o eliberare emoțională, astfel încât să poți pompa adrenalină în corpul tău; asta fiind soluția ta. Tu îți spui o poveste despre orice din afara momentului prezent și cu acea poveste vine emoția anxietății, care pompează adrenalina. Aceasta este dependența ta, Serena. Apoi, cauți o eliberare din anxietate făcând nenumărate acțiuni ca să continui jocul, care, în cele din urmă, îți dau suzeta de endorfine. Acest efect de du-te-vino îți scurge energia corpului. Mintea te va convinge să-ți fie teamă, ceea ce îți dă o simțire falsă că ai energie, iar apoi începe jocul din nou și din nou. Este un joc epuizant pe care îl joacă oamenii, dar tu poți îl poți opri, dacă alegi. Asta necesită hotărârea ta de a fi sinceră și de a rămâne conștientă. Acesta este singurul motiv pentru care discutăm despre credințele tale legate de Inimă și Suflet. Ce simți despre ceea ce am împărtășit până acum?

– Ai spus multe.

– Știu, pentru că toate sunt legate. Simți asta?

– Da, Mamă, și sunt pregătită să dau drumul ideii mele despre Inimă, pentru a descoperi adevărul despre Sufletul meu.

– Mă bucur, pentru că noțiunea de Inimă și Zână sunt pentru un copil care trebuie să se ascundă, dar tu nu mai ești un copil.

În ciuda hotărârii mele de a renunța la ideile mele despre Inimă, mă simt anxioasă, dar, în același timp, simt tăria alegerii mele.

– Joacă-te cu ideea că fiecare om pe care-l întâlnești este de fapt un Suflet în formă fizică, sugerează Mama. Ai avut o anumită idee despre ce este Sufletul, care nu se potrivea cu credințele tale despre cine ești. Ce crezi că este Sufletul?

Când mă gândesc la Suflet, simt plenitudine. Relatându-i Mamei asta, spun:

– Sufletul este frumos, atotcunoscător, nu face greșeli niciodată... știi tu, mai bine decât a fi om.

– Da, spune Mama, și ce este omul?

Ezit, înainte de a răspunde. Sunt conștientă de ura răspunsului meu din minte și nu mă interesează asta. Șovăielnic, declar încet:

– Un om este cineva care trăiește într-un corp.

Am încercat să simt ce ar putea fi mai mult, dar... nimic.

– Chiar nu știu cum să descriu ce este o ființă umană, Mamă.

— Nu-i aşa că e distractiv să descoperi că nu ştii? Aceasta lasă loc pentru descoperire. O fiinţă umană este, simplu spus, un Suflet care vine într-un corp pentru a avea o experienţă fizică. Majoritatea oamenilor vor ca Sufletul să fie ceva special. Ei vor ca el să fie acel lucru minunat, care e separat de viaţa zilnică pe care o trăiesc oamenii, dar nu este adevărat. Sufletul tău este esenţa vie a ta şi Sufletul meu este esenţa mea vie. Fiecare om de pe această planetă are propria energie vie a Sufletului, unică, în interiorul lui. Dacă îi permiţi Sufletului tău să fie aici, această esenţă îţi poate îndruma fiecare pas al vieţii tale. De aceea te-am tot pus să observi dacă e mintea sau Sufletul tău pe care le asculţi. Atâta timp cât vrei ca Sufletul să rămână separat, vei continua să fii în minte.

— Vreau ca Sufletul meu să fie cineva la care să apelez pentru confort şi îndrumare, dar asta mă ţine blocată, nu-i aşa?

— Da. Respiră acea parte acasă, la Sufletul tău, Serena. Fii blândă cu tine. Când vei merge la serviciu, priveşte fiecare persoană cu care interacţionezi şi dă-ţi voie să simţi adevărul. Nu merge în minte. În schimb, dă-ţi voie să simţi. Asta îţi va permite să descoperi un adevăr de care încă nu eşti conştientă.

— Mă simt mai bine ştiind că am timp să observ asta, răspund eu.

— Asta e minunat. Putem vorbi despre asta altă dată. O zi bună, Serena.

— Pa, Mamă.

*****

    Îmi doream ca Sufletul meu să fie în afara mea, aşa încât atunci când aveam o problemă, să pot merge la ea pentru răspuns. Dar asta m-a ţinut blocată şi m-a făcut să mă port ca un copil. Am observat că atunci când am dorit adevărul mai mult decât ceea ce pretindeam, am simţit o linişte profundă în interiorul meu. Am învăţat că aceasta era energia autentică a Sufletului meu. Cu cât simţeam mai mult această dulce pace, cu atât mai mult mi-o doream. A devenit barometrul meu. Dacă simţeam vreun fel de teamă, ştiam că mi-am abandonat centrul pentru a crea o poveste de frică în mintea mea, dar odată ce am descoperit adevărul şi am integrat povestea, întotdeauna am simţit cum liniştea se întoarce.

Capitolul 26: **ASPECTE**

– Conduc! Mă învârt cu mașina în jurul vechii parcări Alberston și sunt entuziasmată de această realizare.

– Respiră, Serena. Nu va fi de ajutor dacă ești prea entuziasmată. Concentrează-te și schimbă viteza. Auzi cum sună motorul? Îți spune că e timpul să schimbi viteza.

Dând din cap da, schimb viteza și simt imediat diferența.

– Te descurci grozav. Ești pregătită să încerci să conduci pe strada ta? Atunci vei experimenta cum este să ai mașini care trec pe lângă tine.

Schimbând locurile, Norma conduce pe distanța scurtă, înapoi la strada unde locuiesc.

Știind că sunt copii care se joacă pe stradă, asta mă face să fiu nervoasă.

– Ce se întâmplă, Serena? Îți asculți mintea sau ai încredere în Sufletul tău? Crezi că ai fi condus, dacă nu știam că ești pregătită?

Sunt surprinsă că ea știe ce gândesc. Aducându-mă înapoi în momentul prezent, mă uit în jur și respir intenționat. Mă concentrez, permițându-mi să mă conectez mai deplin cu corpul.

Parcând mașina la câțiva metri de casa mea, Mama se întoarce spre mine.

– Ai suficientă încredere în tine ca să-ți dai voie să conduci, să-ți dai voie să ai libertate? Sufletul tău are încredere în tine, dar dacă tu îți asculți mintea, atunci nu o ignora. Ce îți spune?

– Spune că nu se poate avea încredere în mine.

– Crezi asta?

– Da, pot simți că e adevărat.

– Nu, tu ești singura care creează emoția bazată pe amintire. Observă: ai încredere în mintea ta mai mult decât în Sufletul tău?

Simțindu-mă învinsă, îi arunc o privire care reflectă ce simt.

– Dacă vrei să fii victima, atunci am terminat pentru astăzi. Trebuie să alegi, Serena. Ce vrei?

– Vreau să conduc!

– Atunci, alege. Condusul îți va oferi libertate. Vrei asta?

– Da, vreau!

– Ai de gând să-ți lași mintea nemiloasă să aleagă pentru tine? Iată ce înseamnă libertatea: tu alegi pentru tine. Poți simți ce spun?

Fără să răspund, dau din cap da și deschid portiera pentru a schimba locul cu Mama. Pornind motorul, mă uit înainte de a ieși pe drum. Ajungând la capătul străzii, întreb:

– Mă simt mai încrezătoare. Putem merge pe o stradă mai aglomerată, acum?

– Nu, asta nu te va ajuta. În schimb, vreau să te obișnuiești cum e să simți că ești din nou la volan. Condu pe stradă și fii atentă la ce îți spune mintea, în timp ce conduci.

După ce conduc de câteva ori în susul şi în josul străzii mele, mintea mea tace, în cele din urmă.

– Mă descurc grozav, nu-i aşa?

Zâmbindu-mi, Mama întreabă:

– Cum se simte asta, să ştii că te descurci minunat?

– Se simte bine! declar eu emfatic.

– Aşa se simte şi libertatea. Poţi face orice alegi. Ai făcut asta tot timpul, dar a fost dintr-un loc al fricii şi te-a rănit. Acum, hai să ne întoarcem acasă la tine, ca să putem lucra.

*****

– Sufletul meu ar vrea să vorbeşti despre aspecte. Ce sunt aspectele? întreb eu.

– Îţi aminteşti cum credeai că Robbie era real?

– Încă simt că era real cumva... ştiu că era o personalitate, dar încă pot să-i văd imaginea atât de clar...

– Înţeleg asta, Serena. Aşa că, hai să o luăm mai uşor, ca să poţi avea claritate. Ce crezi tu că este o personalitate?

Ce este o personalitate? Nu m-am gândit prea mult la asta până acum.

– Chiar nu ştiu... ştiu că personalităţile din sistemul meu nu erau fiinţe umane vii, dar pentru mine păreau aşa reale.

– Asta te-a ţinut în viaţă, Serena. Dacă nu ai fi crezut că erau reali, multiplicitatea ta nu ar fi funcţionat şi tu ai fi putut să mori sau să înnebuneşti. Ai vrea să-ţi întrebi Sufletul ce este o personalitate?

Deschizându-mă, relatez cuvintele Sufletului exact aşa cum le aud:

– Când Jennifer era copil, viaţa era prea descurajatoare, aşa că au fost create pachete de energie psihică care să o ajute să rămână în viaţă şi sănătoasă la minte. Aceste pachete sunt personalităţile şi fiecare a fost creată pentru a face o treabă specifică.

– Bine, opreşte-te o clipă: ai înţeles ce a zis? întreabă Mama.

– Cumva...

– Nu vei înţelege aceasta din conştientizarea minţii, Serena, aşa că opreşte-te o clipă şi scufundă-te mai adânc în inimă.

În timp ce respir în următoarele câteva minute, dau drumul oricărei rezistenţe pe care o am.

– În regulă, Mamă... sunt pregătită.

– Bine. Sufletul a creat aceste personalităţi din propriul tău bazin de energie, Serena. Aceste pachete psihice de energie păreau atât de reale că ai crezut că erau vii. Ai înţeles asta?

– Sigur că da, Mamă!

– Cu Sufletul, subliniază Mama, orice e posibil. Viaţa dată de Sufletul nostru este energia lui Dumnezeu şi cu Dumnezeu orice este posibil. Când tu crezi minciunile minţii care spune că nu poţi, rămâi limitată, pentru că tu creezi din frică. Dar când creezi din splendoarea Sufletului tău, ai un rezultat complet diferit. Aceste personalităţi au fost create din sclipirea Sufletului tău, pentru a te ţine în viaţă, orice ar fi. M-ai înţeles până aici?

– Da... şi simt recunoştinţă pentru Sufletul meu, pentru fiecare personalitate pe care a creat-o!

– Mă bucur, Serena. Gratitudinea îți deschide inima. Chiar am parcurs un drum lung, de la zilele când tu doreai doar să te debarasezi de ele. Acum, întreabă-ți Sufletul dacă mai e ceva ce vrea să adauge.

Ascultând, repet cuvintele Sufletului în timp ce le aud:

– Când Robbie s-a născut în sistem, în acel moment în care a fost creat, el a fost făcut să facă o treabă anume.

Oprind curgerea conștientizării, intervin:

– El era un protector, Mamă!

– Rămâi cu ceea ce-ți spune Sufletul, te rog, mă sfătuiește Mama.

– Sufletul spune că Robbie era un container pentru veselia vie din mine, răspund eu.

Continuând să împărtășesc cuvintele Sufletului, spun:

– În timp ce Jennifer a experimentat abuz zilnic și a învățat în mod categoric că a fi autentic însemna că ea ar trebui să sufere, eu am înfășurat acele părți fragmentate ale copilului autentic într-un cocon de compasiune și le-am pus să doarmă. Aceasta a ținut întregul vostru în viață. Am creat pachete psihice de energie conștientă sau personalități din bazinul tău, pentru a duce viața mai departe. Aceste personalități erau costume pe care Jennifer le purta pentru a se ascunde în spatele lor, iar Robbie a fost unul dintre aceste costume.

– Oh, Mamă... asta mă atinge la inimă.

Făcând o respirație, adaug:

– Îmi amintesc ceva. Te rog, dă-mi o șansă să-mi recapăt respirația.

– Nu sunt deloc grăbită, Serena. Avem toată ziua.

Închizându-mi ochii, mă așez mai profund în corpul meu, deschizându-mă liniștii Sufletului meu.

– Bine... acum pot împărtăşi ceea ce mi-am amintit. În spital, Robbie era foarte deschis. Avea un simţ al umorului atât de minunat. Îi făcea pe doctori şi pe pacienţi să râdă. Eram surprinsă de abilitatea lui de a atrage oamenii. Nu părea să-i fie frică niciodată.

– Ai dreptate, Serena. Asta nu făcea parte din natura lui. Poţi simţi asta?

– Da... asta nu era treaba lui, nu-i aşa? El a fost creat să conţină veselia mea vie şi asta îi ţinea pe toţi în viaţă! exclam eu entuziasmată.

– Nu crea emoţii mari, Serena, mă sfătuieşte Mama. Avem nevoie ca tu să rămâi împământată, astfel încât să putem ţese piesele împreună, pentru ca tu să ai o claritate deplină. Deci... Jennifer a învăţat ca niciodată să nu lase pe nimeni să ştie adevărul despre ceea ce ea simţea sau gândea. Ea a învăţat foarte devreme să se prefacă. Aceasta a fost o parte a instruirii făcută de guvern şi de cult. Pe vremea când ea avea cinci ani, toţi copiii autentici au fost puşi să doarmă de către înţelepciunea Sufletului tău. Ai priceput asta?

– Da... dar cum se raportează asta la aspecte? întreb eu.

– Ajungem acolo. Te rog, scufundă-te mai adânc în inima ta, astfel încât să poţi auzi următoarea parte din compasiune.

Zâmbindu-mi, Mama aşteaptă.

Dau din cap da, cu promptitudine şi ascult în tăcere.

– Ce ar fi dacă fiecare personalitate era doar un aspect al amintirii şi nimic mai mult? Cum s-ar simţi asta pentru tine?

– Ce? replic eu. Cum poate să fie aşa? Spui că fiecare personalitate pe care o ştiam a fost doar amintire şi nimic mai mult?

– Da. Poţi fi suficient de curajoasă pentru a face faţă acestui adevăr? întreabă cu bunătate Mama.

– Dar... atunci, eu sunt un aspect? întreb îngrijorată. Şi eu am fost născută în sistem de asemenea.

– Pune-i Sufletului tău această întrebare şi ascultă cu atenţie, te rog.

Simţind anxietate, fac o respiraţie şi îmi închid ochii pentru a auzi mai uşor răspunsul Sufletului.

– Tu nu eşti un aspect, Serena, pentru că tu eşti cea care alege conştient în corp. Dar la început ai trăit în mijlocul haosului tuturor celorlalte personalităţi inconştiente de cine erai tu cu adevărat. Şi una din treburile tale a fost să înveţi cum să opreşti schimbarea în alte personalităţi. Pe măsură ce ai ales să respiri, în locul fricii, şi ai descoperit adevărul despre cum fusese viaţa ta, ai rămas cu mine în compasiunea Sufletului, iar asta ţi-a permis să cunoşti stabilitatea pentru prima oară. Această stabilitate a fost începutul formării tale ca fiinţă autentică.

– Asta e minunat, Mamă! Această lucrare părea aşa de lentă şi câteodată mă întrebam dacă mă voi integra vreodată, dar aceasta mi-a arătat ţesătura miraculoasă pe care a făcut-o Sufletul meu. Totul se potriveşte! exclam eu voioasă.

– Da, Serena. Fiecare personalitate a avut treaba ei, iar treaba ta a fost să dai naştere conştiinţei umane autentice în corp, astfel încât întregul tu să poată trăi. Sufletul, Jennifer şi toate celelalte personalităţi sunt părţi din întregul energetic care eşti tu. Dar cât timp ai fost deconectată de corpul fizic, ai fost lipsită de putere. De aceea a trebuit să te conectăm cu corpul tău. Cât timp ai ascultat de instruirea minţii tale, nu ai putut face alegeri care să te ajute. De aceea ne-a luat atât de mult. Pe măsură ce am integrat fiecare aspect al amintirii împreună cu durerea lui în inima ta, tu ai devenit mai puternică şi mai împământată în corpul tău, ceea ce te-a împuternicit să faci alegeri care să te ajute.

– Uau! Chiar înţeleg, Mamă! Deci, când o persoană intră în frică şi inspiră... creează un pachet energetic de amintire care are nevoie să fie integrat.

Acea inhalare în frică ține amintirea în afara lor, până când ei o respiră acasă, la energia Sufletului lor!

– Noi suntem ființe energetice mereu creatoare, nu-i așa? Indiferent dacă e din frică sau iubire, noi facem creația.

– Da, afirmă Mama. Le-am spus studenților mei că e similar cu a lua o pungă de plastic și a-ți pune amintirea în ea. Noi o sigilăm strâns și o punem într-un spațiu din noi înșine, până când suntem capabili să o recuperăm și să o aducem acasă în măreția a ceea ce suntem. La asta se referă integrarea reală, Serena.

– Mintea mea nu ar fi putut orchestra niciodată această integrare, Mamă!

Râzând în liniște, Mama este de acord.

– Pe măsură ce devii conștientă de gândurile tale, întreabă-te: sunt pline de judecată, furie sau teamă? Dacă faci asta, atunci vei ști că un aspect al amintirii a apărut pentru integrare. Când te simți anxioasă, acest lucru îți permite să știi că un aspect de mai demult este aici. Când încetinești respirația și simți: „Simt o emoție bruscă sau dură? Mă simt provocată?" și răspunsul este da, atunci știi că este un aspect. Energia fricii folosește acele tipuri de tactici.

– Dar dacă provine din Sufletul tău sau e o simțire personală adevărată, atunci vei fi umplută de o experiență caldă și grijulie. Sufletul tău te invită să primești iubirea lui, să te deschizi spre creștere, înțelepciune și noi posibilități. Acele energii sunt toate susținătoare și liniștitoare, iar liniștea dă de gol că este Sufletul. Judecata, în aceeași măsură, dă de gol că este mintea; și dacă este mintea, este o credință veche sau un aspect, subliniază ea. Poți da acel aspect Sufletului tău și ai terminat cu el. Ești dispusă să te iubești atât de mult, Serena?

Dând din cap aprobator, răspund încet:

– Oh, da... pot simți ce spui. Am crezut în frică atât de mult, dar am obosit să trăiesc așa.

– Mă bucur, Serena. Jocurile fricii tale nu sunt niciodată mai mărețe decât adevărul a cine ești tu. Când respiri și îți permiți să simți energia Sufletului tău, știi că nu există nimic care să te poată seduce din adevărul lui Eu sunt.

Pe măsură ce continuă să vorbească, cuvintele ei curg cu ușurință.

– Ascultă asta: aspectele nu sunt niciodată vocea lui Dumnezeu. Ele sunt doar jocuri ale fricii, care te fac să uiți cine ești. Sufletul tău a creat fiecare aspect pentru a o ajuta pe Jennifer să facă față vieții de zi cu zi, dar tu ești adultul, Serena. Poți să faci noi alegeri. Acesta este miracolul despre care vorbim cu adevărat astăzi. Compasiunea este o experiență pe care mintea nu o poate înțelege niciodată. Când operezi dintr-un tărâm mai profund, ți se poate deschide o viață mai plină.

– Învățând să diferențiezi vocea care vine din minte de vocea Sufletului, începe această deschidere. Vocea din cap spune că ar trebui, trebuie, că ai greșit; dar vocea Sufletului ne spune cât de uimitori suntem, cât de iubiți suntem, cât de fantastici suntem. Sufletul nostru ne onorează și ne încurajează; nu ne judecă niciodată. Ea ne susține cu iubire pură, indiferent ce facem sau ce experimentăm.

Pe măsură ce Mama continuă, îmi aud Sufletul șoptind:

– Da. Da.

– Această compasiune este nesfârșită, în fiecare moment din fiecare zi, în fiecare moment din fiecare noapte. Este în fiecare om, Serena. Te așteaptă să faci alegerea. Cu cât rămâi în mod constant în liniște, cu atât vei începe să simți mai mult vibrația radiantă care se deplasează efectiv prin corpul tău și se extinde în afară. Când ne activăm esența din acest tărâm, radianța care curge este această acceptare rafinată a sinelui, numită compasiune. Vrei această compasiune, Serena?

– Oh, da, Mamă!

– Vreau să te joci cu mine; scoate-ți caietul și trasează o linie verticală pe mijlocul paginii. În partea dreaptă a paginii, scrie ce îți spune mintea și în partea stângă, scrie ce spune Sufletul tău.

Îmi iau caietul și trasez o linie pe mijlocul paginii.

– Bine. Ce spune mintea ta chiar acum? întreabă Mama.

Scriind rapid, deoarece cuvintele vin repede, spun:

– Mintea mea te urăște și spune că astea sunt o grămadă de minciuni!

– Da. Observă cât de amenințată este mintea ta de ceea ce vorbim. Acesta este aspectul amintirii, instruit să te țină blocată. Acum, ascultă-ți Sufletul și scrie cuvintele ei.

Spre deosebire de minte, cuvintele Sufletului meu sunt calme și negrăbite.

– Sunt mândră de tine. Te descurci minunat. Este nevoie de curaj pentru a continua să înfruntăm adevărul. Cuvintele minții tale au ca scop să înlăture frica, dar ele fac contrariul, de fapt, ajutand-o să crească. Poți avea încredere în mine să te îndrum?

Observând că mă simt bine în timp ce scriu aceste cuvinte, le citesc cu voce tare.

– Poți simți diferența în cuvintele Sufletului tău? Pe care din ele vrei să le asculți?

– Îmi plac cuvintele Sufletului meu, răspund cu adevărat.

– Bine. Atunci vei exersa scrierea cuvintelor atât din mintea ta, cât și din Sufletul tău, astfel încât să poți deveni mai conștientă?

– Da, pot face asta!

– Aminteşte-ţi, Serena, noi suntem biscuiţii Oreo. Nimic nu s-a schimbat. Sunt mândră de tine. Dacă nu continuai să progresezi, aş fi încetat demult să mai lucrez cu tine.

Simţindu-mă inspirată, exclam:

– Mulţumesc pentru asta! Voi scrie cuvintele atât din Sufletul meu, cât şi din mintea mea, astfel încât să pot fi mai conştientă. Ştiu că asta mă va ajuta!

Zâmbindu-mi, Mama adaugă rapid:

– Am vrut să te întreb dacă ştii ce este Tulburarea de Stres Post-Traumatic?

– Doctorul Barnes mi-a spus că am avut asta, dar el a numit-o PTSD. A spus că de aceea mă comutam tot timpul. Obişnuiam să ţip isteric când cineva intra în cameră, chiar dacă ştiam că urma să intre. El a spus că PTSD-ul meu a fost motivul pentru care mă declanşam atât de uşor.

– Da, replică Mama. Tulburarea de Stres Post-Traumatic este ce se întâmplă atunci când oamenii au perioade prelungite de traumă. Ei sunt într-un ciclu de amintiri, blocaţi într-o buclă, unde cea mai mică provocare determină declanşarea lor. Munca pe care am făcut-o ţi-a permis să integrezi cu adevărat, motiv pentru care, eu şi Sufletul am putut avea încredere că ai putea începe să conduci astăzi. PTSD-ul tău a fost cu adevărat vindecat.

Ridicându-şi vocea cu sinceritate, întreabă:

– Ai înţeles ce miracol eşti?

Realizând cât de mult m-am schimbat, răspund:

– Da, Mamă. Simt asta. Nu mai sunt doar cuvinte pentru mine.

Zâmbind, Mama spune:

– Abia după ce am venit în Colorado ai început să experimentezi ce înseamnă să te simți în siguranță. Siguranța adevărată a permis PTSD-ului să înceapă să fie integrat. Am folosit cuvântul „siguranță" de multe ori înainte, dar știam că era o experiență necunoscută pentru tine. Era o teorie, o idee, legată de nimic. Siguranța autentică a început încet, în timp ce stăteai întinsă pe canapea și priveai la televizor. Ți-am distras mintea cu o poveste captivantă de la televizor, suficient de mult timp pentru a te ajuta să te conectezi la simțirea că erai în siguranță. Puteai să-ți simți pielea și puteai să-ți auzi propriile bătăi ale inimii și astfel ai început să simți un nivel de confort în corpul tău, pe care nu l-ai mai avut niciodată. Încet, ți-am trezit conștientizarea că corpul tău era în siguranță.

– Compasiunea a fost elementul cheie. Pe măsură ce te trezeai, Sufletul și cu mine am început să-ți inoculăm ideea că ai fi putut să te simți în siguranță în timp ce erai așezată pe toaletă. Sufletul te-a ajutat să te simți în siguranță în timp ce amestecai ceva pe aragaz. Acest lucru a fost făcut lent, astfel încât creierul să poată fi recablat. Asta ți-a permis să cunoști cuvintele „în siguranță" ca pe o experiență reală.

– Îmi amintesc că am făcut prăjiturele cu ciocolată și am simțit așa o bucurie în timp ce le făceam. Acea bucurie m-a hrănit, nu-i așa?

– Da, Serena. Asta a început să te împământeze în corpul tău, permițându-ți să experimentezi viața diferit.

– Sunt atât de recunoscătoare.

– Faptul că urmărești atât de ușor această conversație, ne arată amândurora cât de mult te-ai schimbat.

– Simt asta, Mamă. Am făcut alegerea – nimeni altcineva nu a făcut-o! Indiferent de câte ori am căzut, întotdeauna m-am ridicat din nou.

– Da, spune Mama. Tu ești cea care a creat asta, din pasiunea ta de a integra. De aceea, astăzi este o zi memorabilă! Tu ai făcut alegerea de a-ți da voie să conduci. Nimeni altcineva nu a făcut asta, doar tu, Serena.

Capitolul 27: **UN NOU ÎNCEPUT**

Intenționez să merg la un festival de film în care debutează fiul meu, Tim, cu un documentar pe care l-a realizat. Nu l-am văzut de șaptesprezece ani. M-am întâlnit cu Stephen și Aaron de câteva ori, dar nu am fost împreună ca familie de când i-am dus în Carolina de Nord în 1998. Am sperat că ne vom putea reuni de această dată, dar Aaron trebuie să lucreze.

Închizând ușa de intrare, ridic privirea și văd o mulțime de stele strălucind pe un cer imens și întunecat. Ridicându-mi brațele către ceruri, râd cu bucurie și strig:

– Sunt în viață!

În timp ce conduc spre poalele muntelui, mă simt liniștită, înfășurată într-un cocon de bucurie pașnică.

Luând loc în zona de îmbarcare, îmi închid ochii și respir. Pe măsură ce inspir, sunt uimită că, în ciuda activității din jurul meu, sunt complet liniștită. Zborul este scurt și într-o oră avionul a aterizat. Aeroportul este mic, iar zona de recuperare a bagajelor este aproape. Îl văd pe Stephen făcându-mi cu mâna. Merg repede pentru a scurta distanța dintre noi. Îl îmbrățișez strâns și apoi întreb:

– Unde este Tim?

– Este într-o conferință de presă. A spus că se va întâlni cu noi mai târziu. Îmi pare rău. Știu cât de mult ai vrut să-l vezi.

Surprinsă de propria mea reacție, răspund cu ușurință:

– E în regulă. Tim este într-o conferință de presă? Uau, asta e ceva!

– Cred că îți va plăcea filmul lui, Mamă. Am văzut o bucată ne-editată și am fost impresionat.

– De-abia aștept să-l văd!

– Hai să îți luăm valiza și să mergem la hotel. Ești obosită, Mamă? Ai nevoie să tragi un pui de somn?

– Nu, mă simt grozav.

Stând în fața zonei de bagaje, ne uităm la valiza mea cum vine.

– De ce ai împachetat o valiză atât de mare pentru doar trei zile? întreabă Stephen chicotind.

– Am vrut să fiu sigură că am tot ce îmi trebuie.

Trăgând valiza pe podea, Stephen apasă pe o clapetă din partea de sus a ei și scoate un mâner.

– Nu am știut că era acolo!

Arătând cu degetul spre cureaua atașată pe o parte a valizei, spun:

– Am folosit acea curea să trag valiza după mine. Chiar mi-ar fi fost mai ușor să merg cu ea dacă aș fi știut că acel mâner era acolo!

– Oh, Mamă, râde Stephen. Se vede că nu călătorești mult.

– Da, așa e. E mare lucru pentru mine și sunt recunoscătoare să împărtășesc asta cu tine și cu Tim.

*****

Camera mea de hotel este la primul etaj. Deschid fereastra pentru a lăsa aerul proaspăt să intre și încep să despachetez.

– Ai servit deja prânzul? întreabă Stephen.

– Nu. Vrei să ieșim să mâncăm?

– Eu tocmai am mâncat, răspunde Stephen, dar pot merge la băcănie să-ți aduc câte ceva. Ți-ar plăcea asta?

– Da, iar în timp ce ești plecat, eu mă pot întinde pe pat pentru câteva minute.

– Mă întorc într-o clipită, îmi spune cu bucurie, în timp ce închide ușa în spatele lui.

Mă întind pe patul foarte mare și îmi închid ochii. Lacrimi de recunoștință îmi alunecă pe obraji.

– Îți mulțumesc, Suflete, pentru că mi-ai dat acest timp cu fiii mei.

– Ești foarte iubită, Serena. Bucură-te de acest timp, pentru că tu ești singura care ți-ai oferit acest dar.

Zâmbind, o sun pe Mama de pe telefonul mobil pe care mi l-a împrumutat.

– Sunt aici, Mamă!

– Bine! Cum a fost zborul?

– A fost bine. Mi-a fost teamă când avionul a început să ruleze pe pistă, dar Sufletul m-a asigurat că totul era în regulă și am fost ok apoi.

– Întreabă-ți Sufletul dacă mai e ceva de care ar trebui să fim conștiente.

– Spune că mă descurc grozav!

– Sper că realizezi că tu ți-ai dat acest dar prin munca pe care ai făcut-o ca să te integrezi.

– Știu asta. Am simțit-o dintr-un loc din afara minții, care mi-a permis să simt un sentiment mai profund de iubire de sine.

– Sunt atât de bucuroasă, scumpo.

– Oh, iată-l pe Stephen. A mers să-mi aducă ceva de mâncare de la băcănie. Putem vorbi mai târziu?

– Desigur.

Stephen intră și pune alimentele în frigider. Trebuie să plece din nou, dar se va întoarce cu Tim să mă ia peste câteva ore. Hotărăsc să mă întind din nou și să încerc să dorm, astfel încât să pot fi odihnită în această seară.

Două ore mai târziu, Tim sună:

– Așteaptă-ne în holul de la intrare, spune el. Vom ajunge acolo în cinci minute. Abia aștept să te văd, Mamă.

Închid telefonul și arunc o ultimă privire în oglindă. Apuc poșeta, fac niște respirații profunde și lente, încercând să-mi calmez emoțiile care se adună în interiorul meu.

Când merg în hol, mă grăbesc spre Tim. Îl apuc într-o îmbrățișare strânsă. Se simte atât de bine să-l țin în brațe. Mă dau puțin în spate să mă uit la fața lui, râzând cu o bucurie pură.

– Bună, Mamă!

– Oh, Tim...

De-abia pot vorbi fără să plâng.

– Îți mulțumesc că ai venit. Nu știam dacă puteai, spune el liniștit.

– Da, sunt atât de bucuroasă că am putut veni.

Am vrut să-i spun că nu aş fi lipsit pentru nimic din lume, dar asta ar fi fost o minciună. Totul a fost pe locul doi, după integrarea mea, chiar şi proprii mei fii. Ştiam că dacă nu fac din integrare o prioritate, nu aş fi putut sta în preajma lor, să ajung să fac parte din viaţa lor. Am lipsit de la festivităţile de absolvire a colegiului, de la nunţile lui Aaron şi Stephen şi de la numeroase alte lucruri care au marcat trecerea timpului. M-a durut inima de dorul lor, dar a trebuit să pun vindecarea mea pe primul loc. Asta a necesitat un nivel de angajament dincolo de orice aş fi putut visa vreodată.

Privind acest bărbat care este fiul meu, am realizat că au crescut cu toţii. Cu o statură de 1,75 m., ochi albaştri şi păr blond, el e nou pentru mine. Aruncând o privire spre fratele lui, zâmbesc cu recunoştinţă că aceşti doi indivizi sunt în viaţa mea.

– Vom merge la hotelul nostru ca să ne îmbrăcăm, spune Tim. Apoi vom merge la teatru pentru a ne asigura că sunetul funcţionează bine.

– Nu-mi pasă unde vom merge, răspund fericită. Faptul că suntem împreună e tot ce contează.

– Minunat, Mamă. Oh... să nu fii surprinsă de dezordinea din camera noastră. Suntem cinci care ne înghesuim în ea!

– Tim, ar trebui să vezi camera ei! exclamă Stephen. E mai mare decât a noastră, are frigider, televizor, un bar şi fereastra ei chiar se deschide. Ar fi trebuit să stăm acolo, plus că am fi cheltuit mai puţini bani!

– N-am fi putut, spune Timothy. Comitetul festivalului de film a dorit ca toţi participanţii să stea într-un loc. Sunt o mulţime de jurnalişti şi au nevoie să ne poată găsi repede.

– Oh, bine, mormăie Stephen. M-am gândit doar la banii pe care-i cheltuim.

Trăgând cu ochiul în camera lor, râd liniştită. Cu două paturi normale şi trei paturi pliante, plus electronice, haine, pantofi, gunoaie, sticle de bere aruncate peste tot, cuvântul dezordine este o afirmaţie modestă. Dând la o parte nişte haine de pe un scaun, mă aşez şi aştept ca fiii mei să se îmbrace.

– Eu sunt pregătit, dar Tim are nevoie de mai mult timp, spune Stephen, trăgându-şi chitara din husă.

– Ţi-ar plăcea să-ţi cânt ceva?

– Cântă o melodie de-a lui John Denver, îl îndemn eu.

Zdrăngănindu-şi chitara, Stephen începe să cânte „Rocky Mountain High".

Vocile noastre nu sunt cele mai bune, dar nu-mi pasă. Se simte bine să cântăm împreună. Când fiii mei creşteau, cântam John Denver ore în şir. Muzica lui îmi dă speranţă, mulţi ani mi-a păstrat credinţa că viaţa va fi cândva bună.

– Cântă altceva! am cerut eu cu entuziasm.

– Ce zici de „ Hallelujah"? Am exersat-o de ceva vreme, spune cu mândrie Stephen.

– Iubesc acel cântec!

Pe măsură ce Stephen cânta, recunoştinţa mă umple de simt că explodez. De-abia îmi pot stăpâni bucuria. În timp ce fac câteva respiraţii profunde în burtica mea, frec marginea scaunului pe care stau aşezată. Asta este aici şi acum, îmi spun mie. Nu îmi pot lăsa bucuria să crească prea tare, pentru că nu voi rămâne împământată, dar acest moment va rămâne gravat în memoria mea.

– Sunt gata. Hai, să mergem! ne cheamă Tim.

Punându-şi chitara înapoi în husă, Stephen se ridică şi îmi dă o îmbrăţişare.

– Sunt atât de bucuros că ai venit. Mi-ai lipsit, Mamă.

– Oh, Stephen.

Îmbrăţişându-l înapoi, îmi reţin lacrimile.

– Nu pot să-ţi spun cât de fericită sunt să fiu aici cu voi.

*****

Tim a avut prieteni la facultate, profesionişti şi mai mulţi muzicieni nominalizaţi şi câştigători ai premiului Grammy, care au contribuit la producţia filmului său. Spectacolul este pe cale să înceapă. Am fost la filme de sute de ori, dar niciodată nu am stat într-un teatru, în întuneric, pregătită să vizionez un film creat de propriul meu fiu. Îmi doresc să le placă tuturor. Îmi doresc să-mi placă mie. Dacă nu îmi place? Dându-mi seama că sunt în minte, fac o respiraţie şi cobor mai adânc în inima mea.

Modul în care Tim prezintă publicului cele două personaje principale este uimitor. Prin filme făcute acasă, ne arată inocenţa acestor doi băieţi tineri. Râd cu publicul când unul dintre băieţi se clatină şi se zbate în timp ce cântă în recitalul său de la grădiniţă.

În timp ce publicul râde, Tim se apleacă şi şopteşte:

– Este minunat. Râd în toate momentele potrivite. Nu ştiam că se va simţi atât de bine.

Luându-l de mână, îi şoptesc:

– Este un film minunat, Tim. Ar trebui să fii mândru de tine, pentru că eu sunt.

Pe măsură ce povestea se derulează, orientarea sexuală a băieţilor şi „bully-ingul” pe care îl suportă devin tema principală a filmului. Unul dintre băieți răspunde, luând atitudine pentru el însuși, vorbind public și nepermițând cruzimii să-l învingă, în timp ce celălalt copil interiorizează abuzul exterior și se retrage mai mult în sine. Simt compasiune pentru ambii copii și admir curajul copilului deschis. Dar, cu adevărat, mă identific mai mult cu băiatul care credea ce spuneau alții despre el, care îl terorizau. În cele din urmă, băiatul care a interiorizat agresiunea psihică se sinucide, în timp ce băiatul care a vorbit împotriva intoleranței crește în maturitate și grație.

În timp ce aplauzele umplu sala de spectacole, mă uit la Tim. Zâmbește și dă din cap aprobator.

— Ți-am spus eu că le va plăcea! spune Stephen.

— A fost minunat, Tim!

— Mulțumesc, Mamă, spune el, strângându-mi mâna.

— Acum trebuie să răspund la întrebările reporterilor și a celor din sală. Rămâi aici.

*****

Așezată la terasa unui restaurant italian, câteva ore mai târziu, îmi privesc fiii, membrii echipei de filmare și familiile celor doi băieți din documentarul lui Tim cum interacționează. Pe măsură ce se lasă seara, râsul lor se aude tot mai tare. Făcută sandviș între Stephen și Tim, sunt tăcută. Bate vântul și mă simt înfrigurată.

— Poftim Mamă, ia jacheta mea, oferă Stephen.

— Nu, ia-o pe a mea, se va potrivi mai bine, oferă Timothy cu amabilitate, ridicându-se în picioare.

Punându-mi-o pe umeri, mă mângâie ușor pe spate, înainte să se așeze la loc.

Aplecându-se, Stephen șoptește:

– Ești obosită? Vrei să te întorci la hotel?

– Aș aprecia asta. După ce vom mânca cina, voi fi gata de plecare.

*****

Întorcându-mă la hotel, mă strecor în cada extra-mare, plină cu spumă și oftez fericită. Sunt uimită de cum a decurs ziua. Nu a trebuit să mă lupt să rămân prezentă. Nu mi-a fost teamă, deși am fost cu oameni necunoscuți și, chiar mai remarcabil, când am întâlnit fiecare persoană implicată în film, am vorbit cu ușurință. Nu am avut gânduri acuzatoare care să-mi spună că nu am ce căuta acolo sau că am eșuat cu Tim. Când oamenii mi-au spus că erau bucuroși să o întâlnească pe mama lui Tim, m-am simțit fericită și mândră. Au dispărut sentimentele de vinovăție și condamnare pe care le-am purtat atât de mult timp.

*****

Primul lucru pe care îl fac dimineață e să o sun pe Mama.

– Seara trecută a fost minunată! exclam eu.

– Oh, Serena, sunt atât de fericită pentru tine. Povestește-mi tot.

– Lucrul care a însemnat cel mai mult pentru mine a fost că m-am simțit confortabil cu mine tot timpul. Am întâlnit o mulțime de oameni, inclusiv pe soția lui Robert Redford și un muzician nominalizat la premiile Grammy, dar nu m-am schimbat și nu am simțit deloc frică. M-am distrat, iar filmul a fost minunat!

Râzând, Mama mă îndeamnă să respir.

– Știu că ești fericită, dar nu te ambala prea tare. Amintește-ți... lasă-te să te simți fericită fără să mergi în minte.

Respirând lent, mă las pe spate, pe perne.

– Vrei să respiri cu mine? Întreb.

– Desigur.

Minutele trec într-o respirație liniștită, Mama conducând și eu ascultând.

– Întreabă-ți Sufletul dacă este ceva la care vrea să ne uităm.

– Lasă-te să simți acest dar prețios pe care l-ai creat, răspunde Sufletul meu. Mama și cu mine te-am ghidat, dar angajamentul tău deplin pentru integrare a făcut acest lucru posibil. Spun creat pentru că tu nu ai abandonat. Tu ai făcut asta. Nimeni altcineva nu a făcut-o.

– Înțelegi ce îți spune Sufletul? întreabă Mama.

– Cred că da.

– Nu te gândi. Lasă-te să simți cuvintele ei. Tu ți-ai permis să creezi acest miracol. Noi ne-am putut face doar partea noastră, dar tu ai fost cea prezentă de fiecare dată. Integrează asta ca și cum ai mânca o prăjitură dulce. Lasă asta să îți umple întreaga ființă, pe măsură ce respirăm. Există un motiv pentru care Sufletul tău spune asta. Poți simți de ce?

– Pentru că eu sunt cea care a continuat să facă alegerea de a fi prezentă, oricât de greu a fost.

– Da, dar simte: când Sufletul spune că tu ai creat asta... tu ai fost cea care a făcut alegerea de a te integra. Aceasta ești tu, Serena, creând pentru tine. Dă-ți voie să simți asta. Acest sfârșit de săptămână este un rezultat al creației tale. Este un nou început pentru tine. Ai experimentat, în primul rând, cum se simte să trăiești fără frică și ai descoperit că îți place acest nou mod de a fi. La mulți ani, ție!

Cântă fericită, în timp ce amândouă izbucnim în râs.

– Da, la mulţi ani mie. Acesta este un nou început. Chiar şi atunci când Tim foloseşte cuvinte vulgare, nu mă deranjează. Poţi crede asta?

– Da, dar tu poţi crede? Viaţa poate fi atât de uşoară, Serena. Acum, trebuie să plec, spune Mama, dar sună-mă oricând ai nevoie. Dacă nu răspund, lasă un mesaj şi te sun eu înapoi. Ai telefonul mobil cu tine?

– Îl port în poşetă, dar voi fi bine, Mamă. Pot simţi asta!

– Ştii că te iubesc şi te îmbrăţişez tare!

– Pa, Mamă. Te sun mai târziu.

Închizând telefonul, reflectez la ceea ce a spus Sufletul meu. Eu am creat acest dar pentru mine. Îmi place simţirea de a fi împuternicită.

✶✶✶✶✶

– Ce facem astăzi? îi întreb pe fiii mei când vin să mă ia.

– Vrem să ne facem tatuaje pentru a comemora evenimentul, răspunde Tim.

Urmărind să vadă dacă voi reacţiona, adaugă:

– Te superi pe noi dacă ne facem tatuaje?

– Nu, de ce ar trebui?

– Ei bine, m-am gândit că s-ar putea să te superi.

– Este corpul tău – poţi să faci ce vrei cu el.

Surprinsă de propriul meu răspuns, zâmbesc fericită.

– Grozav. Asta va fi distractiv! declară Tim.

– Îmi fac şi eu unul! exclamă Stephen. Întotdeauna mi-am dorit unul şi aceasta este ocazia perfectă.

În timp ce Tim conduce spre salonul de tatuaje, aud un sunet ciudat.

– Auziţi asta? întreb.

– Cred că vine de la maşină.

– Oh, nu-ţi face griji Mamă. Am fost bine pe drum, până aici, şi voi fi bine şi la întoarcere, spune Tim.

– Ce vrei să spui cu ai fost „bine"? întreb eu dubioasă.

– Cauciucurile sunt uzate, intervine Stephen.

– Şi conduci aşa cu ele? spun îngrozită.

– Nu am bani să le schimb, răspunde Tim.

– Dar ai condus cu cauciucuri uzate peste 3200 de kilometri.

– Da, chicoteşte el. A fost înfricoşător de câteva ori. Ar trebui să ai...

– Stop! îl întrerup eu. Nu vreau să aud asta!

Închizându-mi ochii, îmi întreb Sufletul dacă pentru ar fi pentru binele meu cel mai înalt să cumpăr cauciucuri pentru Tim. Nu vreau să-l salvez, dar de-a lungul anilor am pierdut atât de multe lucruri din viaţa lui, încât acesta ar putea fi un cadou pentru amândoi. Asta nu şterge durerea legată de trecut şi nici nu compensează. Ca să mă iubesc cu adevărat trebuie să eliberez durerea din inimă şi îndoielile, dar nu sunt încă acolo şi Sufletul meu ştie asta. Răspunsul ei că da vine din adâncul compasiunii ei pentru mine.

– Tim, după ce îţi faci tatuajul, vreau să-ţi cumpăr cauciucuri noi pentru maşină. Stephen, vrei să cauţi un magazin de anvelope prin apropiere şi să suni acolo? Întreabă cât va costa. Trebuie să rămân în limita a 300 de dolari. Află dacă putem face asta, te rog.

– Uau... mulțumesc, Mamă, răspunde Tim. Nu trebuie să faci asta, știi.

– Știu, dar vreau să fac asta pentru tine. În plus, știind că vei conduce spre casă cu cauciucuri noi mă va face să mă simt mai bine.

Steve sună și găsește un magazin care nu este prea departe. Face o programare pentru astăzi, mai târziu.

*****

Nu am mai fost niciodată într-un salon de tatuaje. Muzica este atât de tare încât abia aud ce vorbesc ceilalți. Fiecare încăpere este plină cu oameni care fac tatuaje și, în plus, sunt cinci persoane care așteaptă la coadă în fața noastră.

– Doamnă, ați dori să vă faceți un tatuaj? întreabă recepționerul.

– Eu? Oh, nu, răspund râzând.

– Haide, Mamă, ar fi distractiv, sugerează în glumă Stephen. Ai putea să-ți faci unul mic care să nu se vadă.

Pentru o fracțiune de secundă, iau asta în considerație, dar răspunsul Sufletului meu este categoric. Nu trebuie să-mi fac niciunul. Chiar nu-mi pasă, pentru că doare ca să-ți faci unul.

– E în regulă. Mă voi distra văzându-vă pe voi cum vă tatuați, spun cu bucurie.

*****

Chiar dacă sunt doar pasager, pot simți diferența. Cauciucurile au tracțiune pe șosea și acel sunet ciudat a dispărut complet. Mă simt ușurată să știu că Tim va conduce în siguranță până acasă, cu anvelope bune.

*****

Verificându-mi ceasul pentru a nu-știu-câta oară, mă întreb unde ar putea fi Stephen și Tim. Mi-au spus că vor fi aici până la ora 9 dimineața. Întrucât este ultima noastră zi împreună, nu vreau să pierd nici un minut. Formând numărul lui Tim, aud cum sună telefonul.

– Alo? răspunde somnoros Timothy.

– Te-am trezit?

– Da. Cât este ceasul?

– Este ora 9:30. Când crezi că ai putea ajunge aici?

– Stephen încă doarme și sunt atât de obosit. Ar fi în regulă dacă nu venim până mai târziu, poate în jurul orei 10:30?

– Desigur. Mai vrei să ieșim pentru micul dejun?

– Da, dar după ce mai dormim puțin.

Închizând telefonul, mă simt supărată. Trebuie să plec la aeroport peste doar câteva ore; pare ca și cum timpul se scurge printre degete. Lăsându-mă pe spate, pe perne, îmi închid ochii să respir și simt confortul familiar care mă umple.

– Știu că nu vrei să pleci, îmi șoptește Sufletul, dar acesta e doar începutul. Vei avea mai multe asemenea experiențe dulci în viitor.

Simțind promisiunea Sufletului, o primesc în mine. Simt adevărul cuvintelor ei. Acesta nu este un sfârșit, ci un nou început cu fiecare din fiii mei.

*****

– Unde vrei să mergem să mâncăm? întreabă Tim.

– Hai să mergem la Sloan, sugerează Stephen.

Oprind în fața restaurantului, observăm că sunt mulți oameni care stau afară, așteptând să se elibereze locuri. Stephen intră, apoi se întoarce la mașină și spune:

– Trebuie să așteptăm douăzeci de minute. E în regulă?

– E bine, spune Tim. Lasă-mă să parchez mașina, cât tu mergi să pui numele noastre pe lista de așteptare.

Când în sfârșit ne așezăm la masa noastră și chelnerul ne-a luat comanda, Tim se foiește pe scaun și se întoarce cu fața spre mine.

– Am tot fost supărat pe tine, Mamă, spune el.

– Știu asta. Poți să-mi spui de ce?

– Când ne-ai trimis să locuim în casa de plasament, am urât asta!

Încercând să-și controleze emoțiile, inspiră repede.

– Nici măcar nu ai încercat să-mi găsești tatăl!

Lacrimile îi umplu ochii, dar nu se lasă pradă emoțiilor.

Respirând profund, aștept să văd dacă mai e ceva ce vrea să adauge.

Cu vocea plină de supărare, adaugă:

– Stephen și Aaron nu au experimentat asta atât de rău, cum a fost pentru mine.

– Ai vrea să știi adevărul? întreb.

– Da.

– Când am intrat în spital pentru programul lor de douăzeci şi opt de zile, m-am aşteptat pe deplin să învăţ cum să fac faţă multiplicităţii mele în acea perioadă de timp, dar, în schimb, m-am destabilizat complet. Mi s-a spus că dacă nu te dau de bună voie în asistenţă maternală, statul va interveni şi te va lua legal de la mine, iar apoi nu te voi mai putea lua niciodată înapoi. Asta m-a îngrozit.

Mă opresc să respir. Acesta este cel mai sincer moment în care am fost vreodată cu el şi mă simt puţin copleşită. Scufundându-mă mai profund în centrul meu, îi cer Sufletului meu să-mi călăuzească cuvintele.

– Îmi amintesc că i-am dat agenda telefonică cuiva cu autoritate, ca să poată încerca să-l localizeze pe tatăl tău. S-au întors şi mi-au spus că au făcut o căutare amplă, dar nu au putut să îl găsească şi eu am avut încredere în ce au spus. La vremea aceea locuiai cu mătuşa ta, iar ea a fost cea care a găsit casa de plasament. A venit cu acreditări minunate şi asistenta maternală a spus că aceasta era o modalitate pentru ca voi trei să rămâneţi împreună.

Emoţiile se văd pe faţa lui Tim. Ştiu că acest lucru nu a fost uşor pentru el, dar sunt mândră de el pentru că a fost atât de sincer cu mine.

– Cred că înţeleg, comentează el cu tristeţe, dar asta nu face ca ceea ce s-a întâmplat să fie mai puţin dureros.

Dând din cap că am înţeles, continui să împărtăşesc:

– După ce m-am mutat în Colorado şi nu am vorbit cu voi trei, am făcut-o pentru că erau prezenţi doar copiii interiori. În trecut, fusese dureros şi confuz pentru voi trei când copiii interiori au încercat să vorbească cu voi şi nu am vrut să vă mai fac asta din nou. Nu am avut niciun contact cu oameni din afară timp de aproape şapte ani. Dacă cineva venea să sune la uşă, mă ascundeam să nu mă vadă, până pleca. Nu eram în siguranţă să ies din casă pentru niciun motiv. Angajamentul pe care mi l-am luat pentru a mă integra a fost mai mare decât orice mi-aş fi putut imagina. Ştiu că ţi-a fost greu şi îmi doresc ca lucrurile să fi fost diferite, dar nu au fost. Doar prin iubirea de sine am putut să-mi accept trecutul fără judecată.

Luând o înghiţitură din ceaiul meu cu lapte, respir. Aceasta împărtăşire a însemnat mult pentru mine. Ştiind că nu pot repara nimic pentru niciunul dintre ei, aştept. După câteva minute de tăcere, îi pun lui Tim o întrebare întâmplătoare, dar tonul său este scurt. Încă rumegă ceea ce am împărtăşit.

După o lungă tăcere, el întreabă:

– Ştiai că Stephen a fost primul meu prieten?

Afirmaţia pare banală, dar simt că împărtăşeşte ceva special pentru el.

– Nu ştiam asta. Dar, Aaron?

Scuturându-şi capul în semn de nu, spune:

– Aaron nu m-a lăsat niciodată să intru în lumea lui. Întotdeauna a fost în lumea lui, dar eu şi Stephen am avut întotdeauna o prietenie specială.

– Eu eram mereu la mijloc, adaugă Stephen, pentru că eu eram aproape de amândoi.

– Mi-aş dori să fi ştiut cum să vă cresc pe toţi trei, dar nu am ştiut. Am descoperit că trăiam după un scenariu despre cum ar trebui să fie lucrurile, iar voi trei aţi făcut lucrurile dincolo de înţelegerea mea limitată. Eram confuză şi îmi era frică tot timpul, ceea ce a însemnat că nu eram disponibilă emoţional pentru niciunul dintre voi.

Din nou este linişte.

Schimbând subiectul pentru a mă ajuta, Stephen intervine cu amabilitate:

– Am primit o notă de A la cursul de anatomie, Mamă.

– Asta e grozav! Ţi-a plăcut cursul?

– Chiar mi-a plăcut. Este interesant să înveți cum funcționează corpul. Trebuie merg la cursul de chimie semestrul următor și nu cred că o să-mi placă prea mult.

Conversația noastră curge cu ușurință pe măsură ce ne terminăm micul dejun.

*****

Timpul nostru împreună se apropie de sfârșit. Stephen și cu mine plecăm cu zboruri separate, la doar câteva minute diferență unul de celălalt, așa că trebuie să-mi iau rămas bun de la Timothy acum.

Înfășurându-și brațele în jurul meu, spune:

– Mi-a fost teamă de cum se va petrece acest weekend. Nu știam nici măcar dacă te voi plăcea, dar ești foarte diferită de persoana pe care mi-o amintesc. Te iubesc cu adevărat, Mamă.

– Oh, Timothy, îți mulțumesc pentru că ai vrut să vin. Filmul tău e minunat și am descoperit că îmi place bărbatul care ai devenit. Această călătorie a însemnat foarte mult pentru mine.

Ținându-l strâns, încep să plâng. Mângâindu-i obrazul, mă uit în ochii lui și îi zâmbesc. Energia iubirii care se transmite între noi este mai importantă decât orice cuvinte rostite. Ținându-l încă o clipă, adaug:

– Te iubesc, fiule. Vei fi bun cu tine?

– Voi încerca, Mamă.

Luându-ne rămas bun de la Tim, Stephen și cu mine mergem până la poarta lui de îmbarcare. Când ajungem, îl îmbrățișez strâns.

– A fost un weekend minunat, Mamă. Chiar te iubesc, spune el.

– Şi eu te iubesc, Stephen şi sper că ştii cât de mândră sunt de tine, spun eu. Nu spun asta pentru a te face să te simţi bine sau pentru că sunt mama ta. Eşti o persoană bună. Te-am urmărit când erai cu Tim şi Aaron. Îi iubeşti şi eşti bun cu ei. De-a lungul anilor, chiar şi când nu ne-am mai auzit, ai continuat să-mi scrii. Nu ştiu dacă îţi dai seama cât de importante au fost acele scrisori pentru mine. Au fost o linie a vieţii către voi trei, care m-a ajutat să trec prin momente dificile. Sper că într-o zi vei descoperi ce persoană minunată eşti.

Ridicând din umeri, Stephen zâmbeşte stingher şi îmi dă o ultimă îmbrăţişare.

Când ajung acasă, mai târziu în acea seară, primesc un telefon de la Tim. Îmi spune că filmul său a câştigat premiul întâi la categoria documentare de la festivalul de film. Sunt foarte mândră.

Capitolul 28: **AM TERMINAT CU ENERGIA ÎNTUNECATĂ**

Simțindu-mă descurajată, o sun pe Mama, înainte de a pleca la serviciu.

– Nu știu ce s-a întâmplat, spun eu, dar pacea pe care am simțit-o în călătoria mea pare că a dispărut.

– Ai simțit cu Sufletul tău ce se petrece? întreabă Mama.

Dându-mi seama că nu am făcut asta, mă întorc spre interior, întrebându-mi Sufletul ce s-a întâmplat.

– Te-am înfășurat într-o pătură de iubire, răspunde Sufletul. Am liniștit aspectele pe care nu le-am integrat încă, ca să știi cum se simte adevărata pace. Ți-a plăcut asta?

Surprinsă de revelația ei, exclam:

– Ce? Vrei să spui că nu eram eu cea reală?

– Ai de gând să te lupți cu adevărul sau să vezi tabloul mai mare, Serena?

Fac o respirație și răspund:

– Vreau adevărul, Mamă.

– Bine. Atunci ieși din minte ca să-ți poți auzi Sufletul.

– Te-am învelit într-o pătură groasă de iubire, spune Sufletul. Asta ți-a permis să simți cum este să trăiești în pace. Ți-am făcut un cadou: un weekend cu fiii tăi, fără conflicte interioare. Un weekend de liniște interioară, ca indiferent ce se întâmpla în exterior tu să rămâi netulburată. Ți-a plăcut?

– Mi-a plăcut asta! răspund. Dar am crezut că m-am simțit în felul acesta datorită muncii pe care am făcut-o, adaug cu tristețe.

– Atâta timp cât îți dorești minciuna mai mult decât vrei adevărul, vei rămâne în luptă, spune Mama. Adevărul este că mai avem de lucru. Nu trece cu vederea faptul că tu ești cea care ți-ai dat voie să rămâi în dulceața păcii interioare. Tu, Serena, ai ales să iubești și să ai grijă de tine tot weekend-ul. Dacă nu ai fi ales asta, pătura de iubire a Sufletului tău era ineficientă.

– Surprinsă de cuvintele ei, declar bucuroasă:

– Ai dreptate, Mamă. Eu am permis asta!

– Nu, Serena, spune Mama ferm. Tu ai ales asta.

– Îmi doresc acest fel de pace tot timpul, declar eu. A fost eliberator să-mi petrec ziua fără luptă. Nu am încercat să-mi dau seama cum să fiu – doar am fost. Spune-mi cum pot avea acest gen de pace tot timpul, Suflete.

– Am realizat un nivel de integrare care a adus acasă multe dintre aspectele create pentru a supraviețui, răspunde Sufletul meu. Următoarea fază a integrării tale este lucrul cu copilul inițial. Adevărul este că nu ai fost niciodată mai mulți oameni. Ești de acord cu această afirmație?

Vorbind cu voce tare ce spune Sufletul meu, mă opresc să mă minunez de cât de evident este acest lucru. Râzând, răspund:

– Simt asta, Mamă. Nu este o idee din mintea mea, ci un adevăr pe care îl simt până în vârful degetelor de la picioare! Uau!

– Ne-a luat ani să ajungem în acest loc, remarcă Mama fericită. Am lucrat cu copilul inițial în mod intermitent de-a lungul anilor; înțelegi cu adevărat ce înseamnă asta?

– Cred că da. Înseamnă persoana care nu a fost încă fragmentată. Este corect?

– Da. Ne-am început munca cu copilul instruit, spune Mama, pentru că el s-a prezentat primul. Dar părinții tăi au început cu copilul inițial și, prin instruirea lor, s-au desprins bucăți de conștiință din el pentru a o ajuta pe Jennifer să supraviețuiască. Pe măsură ce anii au trecut, acea conștiință inițială a fost complet acoperită de cei care pretindeau că sunt altcineva. Acele părți care au fost fragmentate din copilul inițial au acum șansa de a se integra.

– Îmi place cum Sufletul meu știe întotdeauna care este următorul pas!

– Da, ne-a condus perfect până acum, spune Mama chicotind.

– Trebuie să plec la serviciu, dar putem aborda asta mâine?

– Da. Las-o deocamdată și să ai o zi frumoasă, Serena.

*****

E devreme și mai am o oră până trebuie să plec la serviciu. Ridic telefonul și o sun.

– Simt că motivul pentru care încă mai experimentez frică atât de mult timp are de-a face cu ceva mai mult decât copilul inițial, îi spun, și îndrăznind să recunosc asta cu voce tare mă face anxioasă.

– Sunt recunoscătoare că ești dispusă să fii atât de sinceră cu tine însăți, răspunde Mama. Întreabă-ți Sufletul unde vrea să ajungă cu asta.

– Furia te blochează intenționat, spune Sufletul meu. Furia ta a fost creată la o vârstă fragedă din experiențele copilului inițial. De aceea simți legătura dintre cele două.

Anxietatea mea creşte. Respirând, mă las mai adânc în centrul meu şi îmi închid ochii. Permiţând conştienţei mele să se deschidă, simt energia furiei pulsând în partea dreaptă a corpului meu.

– Mă blochează intenţionat, murmur încet. Pot să simt asta... Această furie vrea să mă distrugă! Nu, mă vrea moartă! Vrei să spui că după atâta vreme, furia încă mă vrea moartă? întreb neîncrezătoare.

– Asta e treaba ei, Serena. Furia este energie întunecată şi intenţia sa este de a distruge. Te rog, opreşte-te un moment, pentru că am mai vorbit despre asta. De ce continui să pretinzi că furia nu este aici? întreabă Mama. Nu-mi da un răspuns rapid. Fii cu adevărat sinceră cu tine însuţi.

Luând telefonul în cealaltă mână, îmi şterg lacrimile de pe faţă cu un şerveţel. Coborând mai adânc în burtica mea, continui să respir, în timp ce îi cer Sufletului meu adevărul.

– Nu vreau ca furia să fie aici. Mai degrabă m-aş preface că mă descurc grozav prin a o ignora.

Sunt puţin surprinsă de propria mea afirmaţie. Inspirând tremurat, pentru că pot simţi cum creşte furia în mine, îmi încetinesc intenţionat respiraţia, alegând ca furia să meargă acasă la Sufletul meu.

– Este important să-ţi dai seama de tot ceea ce îţi face această furie, spune Mama. Fie că ai cuvinte pentru asta sau nu, există o descărcare constantă de toxine în corpul tău din această energie. Noi am folosit cuvinte diferite pentru aceasta de-a lungul anilor, dar ele înseamnă acelaşi lucru. Luptă, furie, frică, anxietate – toate sunt aceeaşi energie pentru tine. Aminteşte-ţi, nu vorbim despre altcineva în afara despre tine. A făcut parte din instruirea guvernamentală. Pentru tine, când creezi oricare dintre aceste emoţii, îţi alimentezi cu energie această furie. Furia ta a fost antrenată şi a început cu copilul iniţial. Când Jennifer a trăit abuzul în acei primi ani, furia ei faţă de părinţii ei şi oficialii guvernamentali a crescut. Înțelepciunea Sufletului i-a separat furia pentru a o menține pe Jennifer sănătoasă la minte. Acea mânie a crescut în timp și a devenit furie.

– Ai trăit frica până la extrem și ai folosit-o până la extrem. Majoritatea oamenilor nu au niciodată această experiență. Așa cum multiplicitatea ta a fost un caz extrem, la fel a fost și furia ta. De la problemele tale de stomac, la durerea pe care ai suferit-o cea mai mare parte a vieții, mâncat în exces, oboseală, insomnie, problemele tale financiare, toate sunt rezultatul propriei tale uri de sine.

Ridicându-și vocea, Mama adaugă:

– Ura ta de sine este un aspect care te vede ca pe o persoană separată și te urăște și te vrea moartă. Și atât timp cât ignori acest adevăr, poți să-ți faci rău singură!

– Atunci, ascultă-mă, declar eu urgent. Vorbesc din adâncul ființei mele. Aleg să termin cu furia mea!

Inspirând profund, implor:

– Mă auzi, al meu Suflete?

Vorbind cu pasiune, mărturisesc:

– Aleg să termin cu toate energiile întunecate!

În timp ce Mama mă conduce în respirație, îi chemăm pe Isus, Kuan Yin și toate celelalte ființe de lumină care au fost implicate în munca noastră să fie prezente. În timp ce respirăm, simt pasiunea care mă umple. Întreaga mea ființă rezonează cu cunoașterea că în această viață am terminat cu ele! Respirăm ca niciodată. În ciuda faptului că suntem la telefon, conexiunea noastră cu această alegere face o punte peste distanța dintre noi, ținându-ne într-un cocon de DA, care curge în exterior. Ziua de astăzi marchează începutul a ceva nou pentru mine. Pot să simt asta!

Am sperat că furia se va integra complet în acea clipă, dar nu a fost aşa. În schimb, alegerea mea a fost invitaţia pe care Sufletul meu o aştepta. Ea ştia lucruri pe care încă nu le-am descoperit. Numai prin iubirea ei plină de compasiune am putut să înfrunt părţile încă ascunse din mine.

*****

Ascultând telefonul cum sună pentru a treia oară, sunt uşurată când Norma răspunde în sfârşit.

– Ai timp să vorbim înainte să merg la serviciu? Este important să-ţi împărtăşesc o amintire pe care am avut-o azi dimineaţă.

– Desigur, Serena.

– Am în jur de doi ani şi jumătate, iar Jack şi cu mine suntem în camera din Connecticut, unde a avut loc instruirea cu oamenii guvernului. Stau aşezată în scăunelul meu înalt, albastru, iar Jack zâmbeşte, mişcându-se înainte şi înapoi prin faţa mea. Se opreşte şi stă în partea dreaptă, spunându-mi că nu pot să îl văd şi eu sunt de acord cu toată inima. Dar Mamă, îl văd clar! Deja mă minţeam când aveam doar doi ani. Am creat un zid psihic, trăgându-mi obloane peste ochi, ca să îl blochez privirii mele şi să-i fac pe plac!

– Da, Serena, înţeleg ce spui şi mă bucur că în sfârşit ai ajuns aici.

– Îmi spuneam mie că nu pot să-l văd! Eu îmi spuneam!

– Da.

– Chiar de la acea vârstă fragedă, mă manipulam şi mă minţeam singură.

– Ai fi dispusă să vezi întregul adevăr? Nu îţi poţi permite nicio judecată, altfel nu vei fi capabilă să te ajuţi. Acesta e coşmarul pe care l-ai trăit în fiecare zi din viaţa ta, subliniază ea, şi astăzi el îţi zâmbeşte. Simte. Nu doar asculta ce-ţi spun. Dacă vă jucați împreună, poate el nu te va mai răni. Îl iubești, vrei să-i faci pe plac și, pe deasupra, îți zâmbește. Poți simți disperarea pe care o simțeai atunci? Doar o atingere blândă, doar un cuvânt bun... ai face orice pentru asta. La vârsta de doi ani și jumătate nu te fragmentasei foarte mult, așa că există o mare parte din copilul autentic prezent. Acest lucru îți permite, Serena, să simți această amintire mai profund.

– Simt. Este atât de intens. Întregul meu corp țipă cât de mult îl iubeam pe Jack.

– Acesta este începutul pentru „mâna dreaptă nu știe ce face mâna stângă". Aici sunt două aspecte diferite ale jocului. Cel care cunoaște adevărul, care este copilul autentic, și cel care se preface că nu îl poate vedea pe Jack, care este aspectul instruit. Acest joc a început chiar înainte de a avea doi ani și a continuat ani de zile, până când ai fost atât de fragmentată încât ai crezut în propriile tale minciuni.

– În timp ce pășea din partea dreaptă spre stânga spunea „Acum mă vezi!". Apoi râdea și zâmbea. Erai atât de înfometată după orice gest de blândețe încât ai jucat jocul cu el. Părea inocent la acea vreme, dar nimic din ce făcea acel bărbat nu era inocent. Fiecare lucru a fost calculat pentru a crea o ființă inconștientă, controlată de alții. Deci te-ai prefăcut că nu l-ai văzut, dar îl vedeai! Ce vrem este să ajungem la imaginea de ansamblu. Simte cât de mult îți doreai dragostea lui Jack. Fără judecată, Serena! Dacă te ții de orice judecată, vei rămâne blocată.

Simțindu-mă supărată de ideea că îmi doream iubirea lui Jack atât de mult, mă afund mai adânc în centrul meu, fără să judec. Sunt dispusă să înfrunt orice despre furia mea pentru a avea o viață. Atât timp cât mă prefac în legătură cu orice lucru din trecutul meu, păstrez energia întunecată blocată în mine.

– Vreau să o întreb ceva pe Sufletul tău, Serena, spune Mama. Te rog, nu sta în cale.

– Bine...

Fac o respirație și mă dau la o parte cât de mult pot.

– Am simțit de ceva vreme că există un blocaj major care o reține pe Serena de la integrarea deplină, spune Norma, adresându-se Sufletului meu. Simt că există o parte din ea care încă se ține psihic de Jack. Am nevoie de sinceritate totală aici. Dacă vrem să terminăm cu adevărat cu toată energia întunecată, acest lucru e nevoie să iasă la vedere.

– Există aspecte ale Serenei care sunt încă legate de Jack, răspunde Sufletul.

– Ce înseamnă asta? Vreau adevărul complet. Dacă vrem să realizăm această integrare, am nevoie de el acum, declară Mama cu pasiune.

– Furia se ține de Jack, hrănindu-i energia chiar și când vorbim acum, dezvăluie Sufletul meu. Nu aș fi putut să-ți spun asta până când partea umană nu era gata să încheie cu furia în toate modurile ei de manifestare.

După momente de tăcere, Mama recunoaște:

– Nu mă pot abține să nu fiu surprinsă și întristată. După toți anii în care mi-am dat energia acestei lucrări, Serenei... să aflu că energia mea l-a hrănit pe Jack este uluitor.

– Înțeleg și nu minimizez ceea ce simți, spune Sufletul meu. Nu am putut să îți spun pentru că miza era prea mare. Te-ai angajat în această integrare ca și mine, dar știam cât de mult intenționa furia să-i distrugă viața. Scopul meu principal a fost să mențin corpul în viață, suficient de mult pentru cineva care își dorea să trăiască și asta a durat ani de zile. Abia în ultimii trei ani, când Serena a descoperit că îi place să fie în viață, că îi place să fie ființă umană, am putut să ne îndreptăm spre acest obiectiv final și să terminăm cu toate formele de întuneric, inclusiv cu furia.

– Te aud, dar trebuie să mă ocup de acest adevăr. Sunt uluită. Trebuie să închid telefonul ca să am grijă de mine. Am crezut că Serena și-a dorit integrarea și, după tot acest timp...

– Serena și-a dorit integrarea cât putea ea de mult. Aceasta s-a făcut respirație cu respirație.

– Înțeleg asta. Dar am nevoie să fiu cu aceasta, pentru mine. Serena, înțelegerea că există aspecte din tine care încă îl hrănesc pe Jack cu energia ta și a mea, este ceva uluitor pentru mine. Poți face față acestui adevăr, fără să fugi?

Simțindu-mă extrem de supărată, răspund că da.

– Dar nu pleca, Mamă, implor eu. Este important ca aceste părți care încă îl țin pe Jack să fie tăiate acum! Mă auzi?

– Da, Serena, și nu te resping. Lucrând cu tine de-a lungul anilor m-a pus să mă confrunt cu adevăruri care nu au fost întotdeauna ușoare. Aceasta este doar o altă bucată de adevăr cu care trebuie să mă confrunt. Întreabă-ți Sufletul, dacă respirăm acum pentru a rupe toate legăturile cu Jack, se va realiza asta astăzi?

Imediat, simt că răspunsul rezonează în mine.

– Da, Mamă, acesta este momentul. Sufletul meu spune că acest lucru poate fi făcut pentru că este din alegerea mea.

– Deci, înainte să respirăm, acordă-ți un moment și simte adevărul. Tu, Serena, l-ai hrănit pe Jack cu energia ta și a mea. Ți-am dat energia mea în toți acești ani, ținându-te într-un dulce cocon de iubire cu Sufletul tău pentru a te ajuta să rămâi în viață, astfel încât să te poți integra. De aceea asta este atât de uluitor pentru mine. Nu mi-am imaginat niciodată că ai putea fi conectată cu Jack în vreun fel, dar asta a fost problema mea, că nu vedeam adevărul. Am vrut să cred că vrei să te integrezi tot atât de mult cât îmi doream eu pentru tine, dar acesta nu a fost adevărul.

Să o aud vorbind în felul acesta nu e uşor. Alegând să-mi asum ceea ce am făcut, respir adânc. Nu voi fugi de asta oricât de inconfortabil m-aş simţi. Ştiu că Mama mă iubeşte, dar mă iubesc eu suficient pentru a-mi asuma ceea ce am făcut, fără nici o judecată? Toată viaţa mea am jucat mai multe roluri, pretinzând că altcineva a făcut alegerile, dar eu sunt noua conştiinţă din acest corp şi aleg să-mi asum pe deplin tot ceea ce mi s-a întâmplat în această viaţă.

— Nu este uşor să fac faţă adevărului, Mamă, dar o fac. Cu fiecare respiraţie, aleg să primesc puterea Sufletului meu în mine şi să rup toate legăturile cu Jack.

— Respiră şi alege să trăieşti, Serena. Să ştii că toate legăturile psihice cu Jack trebuie rupte acum!

Ridicând vocea, Norma declară:

— Fiecare aspect, fiecare bucată de energie întunecată care se ţine de Jack trebuie să meargă acum în lumina Sufletului. Nu mai au voie să rămână!

— Da! declar cu pasiune. Isuse, ai spus că acolo unde doi sau trei sunt adunaţi în numele tău, eşti şi tu prezent. Aleg ca toate energiile întunecate care s-au ţinut de Jack să fie integrate acum!

— Respiră, Serena.

Pe măsură ce minutele trec, respiraţiile noastre combinate în intenţia de „da" sunt singurul lucru care contează. Creăm un nou început în care energia întunecată nu are loc. Mă identificasem atât de mult cu rolul de victimă, încât era uşor să pretind că furia nu eram eu. O ignorasem, şi alungând adevărul ţinusem vie furia.

— De fiecare dată când iei o decizie, mergi mai întâi la Suflet, declară Mama. Acest lucru va face întunericul să se înfurie şi îl va scoate din ascunzătoare. În plus, te va împuternici, Serena.

– Dar, Mamă, asta înseamnă că eu am fost aceea care te-am urât. Eu am fost cea care te-ar fi lovit cu energia mea, atunci când lucram. Eu am fost cea care ți-a spus lucruri odioase. Nu a fost nimeni altcineva.

– Da, și atâta timp cât ai pretins că nu ești tu, avea permisiunea să rămână aici și să continue jocul.

– Nu este ușor pentru mine să mă confrunt cu asta.

– Nu, nu este. Sunt prima care recunosc asta. Această călătorie a fost de-a lungul timpului foarte dificilă, dar Sufletul tău ne-a avertizat cu ani în urmă că va fi mai grea decât orice ne-am putea imagina și a avut dreptate. Acum, ar fi de folos pentru tine dacă ai avea mai multă claritate despre furia ta, înainte să încheiem.

– Da, dar am crezut că ai nevoie să închizi telefonul ca să fii cu tine, remarc anxioasă.

– Da, dar acest lucru este la fel de important. Voi avea grijă de mine imediat. Nu ne putem permite să lăsăm această parte a discuției pentru mai târziu, pentru că furia ta o va folosi pentru a te judeca. Așa că... scufundă-te mai adânc în esența ta, așa încât să mă poți auzi fără judecată. Jack a fost exemplul tiranului perfect. Părea că niciodată nu suferă. În schimb, era autoritatea cerând ca ordinele lui să fie urmate ad-literam. Indiferent ce făcea, părea insensibil la atac sau durere. Ca și copil mic, impresionabil, ți-ai urmărit părinții. Cu care dintre ei crezi că ai fi vrut să semeni?

– Este evident. Am vrut să fiu ca Jack! răspund ușor.

– Răspunzi atât de repede, dar lași deoparte ce înseamnă asta cu adevărat.

Simțindu-mă anxioasă, inspir încet. Voi face tot ce e necesar pentru a-mi integra furia.

– Descrie-mi ce i-a plăcut acelui copil mic la Jack și ascultă cu atenție, Serena.

– Mi-a plăcut că era puternic, că putea merge oriunde şi că putea face orice şi nimeni nu părea să-i stea în cale!

În timp ce vorbesc, simt o forţă însufleţitoare care îmi umple întregul corp.

– Nimeni nu putea să îl rănească! declar sfidător.

– Da, Serena. Observi cum te simţi chiar acum? Aceasta este energia furiei tale.

– Mă simt atotputernică, Mamă!

– Da, acesta a fost pachetul energetic pe care Sufletul tău l-a creat în acei primi ani pentru a o ajuta pe Jennifer. Dacă ea nu ar fi simţit acest puls rezonant curgând prin corpul ei, ar fi cedat cu uşurinţă disperării morţii. Poţi simţi ce spun?

– Sunt surprinsă, pentru că sună ca şi cum tu spui că furia este bună.

– Asculţi din mintea ta, Serena. Scufundă-te mai adânc în liniştea din interiorul tău, astfel încât să mă poţi auzi mai clar. Furia a ţinut pasiunea vie în corpul tău. Dacă Jennifer ar fi experimentat doar durerea şi disperarea abandonului, ar fi cedat. Sufletul tău ştia că dacă corpul s-ar fi umplut atât de mult cu energia morţii, Jennifer ar fi renunţat şi ar fi murit. Furia a hrănit energia corpului şi l-a ţinut cald, în acest fel Jennifer a rămas în viaţă. Acum descrie experienţa lui Lois, spune Mama şi din nou, lasă-te să simţi ceea ce descrii.

– Lui Lois îi era frică, întotdeauna păşind ca pe ouă. Era supusă complet lui Jack, dar tot a fost rănită!

În timp ce spun ultimele cuvinte, simt dispreţ pentru ea. Îmi vine să o pocnesc pentru că îi era atât de frică. Surprinsă de reacţia mea, îi relatez asta Mamei.

– Chiar şi acum simţi energia a ceea ce s-a petrecut în urmă cu şaizeci de ani. Alegerea ta de a călca pe urmele lui Jack a fost uriaşă. Poţi recunoaşte asta fără să judeci?

– Da, pot simţi că această alegere rezonează în tot corpul meu chiar şi acum!

– Aceasta este furia care este încă în tine, Serena. Ai privit-o pe Lois cum a fost înjunghiată, violată, batjocorită şi intimidată zilnic. Tu ai ales cu pasiune să fii ca tatăl tău. L-ai adorat, iar la început, alegerea ta a fost făcută din perspectiva copilului: fii slabă ca Lois sau fii puternică ca Jack. Dar pe măsură ce creşteai, pasiunea şi alegerea ta pentru energia furiei s-a intensificat. Acum ai de ales să-ţi trăieşti viaţa altfel, şi nu îţi mai poţi permite să faci ceea ce obişnuiai să faci inconştient.

– Trebuie să plec acum, dar ştii că te iubesc foarte mult. Asta nu schimbă nimic între noi. Trebuie să-mi acord ceva timp pentru mine, dar asta face parte din a fi o fiinţă umană conştientă. Ţine minte: înainte de a lua orice decizie, întreabă-ţi mai întâi Sufletul. Acest lucru va scoate furia din ascunzătoare.

– Bine... Mamă.

Închizând telefonul, fac o respiraţie. Nu-mi permit niciun gram de energie de victimă. Respirând profund, îi cer Sufletului meu să mă ajute să deţin complet adevărul că această furie este un aspect al meu.

– Joacă-te cu mine, Serena, mă dirijează Sufletul. Du-te dincolo de furie, la durerea pe care a hrănit-o.

Intuitiv mă mişc în spatele peretelui de furie şi simt o durere emoţională indescriptibilă.

– Respiră. Dă-i voie compasiunii să te umple, Serena. Numai prin compasiunea şi iubirea acestei părţi din tine se poate integra pe deplin această furie. Rămâi adânc în centrul tău şi dă-i voie energiei să se mişte. Sunt aici, mă asigură Sufletul meu.

Respirând cu energia lui „da", simt compasiunea umplându-mi corpul. Stând nemişcată, permit energiei să se mişte spre Sufletul meu. Nu contează cât de inconfortabil mă simt, continui să respir. Ţipetele interne de durere spulberă liniştea din mine, dar nu fug. Sunt alegere fermă, declarând un nivel de adevăr şi iubire pentru mine însămi pe care nu l-am mai simţit niciodată. Şi pe măsură ce compasiunea mea continuă să crească, furia se topeşte, integrându-se în Sufletul meu.

– Nu te lăsa păcălită, Serena, mă avertizează Sufletul. Mai există ură ascunsă în umbre. Rămâi conştientă de iubirea de sine şi împreună vom integra asta.

Abilitatea de a te mişca energetic în afara limitelor corpului fizic este ceva ce are fiecare persoană, şi e ceva ce toţi facem. Energia Sufletului nostru este cu mult mai mare decât corpul uman în care trăim. Ea ne înconjoară şi curge prin noi şi din noi.

De pe vremea când aveam trei zile, am avut nevoie disperată să mă conectez la căldura altei fiinţe umane pentru că corpul meu era rece şi plin de durere. Am ieşit din corp energetic şi am căutat căldura, iar primul corp pe care l-am găsit a fost al lui Jack. Pe măsură ce am crescut, am devenit conştientă că corpul meu era mereu rece, aşa că eu căutam constant căldura. Jack era cald pentru că pompa constant furie, aşa că m-am prins permanent de el. Obsesia mea de a-i câştiga iubirea şi aprobarea s-a intensificat. Când am făcut alegerea să termin cu toate energiile întunecate, a trebuit să fac faţă adevărului, a ceea ce am făcut şi încă fac. Doar prin compasiune am fost, în cele din urmă, capabilă să integrez toate părţile mele care încă erau conectate cu Jack, ceea ce a tăiat definitiv toate legăturile energetice cu el.

Lucrând de luni bune la integrarea furiei. Mă simt bolnavă astăzi pentru că furia mă șicanează cu minciunile ei. În timp ce stau în fața Mamei, mintea mi se învârte.

Nu vei câștiga niciodată!

Uită-te la ea. Vezi cât e de obosită? Tu îi faci asta!

Respirând profund, implor ajutor Sufletului meu.

— Întreabă-ți Sufletul dacă este pregătită să aducă în față copilul autentic pentru integrare, sugerează Mama. Dar înainte de a face asta, asigură-te că toată furia pe care o simți este integrată.

Făcând o respirație, mă las mai profund în Sufletul meu, alegând lumina și iubirea, orice ar fi.

După o vreme, Sufletul meu îmi spune că este în ordine: ea va aduce copilul autentic în prim-plan.

Simt o schimbare în corp, în timp ce energia copilului se unește cu a mea. Vedem lucrurile simultan, dar experiențele noastre sunt separate. În timp ce privește în jurul camerei și la câinii care dorm pe podea, încearcă să vorbească. Gura se deschide dar nu iese niciun cuvânt.

— Serena, mângâie-ți fața. Ajut-o să se simtă în siguranță.

Mângâierea mea pe față o ajută pe Jennifer să se simtă confortabil. Un suspin îmi scapă de pe buze.

Arătând cu degetul spre ea, copila spune:

— Fără frică.

Cuvintele ei sunt stânjenite și lente. Ea repetă cuvintele, în timp ce eu continui să mângâi fața noastră. Apoi, mai încet ca niciodată, separarea dintre noi se topește și eu devin una cu ea! Conștientizarea ei este a mea.

– Se simte bine, spun eu. În viață!

Conștientizarea înflorește în mine.

Mama zâmbește și spune:

– Da.

Conștientizarea este nouă... este dincolo de a fi un concept. Simt un nivel de conștiință pe care nu l-am mai simțit niciodată. Conștientizarea deschide un loc în corpul meu fizic unde a trăit energia morții. Simțind bucurie, îmi ating din nou fața. Sunt conștiință pură de copil. Pe măsură ce respir bucuria, corpul meu se relaxează mai mult în energia Sufletului.

– Eu, eu, repet, în timp ce îmi ating pieptul. Înțeleg că acest corp este al meu! Cuvintele nu mai sunt necesare pentru a acoperi decalajul dintre înțelegere și cunoaștere: Simt asta.

Repet cuvântul „eu" iar și iar. Îmi ating fața, brațele și palmele. Sunt plină de fericire pură.

Privind-o pe Mama, o văd zâmbind radiant. Mintea mea e liniștită. Nu există nimic în afară de acest moment. Pe măsură ce Sufletul, eu și copilul inițial ne integrăm, devenim una.

– Simt că sunt mai mult decât Serena, spun.

Cuvintele mele nu mai sunt afectate. În schimb, simt un flux de conștientizare care sunt eu.

– Ești, spune Mama. Eu sunt mai mult decât Norma.

Am înțeles complet, dincolo de înțelegerea minții și continui să primesc dragostea care mă umple.

– Știai că Serena nu a fost niciodată complet în corp?

Sunt puțin surprinsă de propria mea revelație.

– Da, știam, spune Mama liniștit. Ea știe că schimbarea încă se petrece.

– Nu știi asta, continui eu, dar impulsul de a renunța devenise atât de mare. Minciunile continuau să curgă în capul Serenei. Știu că vorbesc la persoana a treia, dar partea mea umană numită Serena pare să se fi integrat în acest nou eu care stă aici acum. Furia îi tot spunea să plece. I-a spus că nu va primi niciodată ceea ce-i oferă Norma. Ai făcut totul și, uită-te unde te afli. Vei fi întotdeauna o persoană a fricii. Dar Serena a tăcut, refuzând să spună acele minciuni.

– Voința Serenei de a nu ceda furiei a forțat-o să nu se mai ascundă, spune Norma. Serena răspundea mereu din minte mai întâi, dar această integrare, acea parte vitală a copilului inițial, cu esența lui de iubire, permite un cu totul nou început pentru tine.

– Știu... simt asta și este minunat.

Atunci rămâi cu asta și continuă să respiri, spune Norma cu bunătate.

– Așa voi face, promit eu cu bucurie.

*****

A fost nevoie de tot curajul pe care l-am avut pentru a continua să-mi înfrunt furia. În timp ce mă confruntam cu adevărul și continuam să respir furia acasă, în Sufletul meu, am descoperit o compasiune mai profundă pentru mine. Strălucirea Sufletului meu a făcut tot ce era nevoie pentru a mă menține în viață în toți acești ani.

Pe măsură ce m-am confruntat cu fiecare aspect al furiei şi i-am permis să vină acasă la energia Sufletului meu, am descoperit că nu era adevărul despre cine sunt eu.

Nu există nicio separare între om şi Suflet. Sufletul este energia unică ce alimentează fiecare fiinţă umană. Ca personalitate multiplă, am experimentat totul cu o asemenea separaţie încât nici nu ştiam că mâna mea îmi aparţine. Expresia „mâna stângă nu ştie ce face mâna dreaptă" descrie literalmente separarea în care am trăit în fiecare zi a vieţii mele. Am crezut că Sufletul meu este o fiinţă separată, dar când am devenit dispusă să renunţ la credinţa mea copilărească pentru o imagine de ansamblu, am descoperit că pot să mă integrez cu energia Sufletului meu şi să devin una cu ea.

Alegerea mea de a mă integra a durat peste douăzeci de ani. Compasiunea neclintită a Normei, combinată cu dorinţa ei de a fi mereu sinceră cu mine, m-au inspirat să nu mai fug. Pe măsură ce am primit respiraţia Sufletului în corpul meu, am început să experimentez un nou nivel de conştientizare. Corpul meu, care tremurase mereu de frică, a început să experimenteze o linişte autentică. Această linişte a devenit cel mai mare dar al meu: am ştiut în sfârşit că sunt un Suflet care trăieşte o experienţă umană şi această cunoaştere m-a eliberat de judecata nemiloasă a minţii.

Sper că această carte v-a inspirat. Dacă îţi inviţi Sufletul în viaţa ta, Sufletul va onora această invitaţie. Vorbeşte şi împărtăşeşte liber cu ea şi fii deschis să auzi îndrumarea Sufletului tău, iar când lucrurile devin grele, nu renunţa. Ţine minte: Sufletul tău este chiar acolo cu tine, altfel nu ai fi în viaţă. Ştiu că poţi să o faci, pentru că eu am făcut-o.

EPILOG

Când îmi scriam cartea, nu eram conştientă şi nici nu voiam să cunosc gradul de întuneric prin care am trecut. Sufletul meu ne-a avertizat, pe Norma şi pe mine, în 1998, că dacă am alege să continuăm această muncă de integrare, va fi cel mai greu lucru pe care ni l-am putea imagina vreodată. Predicţia ei nu ne-a pregătit pentru ce a urmat.

Cu cinci luni înainte de publicarea acestei cărţi, conştiinţa mea înaltă ne-a condus pe Norma şi pe mine într-o călătorie provocatoare; cuvintele nu pot exprima angajamentul imens pe care l-am făcut Luminii în acea perioadă. Pas cu pas, respiraţie cu respiraţie, ni s-a arătat întreaga poveste a ceea ce am trăit. Norma a avut inspiraţia să înregistrăm sesiunea noastră de Skype astfel încât niciuna dintre noi să nu uităm ce am experimentat.

De-a lungul muncii noastre de integrare, am avut întotdeauna acest dubiu enervant în fundal că poate ceea ce am trăit nu a fost real. De la începutul vieţii, Sufletul meu a creat o cale prin care eu să mă deconectez de abuz prin folosirea energiei disociative, astfel încât să pot pretinde că nu mi se întâmpla mie. Am trăit într-o stare disociată toată viaţa, iar acest lucru a fost greu de schimbat. Îmi plăcea să mă simt amorţită. Îmi plăcea să mă prefac că ceea ce îmi aminteam nu era real. Dar acele minciuni şi multe altele îmi furau libertatea.

În timp ce Norma şi cu mine am lucrat în ultimele cinci luni, mergând şi mai profund în ce anume mi-a creat multiplicitatea şi cum am folosit-o să mă descurc, ultimele straturi din jocul de a mă preface s-au dizolvat. Am simţit pe deplin durerea a ceea ce am trăit, nu din perspectiva unei realități disociative, ci a unei ființe umane întregi și integrate. Nu mai aveam niciun dubiu dacă ziceam adevărul sau nu.

În timp ce scriu acest epilog, întreaga lume împărtășește experiența pandemiei cu virusul corona. Dacă se opune rezistență în fața adevărului a ceea ce are loc, se creează energia fricii și a durerii pentru fiecare dintre noi. Dar aveți ocazia să alegeți, în acest moment, să o faceți într-un fel nou. Dacă mergeți mai adânc în burticile voastre și respirați, puteți să simțiți liniștea / nemișcarea care trăiește în voi. Aceea este adevărata voastră identitate. Este conștiința voastră înaltă, pe care o numim Suflet. O veți alege pe aceasta în loc de frică?

Vă încurajez pe fiecare dintre voi să încetați să vă mai jucați cu energia fricii. Nu este un lucru ocazional, pe care să-l folosiți oricând doriți puțină distracție în viața voastră. Noi mergem la filme de groază pentru distracție. Ceea ce majoritatea oamenilor nu realizează este că frica distruge tot ce atinge; aceasta este trăsătura ei fundamentală. Frica creează răul, care reprezintă frica în forma ei cea mai potentă, iar acel rău există pe planeta noastră iubită în ziua de azi. Dacă noi, ca îngrijitori ai Pământului, nu ne trezim, am putea să pierdem ceea ce prețuim întunericului. Nu sunt un propovăduitor al dezastrului. Speranța arde etern în mine, dar speranța nu ajunge! Dacă noi, ca indivizi, putem să ne trezim la adevărul că noi putem să alegem în fiecare moment, să trăim ca și conștiință înaltă, putem să ne schimbăm atât pe noi înșine, cât și pe mama Pământ.

Nu este vorba despre a merge la război, pentru a lupta frica cu frică. Aceasta doar crește strânsoarea care o are pe noi. Iubirea plina de compasiune a Sufletelor noastre este cea care ne poate elibera, pe fiecare dintre noi. Pe măsură ce învățăm să ne iubim pe noi înșine și să trăim din perspectiva conștiinței înalte, vom face o diferență cu câte o respirație pe rând. Majoritatea oamenilor nu vor cunoaște niciodată gradul de răutate în care am trăit, iar pentru asta sunt recunoscătoare.

Eu sunt dovada vie că, indiferent de cât de adânc ai mers în întuneric, dacă alegi să te deschizi către strălucirea Sufletului, îți vei adăuga Lumina în această lume și să sperăm că astfel vom schimba viitorul întregii omeniri.

*****